U0855171

案例教学法在历史教学中的应用

韩 翔 王潇音 著

中国纺织出版社有限公司

内 容 提 要

本书属于教学技术方面的著作，全书遵循科学规律，从历史教学角度出发，通过分析历史教学实践中普遍存在的、难以把握的热点和难点问题，以一个个生动的案例作为载体，围绕设计思想、操作程序、细节处理、实践效果、存在问题等方面进行研究，以探究解决问题的策略和方法来实现历史教学方法的革新。本书对这些有价值的、鲜活的案例进行概括和提炼，并以案例评析的形式对问题进行深入的探讨，这些对案例研究的成果，有利于培养教师的教学意识，开阔教师的研究视野，适合广大教育工作者学习与参考。

图书在版编目（CIP）数据

案例教学法在历史教学中的应用 / 韩翔，王潇音著 .
-- 北京 : 中国纺织出版社有限公司，2020. 7
ISBN 978-7-5180-7665-9

Ⅰ. ①案… Ⅱ. ①韩… ②王… Ⅲ. ①历史教学—教学法—研究 Ⅳ. ① K-42

中国版本图书馆 CIP 数据核字 (2020) 第 126683 号

责任编辑：赵晓红　　责任校对：高　涵　　责任印制：储志伟

中国纺织出版社有限公司出版发行
地址：北京市朝阳区百子湾东里 A407 号楼　邮政编码：100124
销售电话：010—67004422　传真：010—87155801
http://www.c-textilep.com
中国纺织出版社天猫旗舰店
官方微博 http://weibo.com/2119887771
三河市华晨印务有限公司　各地新华书店经销
2020 年 7 月第 1 版第 1 次印刷
开本：710 × 1000　1/16　印张：13.5
字数：229 千字　定价：56.00 元

前 言

在教学活动中，教学的专业知识和其他领域的知识在很大程度上是靠教学经验积累的，而这些教学经验又经常以具体的教学案例形式出现。案例教学提高了教师从自己的经验中学习的能力，为教师提供了基于专业知识的教学指导思想。

自21世纪开始，我国基础教育课程发生了巨大的变革，改革成绩显著，“为学生的发展而教”的理念已深入人心。新的“课程范式”经受了实践的检验，基本实现了从应试教育向素质教育的转型。在这样的大背景下，我国教育领域中开始引入案例教学法。随着案例教学法被引入基础教育领域，相关的研究也逐年增多。

案例教学法是指通过在教学过程中引入典型事例，引导学生分析研究事例，进而习得某种学科知识并将之应用于实践操作的一种教学方法。案例是关于实践的，是基于真实的教育情境或教学事件，包含一个或多个疑难问题，同时可能包含解决这些问题的方法。优秀的教学案例运用重要的教学两难问题给学生提供替代性经验，通过向学生提供专家型教师思考和处理教学两难问题的方式，增强他们的教育教学技能，并帮助学生明确重大的教育问题，学会从专业的角度进行思考和解决实际教学问题。

本书是编者在多年对案例教学法研究的基础上，对案例教学法在历史教学中应用的探讨。本书共分为八章，第一章介绍了案例教学法的概况，第二章介绍了案例教学法的理论基础与应用范围，第三章介绍了案例教学法在历史教学中的实施，第四章介绍了案例教学法在历史教学中的案例设计实例，第五章介绍了案例教学法在历史教学中的常见问题与应对策略，第六章介绍了案例教学资源库的构建，第七章介绍了案例教学主导与调控，第八章介绍了案例教学在历史课堂应用的未来展望，希望能为广大教育工作者开拓教学思路，提供参考。

由于时间和精力有限，书中难免存在局限与不足之处，敬请广大读者批评指正。

著　者

2020年2月

目 录

第一章　案例教学法概述

随着世界进入21世纪20年代，经济的发展与竞争日趋激烈，社会对人才素质的要求也越来越高。特别是知识经济时代，经济的竞争实质上就是人才的竞争，谁拥有高素质的人才，谁就能在经济竞争中立于不败之地。人才素质水平的高下在很大程度上取决于教育体制、教师素质以及教学方法的优劣。在改革教育体制、提升教师素质的同时，革新教学方法也是提高人才素质的有效途径。作为一种开放式的教学方法，案例教学法有助于弥补传统教学方法的缺陷，快速提高学生的综合素质。

第一节　案例教学法的由来

一、国外案例教学法的发展

在国外，人们认为案例教学法的历史可以上溯到两千多年前的古希腊时期。古希腊哲学家、教育家苏格拉底开案例教学的先河，他的“问答式”教学法（又称“产婆术”或“精神助产术”），就可视作案例教学的雏形。所谓“问答式”教学法，就是教师围绕一定的内容，根据学生所学到的知识，结合他们所了解到的情况进行提问，由学生作出回答。其主要目的是启发学生思考问题，发挥学生的主观能动性，通过学生自己的分析与讨论，找出问题的正确解决办法。教师根据教学内容提出问题，并且对案例有所暗示，启发学生思考。如果学生回答得不正确，教师也不马上纠正，而是针对学生的错误认识提出补充问题，使学生意识到自己的错误，并自觉地加以纠正。这种教学方式善于启发学生的智能，不在于结论，而在于学生是否认真思考过问题和提出问题。苏格拉底的学生曾经这样说过，苏氏惯于提出自己最了解其意义的一些问题，一开始大家争论得较为激烈，场面也较为混乱，然后逐步将概念塑造成型，越来越清晰明确，主题逐渐凸现，犹如美丽的雕塑，最后苏格拉底往往掌握局面。他的得意门生柏拉图继承了这种教学方法，将此法编辑成书，并且在书中附加了许多日常生活的小故事，通过日常生活的小故事来说明道理，这些小故事就可以看作一个个案例的雏形。由于这种教学方法效果良好，因此很快就被宗教教义承袭。一个个生动隽永的故事在宗教的典籍中出现，微言大义，使教徒们刻骨铭心并从中领悟玄机。

然而，案例教学法在课堂上的真正运用则发端于1910年美国哈佛大学的医学院和法学院。当时，哈佛大学的医学院和法学院发现，很多普通的理工学院为了培养学生解决问题的能力，除了进行实际工程教育外，还在学校的实验室里制造与模拟各种实际的情况，让学生进行锻炼和学习。但是，一般的医学院却做不到这一点，因为他们不可能把病人搬到课堂上去教学，也不可能将病人当作实验品。为了对广大学生进行实质性的教学活动，只能由临床医生把病人的诊断过程记录下来，写成日志，即我们平常所说的“病例”。之后，教师就会采用这些病例进行教学，学生会根据这些整理好的病例展开讨论并进行相关研究，就如同医生面临真实的病人一样，学习如何去诊断，进而成为一名合格的医生。法学院也大同小异，他们主要利用法院的判例进行教学。判例记录了犯罪分子的犯罪经过、律师的辩护词、公众的反应与舆论等。学生就从这些判例中学习审理案件的技能，从而培养他们当法官或律师的能力。此后，案例教学一直被作为法律、医学和商业领域职业培训的基本教学模式，尤其被广泛地应用于现代工商管理硕士（MBA）的教学当中。可以说，“案例教学”是哈佛大学商学院教学的代名词（图1-1）。

哈佛商学院采用案例教学法，因材施教，根据不同学生的各自特点，运用不同的方法来培养学生的个人素质，挖掘学生的潜能。哈佛商学院课堂上大多采用案例教学方式，因为对于很多课程而言，经验是最好的老师，而案例教学能有效提升学生的经验基础。这是一种基于学术教育和专业教育之间差异的认识。二者在目标、训练重点、学习成果、思考过程、最佳学习方式等方面都存在明显区别。从目标来看，学术教育是为了帮助学生理解和扩展知识，而专业教育是为了让学生的技能得到发展、实践能力得以提高、伦理标准得以建立；学术教育的训练重点是掌握理论并用于分析，专业教育的训练重点则是学会判断并在此基础上执行计划；学术教育的典型学习成果是提交研究报告，专业教育则是拟定行动计划；就思考过程而言，学术教育是抽象演绎，专业教育是务实归纳；思考过程的差异决定了两者在最佳学习方式上的区别：学术教育适合采用讲授方式，而课堂讨论则是专业教育最适合的教学方式。MBA 教育是专业教育，因此更适合采用以讨论为重要特征的案例教学。

哈佛商学院把管理教育的目标分为三个层次。第一个层次是传授知识，包括理论、概念、分析框架与工具、技术，以及描述性的信息。第二个层次是帮助学生获取技能，包括发现机会或问题的能力；想象可替代的解决方案的能力；分析与批判性思考的能力；跨职能整合的能力；制订决策、计划行动与执行的能力；倾听、质疑、演讲、说服，以及写作能力。第三个层次是帮助学生树立正确的态度和世界观，包括培养行动的勇气、接受不明确的状况、承担责任、追求卓越、树立伦理标准、承认不完美、持续学习、理解他人；发展自我意识、认识人性、理解情境对企业决策的影响、关注企业目标与企业责任、明确领导者的责任。哈佛商学院 MBA 学位的学制只有两年，却要求学员必须学完八百多个案例。他们的案例教学注重的不是答案是否正确，而是得出答案的思考过程。案例教学法的精髓不在于让学生强记内容，而在于迫使他们开动脑筋，主动思考问题，分析案例中的信息，锻炼他们的独立决策能力和决策艺术。需要说明的是，哈佛商学院对教学案例的时效性要求不高，如在 2017 年的组织变革课程中使用的 IBM 的案例是 2000 年开发的，描述了 IBM 在 1991—1992 年、1993—1994 年的两次组织变革。

但总体说来，在 20 世纪最初的二三十年里，案例教学发展缓慢，案例选择范围狭小，也不成体系，并没有得到极大的推广。到了 20 世纪 40 年代，案例教学才初具规模，形成了包括选题、编写、应用、储存、建档等环节在内的较为完整的案例系统。美国对教师教育中案例方法应用的研究始于 20 世纪 80 年代中期。学者舒尔曼首次提出了教学知识基础的概念，并认为案例知识是教学知识基础的一个关键部分。1986 年，“卡耐基教育和经济论坛”倡议将案例方法应用到教师教育方案中。[1]

二、国内案例教学法的发展

在国内，我国古代教育思想中的“前事不忘，后事之师”“以史为鉴”“举一反三”其实就是最早的案例教学。有学者认为，作为四大文明古国之一的中国是世界上最早进行案例传播的国家之一。早在春秋战国时期，诸子百家就大量采用民间事例来阐发事物的内在规律。人们所熟知的“田忌赛马”“守株待兔”等蕴涵一定哲理的小故事，直到现在还经常被人们用作阐述哲理的典型例证。

[1] 张奎明．美国教师教育中案例方法的应用与研究[J]．高等师范教育研究，1997（2）：47．

公元前的《春秋》《战国策》和西汉司马迁撰写的《史记》以及宋代司马光主持编撰的《资治通鉴》等，都很善于一事一议，以事论理，通过记载历史上较有影响的事件和人物，让读者在历史矛盾和冲突中明晓兴衰成败的原因，从而得到启发和借鉴。同样，如果把目光投向我国悠久的医学发展史上，我们又可以发现，汉代留下的《黄帝内经》、明代李时珍编写的《本草纲目》（图 1–1）等医学巨著，都是医学领域中的优秀案例。所有这些都是中华民族文化中璀璨的明珠，需要很好地加以整理。

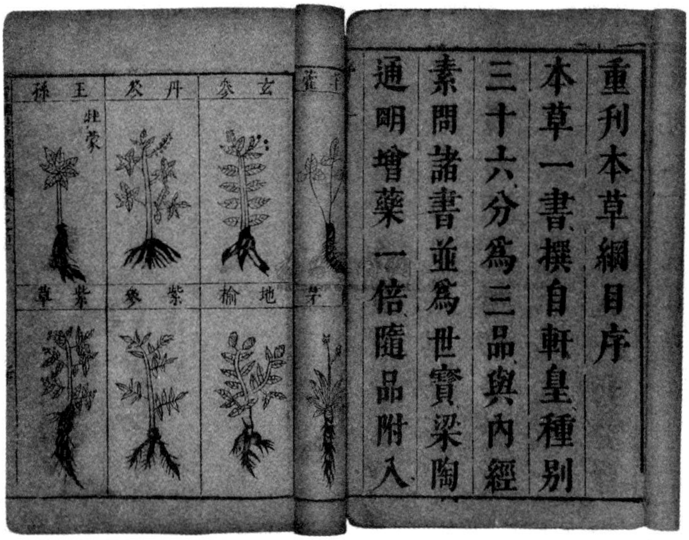

图 1–1　明代李时珍编写的《本草纲目》

但由于种种原因，案例教学法在我国并没有茁壮成长，间或有人使用了这种教学方法，但并没有受到重视、得到研究，更没有从理论上加以提炼和升华。无论是在中小学还是在大学，案例教学法都没有得到很好的应用、研究和推广。日常教学活动中所采用的教学方法主要是向学生灌输知识的讲授法，教育模式以应试教育为主。在这种教育背景下，是没有案例教学的地位的。在教育发展的过程中，虽然经过多次教育改革，但基础教育方法并没有太大改变。这种局面是由我国教育形势决定的，不能说案例教学法不好，只是在特殊的背景下，传统教学方法更适合当时的国情。

1980 年，案例教学法被引入我国，广泛应用于管理学、法学等专业领域教学中，特别是在 MBA 教育中，更是极为广泛地推行了这一教学模式。例如，1980 年我国与美国在大连联合建立工业科技管理培训中心后，即积极推广、应用案例教学法，中美专家教授合作编写了大量教材，培养了大批人才。1983 年国务院决定对全国全民所有制企业的经理、厂（矿）长进行国家统考，并组成了经济管理干部国家考试指导委员会，要求在培训时采用案例教学法，在统考题型中要有案例分析题。在随后的统考中，发现接受案例教学培训的人员成绩普遍较高，从而证明了案例教学是成功的。党的十二届三中全会后，中共中央组织部和国际经济委员会联合发出了《关于对大中型企业领导干部进行现代管理知识培训的通知》，通知要求经济管理干部的培训，在教学方法上要注意“通过案例分析，进行启发式教学”。毋庸置疑，案例教学在我国造就了一支社会主义经济管理干部队伍，发挥了巨大的作用。当然，以上所谈到的都是案例教学在企业管理干部队伍培训中的作用，并没有涉及案例教学在高校以及中小学的应用。

自 20 世纪 90 年代以来，案例教学法在国内备受关注。许多院校教师和学者在熟悉掌握国外案例教学法的基础上，结合中国国情，对案例的编写和教学方法均进行了颇见成效的改进。一部分商学院开始致力于打造中国本土案例库，在案例库的建设上投入了大量精力。例如，大连理工大学案例库存有案例超过一万个，其中自编案例超过八百个。❶ 如此丰富的案例库储备在全国院校中处于领先水平。除了各高校积极开展案例教学培训外（图 1–2），各种类型的管理教育机构也纷纷推出案例教学班，积极探索案例教学模式。

图 1–2　高效开展案例教学培训

❶ 钟曼丽，陈小燕，陈雅宁．案例教学的发展历程及存在的问题 [J]. 中国管理信息化，2010，13（23）：67-68.

实质上，我国的案例教学法无论是在理论上还是在实践上都还处于萌芽状态。国内对案例教学法的研究主要集中在理论层面，在具体实践上明显不足。在中学阶段，学生的知识储备足够丰富，完全可以适应案例教学模式。但目前中学案例教学的开展比较困难，尤其在高中历史课的教学活动中应用不够广泛，涉及世界史、中国历史的案例研究不多，能够提供的典型教学案例也比较少。可以说，我国的案例教学法目前仍处于探索发展阶段。

第二节　案例教学法的实质

一、案例的定义

案例教学法作为一种教学方法在国外有着悠久的历史，而在我国对其加以系统研究的还为数不多。研究它有助于弥补传统教学方法的缺陷，提高学生的综合素质。

案例是案例教学的核心，离开了案例，案例教学就无从谈起。案例译自英语“case”一词，原义为“状态、情形、事例”等，此词用在医学上译成“病例”，用在法学上译成“案例”或“判例”，用在商业或企业管理教学中译成“个案”“实例”“案例”等，目前国内以译作“案例”居多。在给案例教学下一个比较确切的定义之前，我们有必要先明确案例的含义。

什么是案例？见仁见智，不同的学者从不同的观点、立场出发都会有不同的看法，概括起来，大致有以下几种观点。

（一）特定情景说

持这种观点的人认为，案例是指关于特定情景的具体描述。如余凯成教授认为，案例就是为了达到一定的教学目的，围绕选定的问题，以事实做素材编写而成的某一特定情景的描述。每一个案例都有具体的特定情景，比如，前些年教育界比较流行的加德纳的“多元智能理论”，需要分析和选择的案例就应是围绕“多元智能理论”对教育教学产生作用的具体案例。同样，对于历史案例教学而言，一个历史片段可作为一段特定情景，可围绕这一特定情景进行加工，对案例进行编写。因此，当一个案例出现时，应思考与之相关的特定情景，并将此特定情景作为该案例的切入点。

（二）事务记录说

持这种观点的人认为，案例是指关于商业事务的记录。如格柯认为，案例就是一个商业事务的记录。管理者实际面对的困境，以及做出决策所依赖的事实、认识和偏见等都在其中有所显现。通过向学生展示这些真正的和具体的事例，促使他们对问题进行深入的分析和讨论，并考虑最后应采取什么样的行动。

（三）故事说

持这种观点的人认为，案例是指包含多种因素在内的故事。如理查特认为，教学案例描述的是教学实践，并以丰富的叙述形式，向人们展示了一些包含教师和学生的典型行为、思想、感情在内的故事。教学案例集中反映了教师在教学活动中遇到的问题、矛盾、困惑，以及由此产生的想法、思路、对策等，并针对这些问题和想法开展交流讨论。

（四）多重含义说

持这种观点的人认为，案例具有多重含义。如托尔认为，一个出色的案例，是指教师与学生就某一具体事实相互作用的工具，是以实际生活情境中肯定会出现的事实为基础所展开的课堂讨论。它是进行学术探讨的支撑点；是关于某种复杂情境的记录；是在让学生理解这个情境之前，首先将其分解成若干成分，然后再将其整合在一起。

从上述几种观点可以看出，虽然不同的学者从不同的角度、用不同的词汇对案例的本质加以界定，但有一点是共同的，即案例所描述的是实际情境，它不能用“摇椅上杜撰的事实”来代替，也不能用从抽象的、概括化理论中演绎出的事实来代替。这两者在一定程度上更多的是一种类似于小说的叙述方式。从这个意义上讲，简单地从某报刊中找出一个特定学校或教师的行为作为分析对象，虽也可引发激烈的讨论，但并不能称为案例。

二、案例的特点

编写案例是为了通过对个案的分析研究和借鉴来认识问题、揭示规律，使人们能从中获得某种启发或转化提高某种能力，具有明确的功能指向性，适用人群也有相应的类别和层次。尤其是用于教学中的一些案例，不仅提供的背景资料相对集中，而且在资料选用、问题提出、编写形式、分析领悟等方面都有相应的要求和针对性，并通常留有悬念，引导人们进行分析与思考。

一般情况下，案例具有以下几大特点。

（一）真实性

案例取材于工作、生活中的实际，不是凭个人想象力和创造力而杜撰出来的产品。案例应该遵循事实，以对历史认真负责的态度进行编制，不能以野史、杂谈等作为案例资料，更不能以小说、戏剧等作为史料参考（如很多人将《三国演义》当作正史引用）。历史案例教学法并不严格要求具备一个两难情境，针对历史学科而言，案例的真实性范围可放宽松，真人真事、真人假事、假人真事均可，但应尽量靠近真实情况。

（二）完整性

案例的叙述要有一个从开始到结束的完整情节，并包括一些戏剧性的冲突。这些情节需要建立在真实史料的基础上，并应做到前因后果相互关联且完整，能够在案例教学中起到推动作用。

（三）典型性

案例是由一个或几个问题组成的，内容完整，情节具体、详细，是具有一定代表性的典型事例，代表某一类事物或现象的本质属性，可概括和辐射许多理论知识，包括学生在实践中可能会遇到的问题，从而使学生不仅掌握有关的原理和方法，也为他们将这些理论和方法运用于实践奠定了一定的基础。

（四）启发性

教学中所选择的案例是为特定的教学目标服务的。寓教于学，学生通过案例教学能够精准把握案例的核心思想；承前启后，学生在案例分析中领悟事物之间普遍联系的道理，获得知识广度上的升华。因此，每一个案例都应在立足于引人深思和启迪思路上，使学生自我启发，进而深化理解教学内容，完成教学目标。

（五）时空性

案例中的事件应置于一定的时空框架中，即要说明事件发生的时间、地点等。时空跨度必须要保持一致，避免出现常识性谬误，且不能架空历史，随意将风马牛不相及的事件混在一起。

那么，什么是案例教学呢？所谓案例教学，就是在教师的指导下，根据教学目标的要求，组织学生进行案例的调查、阅读、思考、分析、讨论和交流等活动，教给他们分析问题和解决问题的方法或道理，进而提高他们分析问题和解决问题的能力，加深他们对基本原理和概念理解的一种特定的教学方法。

在如今的教学环境下，对历史教学中案例教学方式进行有效教育，对于学生的教育培养和素质教育具有重要作用。历史教师在教学过程中应进行观念的有效更新，转变教学理念，应用多种教学方式，引导学生进行学习，对各种历史案例进行分析讨论，采用适当的教学方式，吸收各种教学理论，转变教学方式，将课堂教学理念和历史学生学科的教学特点进行结合。这样有利于激发新课程改革情况下对历史案例教学重要性的认识，通过引导学生发展主体作用，使学生成为课堂教学过程中的主要参与者，打破历史课堂教学中存在的问题，改革传统的历史教学观念，促进历史案例教学的有效性，使案例教学能在历史教学中顺利进行，实现对学生的全面教育。同时可以有效提高教师的教学能力，在研究过程中对历史教学的实际情况进行详细调查，可以极大地促进对历史教学的认识，有针对性地进行课堂教学，创新教学方式，形成课堂教学策略，使教师能够更好地应用案例教学法进行课堂教学，实现对学生的教育培养。

第三节 案例教学法的特征

许多教师接受的是单调、公式化的教师教育计划，其特点是：贫乏的教学方法，支离破碎、肤浅的课程，相互脱节的理论与实践[1]。相比传统的教学方法，案例教学法作为一种新颖的教学策略模式，具有鲜明、突出的基本特征、语言特征以及三大观念特征，这也是案例教学受欢迎的主要原因。

一、案例教学的基本特征

（一）目标明确性

案例教学中，无论是案例的编写与选择，还是每一环节的设计，都是围绕一定的教学目标和实现一定的教学任务来进行的。一般来讲，在案例教学中，主要通过一个或几个独特而又具有代表性的典型事件，使学生在案例的阅读、分析、思考、讨论中，建立起一套适合自己的完整而严密的逻辑思维方法和思考问题的方式，以提高学生分析问题、解决问题的能力，加强学生在学习中与同学之间的人际交往能力，进而提高学生的整体素质。

（二）客观真实性

在前面介绍案例的定义时，有编者曾把案例定义为：为了一定的教学目的，围绕选定的一个或几个问题，以事实为素材而编写成的对某一特定情境的客观描述。从这个定义中不难看出，案例具有客观真实性。

案例教学中的案例描述的事件应该是真实的，虽然可以根据真实史料加入一些合理的虚构情节，但绝不可杜撰出违背史实、子虚乌有的事件，且这些虚构情节必须经得起历史的检验。同时，案例描述中一般不加入教师的评论和分析，教师应如实描述事实发生的情节和过程。案例的客观真实性决定了案例教

[1] Katherine K. Merseth. 教学的窗口 中学数学教学案例集[M]. 鲍建生，译. 上海：上海教育出版社，2001.

学的真实性。在案例教学中，学生可在老师的指导下，根据自己所学的知识对案例进行分析和思考，进而得出自己的结论。

（三）结果多元性

案例教学的答案或结论往往不是唯一的，具有多元性，不用刻意去寻找一个唯一的答案，事实上也不存在绝对正确的答案。对同一案例，学生们虽然了解的是同样的情境和信息，但对同一问题，每个人都会有不同的见解和解决方法。因此，案例教学中不存在什么标准答案。一般情况下，教师通过引导学生讨论，可从多种答案中得出一个大家公认的最佳答案。案例教学主要是培养学生在一定的情境和条件下分析问题、思考问题和解决问题的能力，进而提高他们的决策水平。在现实生活中，由于条件的限制，没有也不可能有一成不变的答案，而只能是受时间、空间、人力、物力等各种条件限制的多种选择。

（四）突出实践性

案例教学中，教师并没有直接简单地告诉学生一个“标准”答案，而是让学生在那些已经发生过的案例中充当历史的旁观者，以“上帝视角”审视历史，运用已掌握的知识，通过个人的分析、思考，得出合理的判断，并做出最终决策，实现从理论到实践的转化，从而使学生在校园内就能接触并学习到丰富的课外知识，以弥补实践的不足和实际运作能力匮乏的缺陷。

（五）学生主体性

案例教学中的主体是学生。教师的职责是精心选择、编写案例，并指导课堂讨论，防止课堂讨论的气氛过于激烈或冷漠。学生在教师的指导下积极参与，独立自主地深入案例，在案例所描述的情境中，充分体验案例角色，对案例进行分析、讨论，并在此过程中相互学习。

（六）较强综合性

案例教学中的综合性可从两个方面来理解：一是案例教学中的案例较一般的举例内涵更丰富；二是在案例教学中，案例的分析、解决过程较为复杂，它不仅需要学生具备基本的理论知识，而且还应具有审时度势、权衡应变、果断决策的能力。因而，案例教学的实施，需要学生综合运用各种知识和灵活的技巧来处理不同的案例问题，以不断提高自身分析问题和解决问题的能力。

（七）深刻启发性

我们知道，在案例教学中，不存在绝对正确的答案。案例教学的目的就在于运用案例，启发学生独立自主地去思考、探索，注意培养学生独立思考的能力和分析问题、解决问题的能力，而不在于让学生死记硬背某些内容。

通过案例教学，启发学生建立一套思考问题的方法和分析问题、解决问题的思维方式，使他们能站在一个较高的视野和角度上看待问题。

（八）过程动态性

案例教学与传统教学最大的区别就是整个教学过程一直是动态的。在教学过程中，不仅存在教师个体与学生个体的交往，还存在教师个体与学生群体、学生个体与学生个体、学生群体与学生群体的交往，也就是师生互动、生生互动，整个课堂一直处于动态的过程中。

二、案例语言的特征

案例编写除应按照正规的行文规范外，还要正确反映事物和表达思想。这就要求教师编写案例时应具备很高的语言组织能力。可以说，语言组织能力是案例编写者必备的基本功。因此，案例语言具有以下几点特征。

（一）准确性

准确性是案例语言的关键，既是案例语言的基本特征，也是案例编写的基本要求。因此，优秀的案例在语言的使用上具有极高的准确性。

1. 案例用语和内容表述准确

案例的用语应合情合理，具体内容与客观事实相符合。案例中不采用不规范的简称以及模糊性的文字叙述，在选词造句上，第一要务是案例容易理解，不会被学生误解，且案例语言能充分表达案例的核心思想。

2. 内容概括恰到好处

案例对原始资料中的观点、结论和总结性语言进行概括时，应条理清晰，能准确把握资料的原意，同时不漏掉资料中的关键情节，不掺入编写者的个人倾向。好的案例往往是中立的、不含感情色彩的，使用这样的案例，不会对学生造成潜移默化的影响。

3. 结构严谨

案例要求语言使用通顺，语句严谨，逻辑性强，在避免冗长的前提下，保证故事叙述的完整性，保证资料内容的齐全。

（二）简练性

简练质朴是案例语言的主要风格，也是表现案例特征的重要窗口。用简练的语言整理出的案例，不仅减轻了师生冗长的资料准备工作，节省了学生在课堂上阅读案例的时间，而且能使学生很容易抓住案例的核心内涵，迅速把握案例的关键主旨。

1. 言简意赅

案例用语简洁明快，词句精辟，尤其在表述资料核心人物的观点和意见时，文字语言的概括性非常强。这样的案例使用起来可以少走弯路，学生能快速地从案例中发掘自己需要的论点和论据。此外，案例用词都能经得起推敲，不会做无关的情节描述和太多的文字铺垫。

2. 详略得当

案例编写的原则是要言不烦，简而不疏。案例根据主题需要选择材料中有价值的部分，能使学生比较轻松地把握住事件的脉络，避免学生在浩如烟海的材料中错过那些重要部分。优秀的案例往往不是最冗长的，却一定是详略得当的。

（三）专业性

在涉及一些专业性问题时，案例力求使用规范的专业术语进行表述。专业术语表达准确，具有普遍的认同性，在案例编写中，凡是能使用专业术语的地方通常不会使用其他文字语言表述。这既是对案例语言的特殊要求，也是为了体现案例的专业特色。

三、案例教学的观念特征

（一）案例教学的知识观[1]

传统知识观认为，知识是个体经敏锐观察与理性思考后，对既定世界所做出的准确描述，因而知识一定是客观与正确的。受此观点影响，一方面，知识在一定时间内被看作是相对固定，且可以像物品那样在个体头脑间确切无误地进行传送与转移的东西。为了能更系统地呈现与掌握知识内容，人们便努力将其分门别类地进行整理，使之分属不同学科。这不仅使知识本身被人为地赋予了某种边界，越来越趋向专业化，也使其在传送与转移的过程中容易产生强制灌输与被动接受等问题。另一方面，人类的一切思想认识和实践活动也似乎都有了对错真假之分，知识理所当然地被作为唯一裁定标准，从而获得了某种权威。在这种情况下，人们便不得不承认，谁拥有了知识，也就意味着拥有了某种权力，这种权力不仅能主导他人的观念和行为，而且能帮助个体赢得竞争优势，甚至可以说，拥有的知识越多，则权力越大、优势也越明显。与此同时，传统知识观十分强调个体在知识生产过程中的重要作用，认为知识是个体

[1] 张新平，冯晓敏．重思案例教学的知识观、师生观与教学观[J]．高等教育研究，2015，36（11）：64-68.

智力活动的结果。因此，在具体实践中，为了获得权力和在竞争中取胜，人们便争先恐后地希望自己能成为知识的占有者。这种观点使人们将个体占有更多的知识视为战胜他人的有力武器，致使知识生产与知识学习成为人们彼此竞争的过程，即个体通过占领知识"高地"，使自己成为竞争中的"获胜者""多知者"与某领域的专家、能者、智者，而其他人则被视为"少知者"甚至是"无知者"。

受此传统知识观的指引，案例教学相应地被看成是一种灌输客观知识的教学手段，其最终目的依然是通过对知识的系统性学习，把学生培养成未来的知识持有者和操纵者。在案例教学的课堂中，师生会把大量时间用于甄别知识的真假上，而教师运用案例的主要目的也只是为了向学生证实知识的科学性与真实性，促使其能在充分信任的基础上，主动掌握教师和教材所规定的知识内容。传统知识观影响下的案例教学仍没能摆脱把学生当作知识"容器"的陈旧认识，而把教学重点放在学生对学科中固定知识的被动接受上，因此其仅仅变成了一种教学技术层面的调整，与传统教学方法并无实质性不同。再者，传统知识观认为知识是唯一正确的，使知识成为新"霸权主义"的代表，而它对于个体作用的过度倡导和宣讲，又进一步强化和突出了个人能力和专家权威的重要性。这也正是传统知识观下的案例教学为何容易成为比拼个人能力和突出知识"强人"的根源所在。

由于传统知识观无法促进案例教学的有效开展，阻碍了课堂教学的转型与变革，所以就迫切需要以一种新的知识观来支撑案例教学，使之走向更为宽广的未来。这种知识观不再将知识看成是"对于事实或者真理清晰而确切的把握"[1]，而是站在"关系"的视角，认为知识是共同建构的产物。具体而言，新知识观对知识的客观性与真实性保留相对谨慎的态度，认为"一切我们称为'知识'的东西都是某种社会的建构。我们所谈论着的世界并非外在客观世界的镜像，而是为了达到某种目的而选择的对语词的使用方式，是从无限多的可能性中选择出的一种解释。所以，不存在传统意义上的'真实描述'，不存在'大写'的真理，没有对应于某种'主观性'的纯粹的'客观性'。"[2] 新知识观突破了传统知识观的认知框架，强调知识不是由精英式个体通过发现外部世界客观

---

[1] GERGEN K J. Relational Being: Beyond Self and Community[M]. New York: Oxford University Press, Inc., 2009.

[2] 杨莉萍，GERGEN K J. 社会建构论心理学及其发展：对话科尼斯·格根[J]. 教育研究与实验，2012（4）：77-83.

事实并加以整理后得到的具有普遍规律性的内容，而是在人们相互交往的“关系”中，通过集体讨论所达成的共识。所有结成“关系”的人都应成为知识的生产者与建构者，且都会在知识运用与发展过程中发挥不可替代的作用，这就把知识生产领域带入了锐聚焦之下：人们之间协调行动的进行过程。它将突出谈话者之间即时即地的交流，并且将意义置于互相依赖的模型中[1]。这也说明如果离开人们所生活的群体和特定的场景，离开具体的交流过程，知识便无从产生与发展。

依据新知识观，案例教学不再被视作一种传授客观知识的具体教学方式，它超越了工具意义上的存在，蕴含着一种积极的教学理念上的变革。在新知识观的范畴中，知识的形成和运用都具有一定的情境性和条件性，这就使其失去了作为真理载体的强势地位，它本身所拥有的永恒正确性也相应地变为了一种适用范围的有限性。基于此，传统知识观指引下的那种强调对知识进行系统性学习的案例教学亟须改变，而有关旨在突出共同体的交流，以及思想观点的研讨与生成的新型案例教学亟待形成。具体而言，新案例教学的目的不再指向使个人自身成为知识学习的优异者，不再是在知识竞争的舞台上想方设法地排斥他人，而是聚焦于师生间的彼此学习与借鉴，并学会如何进行共同表达与知识共创。新案例教学为知识建构提供了有效的途径，也随之促成了知识学习与知识生产的内在关联与统一。其使师生充分注重对资料内容的探讨，并在争论中学会协商与尊重，在沟通中学会认同与理解，从而使案例教学具有更大的包容性，使参与其中的师生均能真正体会到知识共建的机制和过程，同时也能启发人们重新思考知识、知识生产、知识学习的内涵和意义。由此可见，新知识观将带给案例教学更广阔的视野，而案例教学的丰富内涵也需通过知识观层面的思考得以挖掘和彰显。

（二）案例教学的师生观

与传统知识观相一致，传统师生观围绕一种类似于“金字塔”的模式而建立，师生关系呈现等级分离的特征。长期以来，教师凭借对知识内容的绝对占有，在传统师生关系中被赋予“长者”“强者”和“智者”的身份，处于“金字塔”的顶端，相比之下，学生则处于“金字塔”的底部，被看成是需要教育和改造的对象。如此等级分明的师生关系使教师与学生似乎被一条明显的界限分隔开，且在教育教学活动中，这种师生角色定位并不会随具体教学情境等的

[1] 肯尼斯·格根．语境中的社会建构[M]．郭慧玲，张颖，罗涛，译．北京：中国人民大学出版社，2011.

变化而做出改变。伴随在知识传递过程中所具有的绝对话语优势，教师通过不断向学生提出各种问题，占用课堂大部分时间进行自我观点的表达，将课堂的“提问权”“言说权”“总结权”牢牢控制在自己手中，学生的观点和看法没有机会充分言说，反而在更多时候变成了一名沉默的学习者。这不仅强化了教师作为教学主导者的地位，使学生在师生关系中逐渐成了弱势群体，也在一定程度上加剧了师生关系的等级分离式趋向。

以传统师生观为基础的案例教学，承继了师生关系的这一结构化特征。无论台前幕后，教师总是有意无意地成了案例教学的发动者、组织者和主控者，即案例教学的课堂主动权始终由教师掌握，学生的参与互动则成了一种教学装饰，一种完全由教师导演的无关紧要的教学表演。从外部可视关系来看，开展案例教学的教师，依然更多地选择站在讲台上进行知识传授，学生只能规矩地坐着，静静地倾听教师对固定知识的讲解和阐述；从内部隐秘关系来看，飞速发展的现代科学似乎使知识看起来较从前有了更强大的力量，这使得人们在巨量知识面前极易产生前所未有的渺小感和无能感。在当今学校场域中，知识更是凭借其制度化的力量成为对学生的一种规制和强制。对于急需通过掌握知识来获得社会认可和竞争资本的学生来说，教师自然而然成了必须依赖和遵从的权威。在这种情况下，师生关系就在外在形式的不平等之上，又添加了话语、思想、精神等多方面的不平等。传统师生观中，一切有关课堂的设计安排都是从教师的角度出发的，学生的地位和权利通常被忽略。受其影响，案例教学的课堂也成为教师展示个人知识储备和教学能力的舞台，学生则作为学习知识的被动“接收者”“旁观者”，失去了思考和表达的机会和主动性。与此同时，案例教学相比于其他教学形式更具有一定的操作弹性，教师可以在案例教学过程中根据教学需要进一步强化自己作为知识权威的绝对优势地位，从而使这种等级分离的传统师生关系变得愈发牢固。由此，传统师生观下的案例教学，不仅无助于学生学习积极性的发挥，还会束缚课堂教学的深入推进。

“将知识当作是‘存在于个体头脑中’的传统观点助长了教师和学生之间的明显分界。教师‘知道’，学生则被强行置于客体地位接受教育——头脑中被填满内容或理性”[❶]。面对如此僵化的学习方式和日益对立的师生关系，联合国教育、科学及文化组织（简称“联合国教科文组织”）早在20世纪90年代就提出，“教师的职责已经在越来越少地传递知识，而越来越多地激励思考；除了他的正

❶ 肯尼斯·格根．语境中的社会建构[M]．郭慧玲，张颖，罗涛，译．北京：中国人民大学出版社，2011.

式职能以外，他将越来越成为一位顾问，一位交换意见的参加者，一位帮助发现矛盾论点而不是拿出现成真理的人”❶。现代社会的发展已使人们越来越紧密地联系在一起，社会关系不仅影响和塑造着人们描述和解释世界的表达方式和思维方式，也为人们通过交流对某一事务达成共识提供了重要的平台和条件。在新知识观中，知识已不再产生于博学个体的头脑中，而是大家共同交流的产物。相应地，师生关系也不再停留于传统的等级分离型模式，而是出现了新的发展态势。具体而言，新师生观认为，教师应成为课堂讨论的引导者、参与者、支持者，而不是命令的下达者和知识的传送者。并且，由于师生各自拥有不同的成长经历，各有所长，这也就使得其角色身份也绝不是一成不变的。当然，无论角色如何改变，师生双方都要在彼此尊重与信任的前提下，做到充分的交流与互动，这中间可以产生辩论与争执，但绝不能有强制与独裁。在新师生观的影响下，随着话语权的改变，师生关系已由原来的等级分明、界限清晰向相互关联、平等交流的方向转变。其中，不仅教师能够对学生充满爱心、耐心、细心和责任心，学生也可通过观点的自由表达和主动言说，对知识学习产生更浓厚的兴趣，对知识探究产生更强的自信心，这都会在真正突显和提升学生主体地位的同时，使教师与学生真正成为知识生产与学习的共创者。

新师生观下的案例教学应在师生共同组织的基础上具体展开。这既需要教师主动走下讲台，与学生平等分享自己的观点，也需要每一位学生能积极走上讲台，和大家共同讨论自己的想法。相信通过彼此间的倾听与表达，教师和学生将会更加紧密地联结在一起，进而使双方真正成为互助互联的平等伙伴，而新师生观下的案例教学则应不断为这种师生关系的形成创造更多机会和条件。并且更为重要的是，案例教学中的教师与学生不只是组织层面的平等，还应是真正从内心基于对彼此的尊重而互联在一起的精神层面的平等。

可见，案例教学不再是传统等级分离式师生关系的“复制品”，而是一种力争建立平等共同体的新师生观的具体体现。与此同时，由于案例教学旨在通过师生交流共同形成对事物的认识，案例教学本身将成为推动师生关系变革的强大力量，这说明转变等级分离式的师生关系，实现相互间的关联与平等，也将符合案例教学的内在要求。

（三）案例教学的教学观

教学观是知识观和师生观在教学领域的具体反映，自然要受到知识观、师

❶ 联合国教科文组织·学会生存——教育世界的今天和明天[M].北京：教育科学出版社，1996.

生观的影响并与二者保持一致。基于传统知识观对知识权威性和知识“强人”的推崇，以及传统师生观对师生关系等级分离性的接纳，传统教学观认为课堂教学应以掌握和储存知识为目标。其中，教师的职责就是在规定的教学时间内完成特定的教学任务，学生只需做好笔记，并将教师传授的知识记准、记牢。与之相适应，评价课堂教学好坏的重要标准，也集中体现为审核教师是否带领学生较好地达成了预定的教学目标。如此，在传统课堂教学中，教师便会严格按照教学预设来实施具体的教学活动，从而使整个教学变为呈现既定目标的过程，且由于一切有关课堂教学的内容与过程早已尽在教师的掌握之中，所以期间自然很少会有偶然性事情的发生。作为整个教学活动的主角，教师通过长时间地占据知识阐释与观点表达的机会而使课堂不仅成了单纯进行知识讲授的场所，而且在与外界相分离的境况下变得越来越封闭，而学生也就在这种强制性的灌输中失去了自主表达的意愿和机会。由此可见，传统教学观下的课堂很容易变得沉闷、消极而缺乏活力，整个教学活动也只是教师进行知识传授的封闭式独白过程。

随着课堂教学改革的不断发展，传统的教学形式和教学方法已越来越引起教育界的理性反思和批评。为进一步突出和提高学生学习的主动性和主体地位，案例教学逐渐受到了人们的关注和重视。令人遗憾的是，受传统教学观的影响，案例教学仍延续对教学目标、教学过程、教学时间等做精确设计的基本思路，并认为知识可以通过细致的教学预设以及教师的独白讲授方式而强制传送给学生。虽然其表面上自始至终都在宣称注重通过对话交流来实现师生对案例所涉及问题的共同探讨，实则背后仍是由教师控制课堂，学生只需给予积极配合即可。如此，案例教学的采用似乎更像是迫于教育改革的压力而在教学形式上进行的调整，其不仅没能推动教学本身从封闭走向开放，反而带来传统教学模式的不断自我复制和自我强化。鉴于传统教学观对课堂教学的相关要求，案例教学成为教师进行知识教学的一种工具和手段，师生间基于案例内容的合作对话根本无法有效实现。因此，要想真正实现案例教学倡导的教学目标，即通过面向实践不断建构与生成知识、观点和方法，从而提高学生的实践能力和综合素养，反思传统教学观迫在眉睫。新教学观强调教学应是开放式的合作对话过程，即整个教育教学活动应以敞开的态度积极邀请师生共同参与课堂内容的对话与合作，且都能自由谈论自己真实的想法。这种教学不再是死气沉沉的知识传授与知识记忆，而是大家一起充满热情地去共享观点与看法。需要特别强调的是，其中的对话与合作一定是包含所有课堂教学的参与者，且普遍存在于课堂教学的各个环节中，这主要是因为教师与学生、学生与学生之间都应建立良好的合作对话机制，在共同生成课堂问题的基础上，通过彼此间真诚的讨论而最终共同形成对相关内容的总结式意见。仅凭一己之力，任何人都不可能做到鼓舞人心、深谋远虑或明察秋毫[1]。在新的课堂教学中，没有谁对谁的服从与强制，有的只是对观点的开放式讨论和对别人表达意见的充分尊重，即“每个人都不试图把他所知道的观点或信息强加于人”[2]，所有观点、结论都将在参与者彼此间的对话和合作中不断形成。课堂教学从此将不再是一个封闭的知识讲授过程，而是一个开放的知识建构过程。此外，由于有了更加充分的对话与合作，师生更能从中发现各自的优势与缺点，从而使原来枯燥的教学活动变成师生间彼此欣赏的有意义的课堂体验过程。这种新教学观下的课堂教学也许对师生充满了挑战，但同时也会因欣赏与对话而给彼此带来更多的满足与喜悦。新教学观突显了师生相互理解与彼此欣赏的重要意义，使教育教学成为一个富有生命力的过程。因此，传统教学观下的教育实践只能将学生培养成为一个权威的模仿者，而新教学观下的教学实践则通过师生开放式的合作对话，实现了对知识的重新建构，更为重要的是，学生在其中能真正体会到主动表达观点以及探究与反思问题的乐趣。

传统教学观下的案例教学只是知识教学的一种手段，而新教学观对教学实践的再认识则为案例教学的进一步变革指明了方向。牢固掌握某个知识点已不再是案例教学的重点，如何通过师生间、生生间的合作对话从而实现对知识的共创，以及达成对知识的认同则成为新教学观下案例教学要考虑的主要内容。因此，案例教学应为师生搭建真诚合作与对话的平台。具体而言，在案例教学中，教师与学生可以就案例内容的讨论形成不同小组，每个小组可以通过合作讨论来共同形成问题以及对问题的看法，此时，教师既可作为参与讨论的一员，也可作为课堂讨论的支持者、服务者，进而为师生共同就不同观点展开对话交流提供有力保障。在新教学观的指导下，案例教学有效突破了传统教学观的束缚，使整个课堂变得更加开放与充满激情，学生则学会了如何理解知识和认识真理，如何进行观点的分享和表达，乃至如何在一个矛盾冲突的世界里与他人共处。与此同时，在相互合作和对话中，师生不仅展示出了各自的优势，还看到了他人的优点，这种来自彼此间的真诚欣赏可使师生在案例教学的课堂中不断获得自信心与自豪感，远远比学习所谓的知识更有意义和价值。就此而论，新教学观下的案例教学成为推动教学改革的重要契机，关涉教学领域的深层次变革。

---

[1] 肯尼斯·格根．社会构建的邀请[M]．许婧，译．北京：北京大学出版社，2011.

[2] 戴维·伯姆，李·尼科．论对话[M]．王松涛，译．北京：教育科学出版社，2004.

第四节　案例教学法的意义

普通高中历史课程的具体目标是：扩大掌握历史知识的范围，深入了解历史发展的基本线索……学会运用科学的理论和方法认识历史和现实问题，逐步形成科学的世界观和历史观。从新课标中可以看到，普通高中历史课程目标较为重视对学生历史思维及分析问题、解决问题的能力的培养。新课标反对传统的灌输式、填鸭式的教学模式，要求发挥学生的主体地位，强调学生是学习的主人。

案例教学法很好地体现了这一特点。首先，案例教学法运用历史教学设计，使学生与老师之间的角色定位发生了变化，教师不再以讲解员的身份出现，而是以一个引路人的身份面向学生，学生才是学习的主人，课堂上更多的学习时间交由学生独立处理。案例教学对教师和学生的地位进行了重新定位，教师变成了引导者，学生变成了学习的主导者。为了更好地适应新时期的案例教学，学生也需努力提升自己的学习素养。首先，转变观念，改变过时落后的旧观念，改变长期被动不知为谁学的惰性，改变被动的学习方式。其次，转变课堂角色，做一个积极主动地学习者，积极投入到教学中，具体做到：课前做好预习，预习课本知识，预习案例的背景材料，并提前分析可能出现的问题，成为知识结构的主动建构者；在案例学习中高度参与，大胆质疑，勇于辩论，学会合作、听取他人的意见、尊重他人；遇到疑惑与问题时，依靠同学进行彼此探讨解决问题，以获得知识与能力。最后，在教师的指导下总结与反思，需要指出的是，反思不是否定，而是重组知识达到学习效果的最优化。

将案例教学法运用于历史教学设计中充分体现了以学生为中心的教学理念。学生在探究案例的过程中，逐渐学会分析问题、解决问题，并且激发了学习历史的兴趣，同时学生的历史思维也得到了培养。再者，将案例教学法引用到历史教学设计中，不仅可以将教材上那些晦涩难懂的历史知识融入到一个个生动有趣的具体案例中，把历史知识有效地串联起来，使学生在无形中理解这些历史知识，而且能将历史知识化繁为简、化枯燥为有趣、化抽象为形象，激发学生学习历史的热情。同时，其还能帮助学生缩短历史与现实的距离，使学生真正地贴近历史、感悟历史、铭记历史。这与新课程标准倡导的精神是一致的。

案例教学法的价值不仅与案例题材有直接的联系，也与挖掘深度、认识角度和编写目的相关联。进入 21 世纪以来，人们对案例教学法的研究和价值有了更加深刻的认识，案例教学法已经被当成是一种重要的教学培训方式来进行开发。随着教育体系的改革与发展，更多优秀的教学方式广为应用，以案例教学法为代表的新型教学方式大大改善了教学环境，活跃了教学气氛，激发了学生的学习热情，提升了学生的综合分析能力。从教学效果上看，案例教学法的意义体现在以下几点。

一、理论价值

案例教学的理论价值就在于它丰富了我国的教育教学理论，改变了长期以来讲授式教学占主导地位的局面，壮大了教学理论家族，为主体性教育乃至素质教育的实施奠定了一定的理论基础，并为二者在教育教学实践中的落实找到了一种实施方式，为基础教育课程与教学改革找到了一个突破口和切入点。

案例教学法转变了以往的以书本教材为主的教学方式，避免了运用一本教材、一种教学观念、一种教学方法以及一个标准答案的情况。这种教学方式有利于培养学生的个性、培养学生的求异和批判思维以及营造活跃的教学环境，并且在实际的教学过程中，要达到学生“学会”和“会学”的效果，使学生主动学习理论知识，最终实现教学相长的教学效果。

二、实践价值

案例教学的意义是多方面的。概括地讲，案例教学具有拓宽研究领域、探求事物规律、开发潜在智能、创新思维方式、提高分析能力等作用。具体表现为以下八个方面。

（一）有助于理论联系实际

案例教学的最大特点就是通过实际案例的运用，使学生进一步认识事物的本质和规律，更好地将理论运用到实践中去，以解决实际问题，因此，案例教学的过程实质上就是理论联系实际的过程。现在的教育教学内容在很大程度上是只有理论性的概念而无现实性的思想；只有纯粹状态和理想形态的考虑，而无中间状态和过渡形态的认识，教学缺乏从理论到实践的转移，缺乏一种中间状态，理论脱离实际，导致学生在整个教学过程中感到沉闷、乏味、单调，反映在课堂上就是上课没有兴趣且无精打采。

（二）有助于调动师生的积极性

传统教学中采用的主要是“满堂灌”的讲授式的教学方法，大大抑制了学生的学习积极性。而案例教学是一种启发式和讨论式的教学方法，它可以很好地克服传统教学中的这种弊端，变“一言堂”为“群言堂”，为整个教学过程注入新的生机和活力，从根本上调动师生的积极性和主动性。

在教学过程中，案例教学可以有效发挥教师在教学过程中的组织、指导作用。同时，学生在教学过程中处于主动地位，可以认真阅读、思考、分析案例，踊跃发言，积极参与到整个教学过程的各个环节中去，整个课堂气氛生动活泼，大大提高了学生的学习兴趣。

（三）有助于提高学生分析问题和解决问题的能力

无论是经验总结性的案例，还是方案介绍性的案例，通常不会采用直白的推介方式，往往会采取间接或暗喻的方式去引导学生分析问题，使学生在借鉴模式、共享经验的同时获得更多的启示，进一步引发思考来解决问题。

当今社会对人才的要求越来越高，不仅要求学生掌握扎实的基本理论知识，还要求其具有较强的分析问题和解决问题的能力。案例教学要求学生能在实际问题中运用他们已掌握的基本原理、基本方法来分析问题、解决问题，从而成为一个既富有理论知识又可进行实际操作的现代化人才。

（四）有助于培养学生的创新能力

传统教学强调的是知识的灌输和对已有理论的讲解，再加上统一标准答案的考试这个“指挥棒”，使学生仅仅局限于教师传授的知识和理论，严重束缚了学生思维能力的发展和创造能力的提高，使许多学生错误地把学习看作是对知识的记忆和套用。而案例教学强调的是分析和思考。同一个案例中问题的解决方法并不是唯一的，在案例分析的过程中，学生可以站在不同的立场，多角度地分析问题，提出不同的解决方法和答案，在讨论中吸取他人分析问题的方法，拓宽自己的思路，从而有所发现、有所创新。

（五）有助于提高学生的语言文字表达能力

语言文字表达能力是素质教育的一个重要方面，也是许多学生较为薄弱的一个方面。在案例教学的集体讨论过程中，可以全面锻炼学生的口头和书面表达能力，提高说服别人以及为自己的观点辩解的能力，这种语言交流能力也是一个合格的“现代人”应具备的基本素质之一。

（六）有助于培养学生的个性

案例教学有助于个别化教学，照顾学生的个体差异。在案例教学过程中，没有预设的规矩束缚学生的思维，学生可以按照自己的接受能力和认知风格进行学习。在学习过程中既有独立钻研和小组讨论，也有大班教学，把多种教学组织形式的优点集中起来，满足了各种学生的需要，从而把教学的基本要求与学生的个别需要有机结合，为学生的个性发展创造了良好的条件。

（七）有助于培养学生的信息收集和处理能力

随着信息技术的飞速发展，一个人要想适应现代社会的发展，必须具有较强的信息收集和处理能力。在传统的教学中，学生接受信息的过程往往是被动的，所接受的信息也是经过筛选、加工的，难以培养其收集和处理信息的能力。在案例教学中，案例往往包括了各种各样的信息资料，有些是关键信息，有些则无关紧要，而这些信息的呈现并不是很有规律，有的明显，有的隐晦，甚至有时会故意设置错误的观点通过案例中某个人的话表达出来，所有这些都要求学生通过自己的思考或与同学讨论来分辨、加工和处理，从而把握案例的核心，以进行有效分析。

（八）有助于培养学生的学习兴趣

实施案例教学，教师通过对课标要求的解读，设定教学目标，从学生的实际出发，用学生身边的人和事设定、编写案例，把知识放在历史的时空框架中，展现在学生面前的不再是枯燥乏味的历史事件，而是充满鲜活历史氛围的史实，足以引起学生探究的兴趣。通过讨论交流和小组合作探究，挖掘案例中包含的隐性信息，帮助学生学会解决问题；借助多媒体技术，使晦涩难懂的历史知识变得生动活泼、形象鲜活，在案例的分析解读中，提升学生学习历史的兴趣，既巩固了历史知识，也培养了学生的历史学科核心素养。

三、学生培养价值

新一轮高中历史课程改革提出培养学生历史学科五大核心素养，即唯物史观、历史解释、史料实证、时空观念、家国情怀。案例教学法有利于学生历史学科核心素养的培养，尤其体现在培养学生的史料实证核心素养、时空观念核心素养和家国情怀核心素养。

（一）案例教学法有利于培养学生的史料实证核心素养

在案例教学中，由于案例的有限性，教师所运用的案例很多都是自己编撰的，但这并不意味着案例是凭空想象与捏造出来的。相反，案例教学中运用的案例很多都是教师在充分研读真实史料的基础上，选取相关适宜史料，根据真实的情境和自己的理解与思考编撰而成的。这就意味着史料是案例的根源，学生在阅读与分析案例的同时，也应研读相关的历史史料。阅读浅显易懂的案例，不仅有利于激发学生学习历史的兴趣，还可在阅读案例的同时，培养学生阅读史料、分析史料、从史料中提取有效信息的能力，从而培养高中生的史料实证核心素养。

（二）案例教学法有利于培养学生的时空观念核心素养

空间和时间是历史学科的两大基本线索。高中历史教科书以专题的方式编写，强化对知识的讲解，忽视对时间、空间体系的构建，以至于学生能够牢记十分细小的知识点，却不能准确地说出中国朝代顺序表；能够牢记重大历史事件，却不能正确地说出事件发生地点的名称。如六朝古都南京，是哪六朝，在历史上都城分别叫什么名称，很多学生回答不出来。

学生的时空观念相对较弱，历史的学习中偏重于历史事件的记忆。中学历史教材的编写是以专题的形式编写，强化了对专题的讲解，忽略了时间和空间观念的建立，导致学生学习三年却不明确历史基本事件的顺序，更谈不上空间观念和学习能力的提升。实施案例教学，学生可从课程标准出发，制订教学目标，从史实和生活实际中汲取养料编写案例，将知识置于时空框架之中，使学生在讨论交流的过程中，挖掘案例中隐藏的信息。

（三）案例教学法有利于培养学生的家国情怀核心素养

历史是一门人文学科，其教学除了知识的传授还要进行情感态度价值观的教育。通过历史教学，要形成学生对祖国历史与文化的认同感，初步树立对国家、民族的历史责任感和历史使命感，培养学生热爱祖国、热爱生活、热爱世界的情感。当今世界是开放的世界，世界全球化的发展使世界各国相互交流与合作，整个世界是一个整体。历史学习不仅要培养学生形成正确的世界观、价值观和人生观，还要培养学生家国情怀和全球观念。可见历史教育在培养学生文化素质、人文素养和科学精神方面肩负着重大的社会责任，具有不可替代的教育功能。

案例教学在历史和现实之间架起了一座桥梁，可走进历史穿越时空的隧道看到凝固的历史，体会历史人物的情怀，依据历史的变迁和差异分析人类文明的发展轨迹和原因，从而印证社会经济的进步与发展。案例教学能缩短历史与现实的距离，可作为联系两者的纽带。案例教学将使学生打开历史的尘封，置身于历史的洪流中，看到形象鲜活的历史，感悟历史人物的情怀，探寻中华文明的足迹，培育对中华文化与中华民族的认同感。历史案例教学法重在使学生提升学习历史的兴趣，成为学习的主人，旨在培养学生的历史思维和创造思维能力，适应新课改的理念。因此，将案例教学法推广到历史学科中，具有十分重要的意义。

第二章　案例教学法的理论基础与应用范围

近年来，案例教学越来越得到教育界的关注，那么案例教学为何具有如此好的教学效果呢？它能否被运用到中小学有关课程的教学中呢？我们需要对案例教学的理论基础和适用范围进行更加深入的研究，从理论到实践不断加深对案例教学法的理解。

第一节　案例教学法的理论基础

案例教学法作为一种新兴的教学方式，以其独特的优势获得了人们的普遍关注。但案例教学并不仅仅是一种教学实践的方式或教学模式，更是一种学习方式的变革，一场建构教育实践理论的思想革命，它涉及教学内容、教学观念、教学策略以及师生交往方式等多个层面。作为一种教育思想或教育实践形式，人们虽然对它抱有较高的热情，但其基础理论指导还在探索中，将不断地进行完善。笔者拟从以下几个方面探索案例教学的基础理论，以期更深刻地把握案例教学的本质，为方兴未艾的案例教学实践提供理论指导。

一、案例教学的建构主义理论基础

建构主义由皮亚杰（图 2-1）关于结构的观点发展而来。皮亚杰认为，认知结构可用图式来表示，图式具有整体性并可以发展。人在与环境相互作用的过程中，通过同化和顺应来实现与环境的平衡，从而导致个人内部图式的变化。这里同化和顺应的过程，实际上就是建构的过程。

建构观点的提出，使结构主义发展成了建构主义。因此，在建构主义学习模式下，学习被视为一个动态过程，它通过学习者与外部环境相互作用，实现了同化和顺应，来逐步建构有关外部世界知识的内部图式，从而使自身的认知结构得以转换和发展。其中，同化实现了认知结构的量的补充，是把环境因素纳入认知结构；顺应则是认知结构质的变化，是对认知结构的调整，使之利于接受新的环境信息。在建构过程中，新的认知冲突出现后，同化和顺应实现了对认知冲突的解决，达成新的平衡，从而促进了认知的发展。社会建构的学习观十分强调社会、文化、语言等因素对学生建构知识过程的影响。从这个意义上说，案例教学正是以建构主义学习理论作为基础产生和发展起来的。

图 2-1 皮亚杰

根据建构主义的观点，学生学习的过程可分为三个阶段，即冲突阶段、建构阶段和应用阶段。在冲突阶段，教师要积极创设问题情境，引发学生的认知冲突，学生则应积极搜索原有的认知结构，为认知结构的转换奠定基础；在建构阶段，冲突引发了学生的研究和探索的心态，学生就会对冲突中出现的新问题进行研究和分析、推理，借助有效的学习和思维策略解决冲突，实现冲突过程的同化和顺应；在顺应过程，学生特别需要借助归纳、分析、对比等思维方式来建构新的认知结构；在应用阶段，学生通过变式的练习，巩固和完善新的认知结构，顺利实现迁移。在建构主义看来，要取得良好的学习效果，必须重视学生在知识内化过程中自主作用的发挥，重视教学过程中有关问题情境的创设，重视知识结构的更新。

以上这些基本观点，与案例教学中的基本过程与出发点在理念上确实是十分一致的。一个案例就是一个生动的问题情境，在这个情境中，总是具有一个或几个矛盾冲突；而不同的学生在案例讨论中的不同认识，又会产生新的矛盾冲突。在解决这些矛盾冲突时，他人是起不到根本作用的，学生只有发挥自己的主观能动性，才可以完成个人的理论建构。由此我们可以看出，学习案例的过程，其实也就是学生自主建构和完善自己的认知结构的过程。在这个过程中，案例教学十分注重“学习共同体”（合作的方式）的创建，案例选择时十分注意“认知冲突”的激发，注意让学生在高度仿真的“活动情境”中进行学习，注重学生具有个性差异的“自我建构”过程，强调评价要在“真实”的情境中进行“多元”评价。可以说，案例教学的这些精神理念与建构主义学习理论不谋而合。

二、案例教学的认知心理学基础

认知心理学的代表人物有布鲁纳和奥苏贝尔等。布鲁纳的发现学习理论与奥苏贝尔的认知同化学习理论虽然有所不同，但都蕴涵着案例教学的理念。

（一）布鲁纳的发现学习理论

布鲁纳认为，学习包括三个几乎同时发生的过程：习得新信息、转换和评价。学生不是被动的知识接受者，而是积极的信息加工者。人类是有系统地对环境信息加以选择和抽象概括的，知觉过程是把感觉到的东西转换成意识、知识、情感或其他东西的行动。我们在学习知觉时，实际上是在学习我们所遇到的物体和事件的各种特征之间的关系，学习适当的类别与类别系统，学习预测和检索哪些物质之间是合拍的。

布鲁纳又从对归类的分析中引出了他最重要的学习观——超越所给的信息。他的认知结构学习理论的基本观点可以概括为：为了使学生学得好，提供信息是必要的。但是，掌握这些信息本身并不是学习的目的，学习应该超越所给的信息。学生的心智发展主要是遵循他自己特有的认知程序，教学是要帮助或促进学生智慧或认知的生长。由此，他提出了发现学习法，其理论基本观点可以概括为以下四点。

1.强调创设问题情境

在教学过程中，学生是一个主动的积极的知识探究者，教师要创设一种学生能够独立探究的情境，而不是提供现成的知识。教师需要注意的不仅是问题的结论，更要注意的是能通过问题情境的创设，充分发展学生的思维能力，培养其发现问题、解决问题的能力。

2.注重内在动机的激发

布鲁纳强调内在动机，他认为，学生容易受好奇心的驱使，对探究未知的结果表现出浓厚的兴趣。布鲁纳将学生的这种好奇心称为“学生内部动机的原型”。他认为，与其让学生把同学之间的竞争作为主要动机，还不如让学生向自我能力提出挑战，形成学生的能力动机，使学生有一种寻求才能的内驱力。

3. 注重学生的自我发现

在“发现法”教学中，教师不能拘泥于创设情境去探究答案的形式，而要把“发现法”教学的着眼点始终放在学生的自主发现上。教师的作用主要是引导学生深化发现，加深理解。布鲁纳认为，与其指示学生如何做，不如让学生自己试着做，边做边想。教师在学生的探究过程中，要帮助学生形成丰富的想象，防止过早语言化。

4. 注意信息的提取

布鲁纳认为，学习成效的好坏，关键在于如何组织信息，知道信息贮存在哪里，怎样才能提取到这些信息并加工整合这些信息。同样，我们也知道，为了使教师掌握先进的教育理论，将自己掌握的教育理论“转移”到教育实践中，提供相对丰富的案例以及相关的信息是必要的。但是，掌握这些与案例相关的信息本身并不是学习的目的，教师应借助这些案例并能超越这些案例所提供的信息，悟出信息背后的教育基础理论，并将其内化为自己的教育智慧。因此，案例教学要遵循教师的心智发展，主要是遵循每个教师自己特有的认知程序，以促进教师认知的生长。在问题情境的创设、学生主体作用的发挥、内在动机的激发与维持、信息的搜集、整合与加工等方面，案例教学可以说是对布鲁纳发现学习理论的继承与发展。同时，布鲁纳的发现学习理论也为案例教学提供了心理学依据。

（二）奥苏贝尔的认知同化学习理论

在奥苏贝尔看来，应尽可能地使学生的学习成为有意义的学习。奥苏贝尔在仔细区分了接受学习与发现学习、机械学习与意义学习之间的关系后，提出了有意义学习。有意义学习需要具备两个先决条件：一是学生表现出一种在新学内容与自己已有知识之间建立联系的倾向；二是学习内容能够与学生已有的知识结构联系起来。因此，影响课堂教学中有意义学习的重要因素是学生的认知结构。要促进学生对新知识的学习，首先要增强学生认知结构中与新知识有关的概念。奥苏贝尔同大多数心理学家一样，认为人的认识过程往往是先认识事物的一般属性，然后在这种一般属性的基础上，逐步认识其具体细节。据此，奥苏贝尔要求学校的教学顺序也应遵循人的认识自然顺序，即要先呈现概念性的组织者，以便在学生认知结构中形成同化新知识的框架。基于此，他提出了有意义学习的心理机制是同化。他的同化理论的核心是：学生能否习得新信息，主要取决于他们认知结构中已有的有关概念；有意义学习通过新信息与学生认知结构中已有的有关概念的相互作用才得以发生；由于这种相互作用的结果，导致了新旧知识的意义的同化。案例教学从问题的选择、深入讨论到得出结论，都不是突发奇想的，而是与学生原有知识基础密切相关的。有时，教师为了提高案例教学的实效，在呈现案例、启发讨论之前，会先系统复习讲解有关教育理论知识，以便为理解案例、展开案例研讨打下基础。因此，学生在进行探究时，是遵循奥苏贝尔的认知同化学习理论的。

认知心理学的特点在于运用不同的方式促进学生进行有意义学习，促进学生认知发展。在案例教学中，教师不是课堂教学的操纵者和控制者，而是学生学习的促进者、组织者和领导者。教师十分注意鼓励学生积极参与课堂讨论，通过汇集众人的观点以最终解决案例教学在案例的选择、案例的呈现、案例的讨论组织形式等问题，充分注意到了方法与手段的多样性，重视了激发学生创造力，丰富了学生个人的教育理论。正是在这个意义上，我们说，认知心理学理论为案例教学打下了坚实的心理学基础。

三、案例教学的人本主义理论基础

人本主义心理学家不赞成把人割裂开来去进行研究，也不赞成只把人当作实验的客体在实验室状态下研究；不赞成把人当作病态人去研究，更不赞成把人当作动物去研究。人总是现实社会中的人、整体的人、具体的人，具有人的价值和尊严，具有人的主动性和独特性，有自我实现的愿望和丰满的人性。这些研究的基本观点和立场是在分析和批判传统的心理学研究的基础上形成的。因此，它更能代表当代心理学研究的追求和方向。

人本主义心理学的杰出代表马斯洛把人的需要看成一个多层次、多水平的系统。他探讨了人的需要的性质、结构、种类、发生和发展的规律，分析了人的各层次需要及其相互关系，特别强调了具有高层次需要的追求和满足才能使人更充实、更幸福。

在人本主义心理学中，对学习理论研究最多的要数罗杰斯，他提出了“以人为中心”的理论，这一理论成为人本主义心理学教育观的核心和基础。他冲破了传统教育模式和美国现存教育体制的束缚，把尊重人、理解人、相信人提到了教育的首位。他强调突出学生的主体地位与作用，提倡学会使用变化和学会学习的思想，倡导内在学习与意义学习的理论，弘扬情感等非智力因素的动力功能，注意创造力的培养，在建立和谐与平等的师生关系、创造最佳的教学心理氛围等诸多方面作出了贡献。

罗杰斯强调意义学习，这种意义学习是个人的学习，即所学内容与个人有关。学习要求个人积极主动参与，要从自我发起。在学习的过程中，他强调尝试性的训练。他认为，科学是一个不断变化的领域，而不是存在于封闭的、只包括已发现知识的书籍中的事实原理。因此，对学生来说，拥有相关科学知识体系已经不是学习的目的，学习的目的是使学生掌握知识并能够运用知识，且不再把科学知识看作是绝对的、完全的和永久的东西，即科学知识是随着实践发展而发展的。

人本主义把尊重人、理解人、相信人提到了教育的首要地位。而在传统课堂教学中，教师十分注重知识的传授与灌输，师生之间很容易形成命令服从的关系。学生缺乏主动运用知识的机会和情境，久而久之，就会缺乏提出问题和解决问题的兴趣，养成思维的依赖性，失去人格的自主性与独立性。在案例教学中，案例作为活生生的现实情境，它所提出的问题能够激发学生探索的积极性。因此，与传统讲授式、灌输式的教学方式相比，案例教学更强调突出学生的主体地位与作用，提倡学会根据事实情境的变化而采取不同的解决问题的方法。另外，案例教学的成功与充分的案例讨论是无法分离的，营造一个学生敢于辩论的案例教学课堂，是案例教学成功的关键。因此，案例教学十分注意弘扬情感等非智力因素的动力功能，强调建立和谐与平等的师生关系，创造最佳的教学心理氛围。正是从这个意义上说，人本主义心理学为案例教学的实施奠定了深厚的理论基础。

四、迁移理论

（一）莱文的迁移假设理论

莱文的迁移假设理论认为，一个人在解决问题的过程中，会提出和检验一系列的假设，形成解决问题的思考顺序和假设范围。这种通过假设形成的思考顺序和假设范围会影响以后类似问题的解决，并迁移到以后的问题解决活动中去。在案例教学中，教师布置案例材料后，一般都附有相关的问题，询问学生如果作为“当事人”该如何处理案例中所面临的问题。学生通过自学案例、分析案例、小组讨论等寻求解决问题的办法，这一过程就是运用原有的原理、方法等理论知识，形成对案例中问题的解决办法的假设的过程，在这一过程中，学生将理论知识与现实的实际问题结合而生成自己的亲身经验。同时也在案例教学中逐步形成对问题解决的一般步骤的了解与掌握。这些经验使学生头脑中孤立的、分离的知识转化为一套解决类似问题的思考策略与顺序。由此，案例教学具备了迁移假设理论的条件，从而有效促进了问题解决的迁移。

（二）促进迁移的情境相似原理

迁移理论认为，学习的情境与日后运用所学内容的实际情境类似，有助于学习的迁移。因此，创设与应用情境相似的学习情境有利于学习的迁移。案例教学过程中使用的案例是来自真实的现实，其来源具有真实性；在收集与整理过程中，需征得来源处的同意，这就保证了案例本身的真实性；教学案例又具有时效性，使案例本身更加贴近现代的工作与生活。由以上三点可以看出，案例要素的来源、收集整理过程、时效性三个方面确定了案例教学与学生日常的生活与将来的工作中要面临的情境具有较大的相似性。因此，这种相似性能使学生在案例学习中获得知识与经验，从而有效地发生迁移。

由以上分析可以看出，案例教学促使学生逐步形成对问题解决的假设与顺序，并以案例的形成创设了与日后运用所学内容的情况极相似的情境，有效地促进了迁移的发生。因此，迁移理论是案例教学中一个重要的理论基础。

五、信息加工理论

信息加工理论认为，个体的知识分为程序性知识和陈述性知识两种。程序性知识以产生式系统表征。产生式系统是认知表征中的一种比较典型的程序表征系统，其基本原理是一个条件能产生一个活动，即当某个“条件”出现时就会产生某个“活动”。产生式系统中涉及某些内部目的、内部认识过程和内部知识，由目标驱动、集中注意、真实记忆和思维调动原有的有关知识结构。产生式系统由多个产生式组成，完成复杂的事需要产生式系统完成。这些产生式系统经过练习后贮存在人脑中，保存为解决问题的技能。陈述性知识最初以命题网络的形式组成，在多种练习下，再转化为以产生式的方式进行表征，最后形成产生式系统。

在案例教学中，案例作为活生生的现实情境，能激发学生探索的兴趣，同时案例又是涉及各方面知识的一个综合体，需要学生充分调动其原有的各方面知识，在基于案例的情境中练习与运用，获得由产生式系统转化的问题解决的技能。而将以命题形式保存在学生头脑中的原理、原则等知识（即陈述性知识）通过案例学习转化为解决问题的技能，即形成保存在学生头脑中的产生式系统。

案例教学革除了传统教学方法的弊端：注重理论知识即陈述性知识的教学与记忆而缺少程序性知识的应用，学生缺乏应用知识的经验，久而久之，就缺乏了对问题和解决问题的兴趣，形成思维的惰性，习惯于对命题的记忆，因此，获得的只是一堆孤立的、松散的知识，学生解决问题的能力较差。而案例教学则突出形成学生的程序性知识和产生式系统，在面对案例情境时要求学生调动原有的知识结构。案例教学是帮助学生将陈述性知识与程序性知识转化为产生式系统的有效方法。因此，信息加工理论成为案例教学的理论基础。

六、认识性理论

（一）认知弹性理论图

认知弹性理论是斯皮诺等人于 1990 年提出的关于学习的本质问题的理论，是指以多种方式重建自己的知识，以便对发生根本变化的情境做出适宜的反应。这既是知识表征方式（超越单一概念纬度的多维度表征）的功能，又是作用于心理表征的各种加工过程（不仅是对完形的修复，而且是对一整图式的加工过程）的功能。认知弹性理论认为，从单一视角提出的每个单独的观点虽不是虚假的或错误的，却不是充分的。该理论的中心是多元认知表征，即要求从多于一个观点的角度检查某个概念，这既能增强对该概念的理解，又能增强这一概念迁移至其他领域的能力。因此，在解决问题的过程中，往往存在不止一个正确的答案，需要在产生一个正确答案以后，有足够的耐心对其他的理解与答案一一加以验证，这就是认知弹性的基本原理之一：概念与案例构成的多维与非线性的“十字交叉”形状，即每一个个别的事实或案例都可从不同的概念侧面得到合乎理性的介绍，每一个侧面又都补充某些其他方面潜漏的有用信息。当学生对一个变化的概念感到理解有困难时，通过具体的案例能够使其获得的概念意义更丰富、更全面。认知弹性理论认为教学的目的应是试图构建各种观点的“马赛克”，以及概念与案例构成的多维与非线性的“十字交叉形”，达到对知识尽可能完整的理解，即充分理解概念的丰富内涵和相关的案例，从而使学习者获得具有足够弹性与灵活性的知识，以适应多变的真实情境。

（二）认知弹性超文本

斯皮诺等人将学习划分为三大类型：适用于初学者的导论式学习、高级知识的获得和专业知识与技能的学习。其中，导论式学习属于学习中的低级阶段，学生通过导论式学习掌握的概念与事实只能在相同的情境中再现；高级知识的获得是一种比较高级的学习类型，它要求学习者通过知识表征的建构，掌握概念的复杂性与跨越案例的变化性，使认知具有更大的弹性与灵活性，具有非线性特征的超文本是适用于这种学习的最佳媒体。

传统的教学往往混淆了这两种不同类型的学习，而使简单的导论式学习在学校中形成一统天下的局面。这就造成学校传统教学中的一些顽固弊病：将内容从其产生的复杂背景中抽取出来；将整体人为地分割成部分等，这些处理极易导致理解的肤浅甚至概念的误解，使学习停留在知识的再现水平上，影响知识在新情境中的迁移与灵活应用。而案例教学中的学习既不同于为学生硬性预定一定知识并要求学生通过记忆被动接受知识的学习，也不同于使学生处于无结构状态中盲目探寻而完全忽视概念在理解中的作用的放任学习。案例教学通过向学生提供案例这一认知弹性超文本，激发学生对案例这一超文本中和教师提出的各种问题的探索，获得与案例相关的多种多样的知识点，而这些知识点又被镶嵌在案例的背景之中，从而学习者可以构建一个基于案例和具体情境的知识集群，获得对案例相关概念与问题的深入理解和整合，使获得的知识与经验具有适应新情境的灵活性与弹性。

七、杜威经验主义

杜威的经验主义也称为学生中心主义。杜威说，最好的一种教学就是牢牢记住学校教材和现实生活相互联系的必要性，使学生养成一种态度，习惯于寻找这两方面的接触点和相互关系。案例教学就是联通杜威所说的这两方面的一种绝佳方式。一方面，案例是现实生活的真实反映，它来源于生活当中的实际问题或某个问题情境；另一方面，用文字对问题事件进行描述，对真实发生的问题事件进行搜集和整理，形成具有教学意义的案例，而这些案例教学正是沟通学校教材与现实生活的桥梁。

（一）经验内涵的深刻把握

杜威在批判传统经验的基础上，对经验进行了创造性改造，赋予了经验深刻而丰富的内涵，力求克服传统哲学中身与心、经验与理性、主观与客观、理论与实践等二元对立思维，建构起经验与教育相互融合的一套经验哲学体系。因此，深刻把握杜威经验的内涵是理解杜威实用主义哲学和教育思想的一把钥匙。

杜威对传统经验的改造主要体现在克服了经验与理性的对立，拓宽了经验的外延，强调了经验中人的主动性。经验是杜威教育理论的核心概念，他非常注重经验的作用和价值，他认为一盎司经验之所以胜过一吨理论，只是因为在经验中，人和理论才具有充满活动和可以证实的意义。在我们对事物有所作为和我们所享的快乐或所受的痛苦这一结果之间，建立前前后后的联结。在这种情况下，行动变成尝试；变成一次寻找世界真相的经验；而承受的结果就变成教训——发现事物之间的联结。经验本来就是一种主动而又被动的事情，它本来就不是认识的事情，而估量一个经验的价值标准在于能否认识经验所引起的种种关系或连续性。当经验已经是积累性经验或有点价值、有点意义时，也只有在这个程度上，其才含有认识的作用。一切真正的教育都从经验中产生，但并非所有经验都具有价值，判断具有教育价值的经验取决于两个原则：一是经验的连续性原则，即每种经验都是一种动力，判断一种经验的价值要依据它推动的方向和结果。按照特殊性的方面，使连续性的经验有助于个体正常生长时，这种经验才具有教育价值。二是经验的交互作用，即任何经验都是客观条件与内在条件的相互作用，即有机体与环境相互作用的结果。可见，杜威经验具有两个特性：第一，统一性，即认识与行为、价值与事实、主体与客体、人与环境、理论与实践等并不是孤立的，它统一于连续性的经验之中；第二，发展性，即经验不是固定不变的，它永远向未来开放，随时准备接受改变和修正，并向特殊的方向生长。

杜威经验中的两个原则和两个特性为案例教学过程中所遭遇的问题（如理论知识削弱及理论基础驳杂）指明了方向，提供了解决思路。所以，对杜威经验内涵的深刻把握，是解决案例教学存在问题的出路与原点。只有深刻理解和把握杜威经验的内涵及意义，才能在实施案例教学过程中挣脱对案例教学错误认识而导致的各种问题，才能澄清案例教学的理论困惑，更好地推动案例教学的运用、推广及未来发展。

（二）教学过程的系统优化

案例教学是师生围绕案例中的问题进行探讨，求索解决问题的动态过程，包括课前案例准备、课中案例讨论和课后总结反思等。根据杜威经验哲学，案例教学每一环节都应为学生获得生长的经验提供条件，能促进经验向特殊方向的生长，这就需要对教学过程进行整体的系统优化。教学过程的系统优化首先要辨别经验是否具有教育价值，即学生获得的经验是否符合经验的连续性与交互性。可见，运用案例教学的关键在于以杜威经验哲学为理论基础对教学过程进行系统优化。

1. 教学设计的充分准备

首先，考察学生现有的理论知识水平，典型案例的选择应以学生现有经验为基础，这对其能力提升具有一定促进作用，对其经验生长具有一定的扩展空间。典型案例的编定过程中，文字描述应简明扼要、观点明确、问题清晰，事件应契合学生现有经验和能力水平，具有严整的结构，能调动起学生的兴趣，引发其思考问题并解决问题的积极性。教师应做个有心人，留心现实生活中发生的最新事件或典型案例，通过编定与整理，建立起案例库，为案例教学中案例的选择提供可以直接利用的教学资源。其次，教师应对案例教学过程进行系统、周全、严密的考虑，如案例中讨论的问题，对其可能出现的相关拓展问题、问题的可深入性和结果的多元性进行充分预测，并进行相关领域知识的储备，提出可以运用的课堂策略，以更好地引导学生进行思考，掌控课堂教学秩序。

最后，案例可以选择如视频、多媒体动画等呈现方式，使学生对案例中存在的问题有深入的体验和思考，充分调动学生兴趣，发挥学生参与的能动性。

2.课中讨论的及时引导

课中讨论是案例教学的重要环节，关系到案例教学的成败。首先，教师呈现案例引入问题后，根据杜威经验连续性原则，应对涉及案例问题的相关理论知识进行解释，以促进学生更好地把握案例问题的关键。其次，在讨论过程中，教师应及时引导学生，避免无意义的讨论或使讨论进入错误的方向，且对问题的讨论形式不应局限在小组讨论和班级讨论，教师应根据教学的需要，选择如个别解决法、智囊团法、角色扮演法等合适的形式，以帮助学生更好地参与案例讨论，推动案例教学的有序进行。最后，教师应对案例问题的各种可能解决方案进行总结与评价，注重解决方案的多元性和最优性，提高问题的讨论层次，开阔问题解决的讨论视野，提升学生的思维品质，引发学生对相关问题的积极关注。

3.课后总结的全面反思

课后，教师应带领学生对讨论结果及其整个案例教学过程进行反思与总结。这是改进案例教学、提升教学效果和促进学生能力发展的重要环节。学生在案例讨论后，应总结出自己在研读案例、讨论过程中的感受与收获，最后写出案例分析报告。教师应反思案例教学各个环节出现的问题与不足，总结其经验教训，为更好地改善案例教学、提升教学效果服务。

（三）教学评价的改造创新

案例教学以培养学生解决问题能力和创新能力为目的，而现有评价把能力看作是一种固定结果，忽视在案例教学过程中能力、思维和态度变化的发展性评价，这种对案例教学的评价现状没有看到经验的连续性和交互作用的重要性，将案例教学评价导向了没有出路的死胡同。要想突破现有评价现状，提升案例教学的未来发展空间，就必须树立以经验生长为评价标准的理念，对教学评价进行创新和改造。对案例教学评价的创新和改造要以学生经验生长为目的，这也是第四代评价观所倡导的评价思想，强调学生亲身参与自身体认，激发学生经验与环境交互作用的思维能动性，建构学生本身的认知框架和行动能力。这种教学评价认为评价在本质上是一种通过“协商”而形成的“心理建构”，是一种公平协商、主体参与的过程，而不是评价者对被评价者的控制过程。案例教学应转变传统的评价方式，转向以学生参与、公平协商、经验增长和能力建构为特征的新型教学评价。

八、教学交往理论

教学交往理论认为学生在学习过程中通过与同学、教师以及周围其他环境的交往建构自己的知识结构，发展自身的道德品质。交往是一切有效教学的必需要素。交往在教学中发挥着经验共享的功能，使学生在这个过程中学会合作、发现自我、达成共识、组织共同活动及弘扬个体主体性、形成丰富健康的个性（图 2–2）。

图 2–2　教学交往在教学中发挥着巨大作用

教学交往理论认为交往的主体是平等的、相互尊重的，在教学过程中，师生之间应是平等交往的主体关系，而不是教师作为主体、学生作为客体的主客体关系。学生的和谐、全面发展只有通过这种平等的、真正的交往才能实现。因此，教学中的交往应是一种合作式的交往，交往的双方应创造条件，使不带支配性质的交往行为成为可能，放弃权威地位，保持相互平等的态度。同时，由于交往参加者实际地位不是同等的，必须促进交往参加者相互取长补短和理智相处。

而在传统的教学中，教师不仅是法理的权威，也是课堂的主导者，师生之间极易形成命令—服从的关系，从学习目标的确立到教学的过程与方法直至最终的成果评价，学生均无自主权。学生的主动性和积极性受到压抑，难以获得全面发展。同时，在这种课堂中，教师始终控制着全班学生的活动，多是以教师与全班的整体学生“交往”为主，学生与教师单独交流的机会较少，阻碍了师生间情感的共鸣与精神的相遇。而学生之间的交往过少，学生的个性发展与良好的社会化就难以实现。

案例教学是一种积极鼓励学生参与的教学。教师是学生学习的促进者、推进者、辅导者，是案例教学的重要角色，但不是课堂的操纵者、控制者。教师与学生进行平等交往，并鼓励学生积极参与交往。案例的小组讨论可发展学生与小组的个别同学的沟通能力、综合他人智慧的能力，案例的班级讨论更是以全班每个学生的积极参与为基础，通过众多的个人观点汇聚成最终解决问题的方法，同时个人也在倾听其他观点，在与教师和全班其他学生交往中建构更完整的知识结构。

案例教学充分发展了师生之间的交往、个体之间的交往、小团体间的交往、小团体与集体间的交往、个体与集体的交往。案例教学的名称来自我们使用案例的事实，但它并不是我们所做事情的基础，基础应是参与交往的方法。案例教学是一种鼓励学生参与积极交往的教学，是一种基于交往的教学。

九、顿悟学习理论

格式塔心理学家认为，学习是认知重组，是对事物之间关系的顿悟。顿悟学习不易遗忘，不仅可以避免多余的失误，且由于顿悟学习本身具有奖励的性质，还使学生产生积极的愉快体验。因此，概念化、思考及对技能的领悟性学习优于根据重复练习原则对技能、习惯和记忆关系的学习。而讨论则是促进思考和领悟的最有效途径。讨论是社会学科传递观点的工具，通过讨论可以改变人们的思想，增强人们的灵活性（图 2–3）。个体在讨论中积极探究问题，得出某种结论，更容易在概念和行动上形成永久性变化。格式塔心理学家认为，讨论在思维形式变化中发挥着重要的作用，认为个体思维形成于分析现有信息和用新观点综合这些信息之间轮回交错的过程。而个体在这一过程中获得思想的改变，讨论就是完成这一过程的主要方式之一，在讨论中，不同的观点得到展现的机会，并被探讨和争论，促进学生更深入地进行思考，形成新的综合，从而形成对事物关系更深刻、更准确的认知。

案例教学充分重视讨论，在教学过程中可运用小组讨论和班级讨论的形式。教师运用案例中富有启发性的问题，激发学生进行讨论，减轻了学生的学习被动性以及对记忆的过分依赖，促使学生积极思考，进行推理，确定各事物之间的关系，寻找问题的答案。在小组讨论中，不同学生原有的认知结构不同，对案例中各种关系的认知也不同，个人可以在发表自己的观点和倾听别人的观点过程中取长补短，从较全面的角度认知问题情境；在班级讨论中，更多的观点融汇和教师点拨可以超越小组讨论中的认识水平，以更深的程度和更高的水平对问题情境进行理解和认知，找到更好的解决问题的办法。因此，顿悟学习理论尤其是关于讨论的理论是案例教学的理论基础。

图 2-3　学生讨论

案例教学从源远流长的萌芽状态，到在哈佛现代工商管理硕士（MBA）的培养中取得令人瞩目的成就并不断获得发展，再到如今在各级各类教学中受到人们的推崇，确实是有深刻道理的。另外，案例教学作为一种教学思想，其内涵也日益得到充实。我们可以说，案例教学正是以其独特的课程与教学视角、对教学理论的整合、对教学方法的优化、对现代教学实践中问题的敏锐察觉与积极反映，从而在实践发展中拥有了旺盛的生命力。但是，案例教学与其他教学方式一样，也存在一些需要进一步探索和解决的问题，例如，如何根据学生不同的认知发展水平选择不同的案例，如何根据课堂教学的实际情况选择呈现案例的最佳时机，如何形成既能激发学生兴趣又能有效建构学生个人理论的问题系统等。解决这些问题需要在教育实践中进行探索，同时也需要进一步丰富发展案例教学理论，为深入理解案例教学的本质与内涵、有效解决教学中的实际问题提供理论上的指导。

第二节 案例教学法的应用范围

一、案例教学法的应用条件

（一）案例教学对教师的要求

在案例教学中，教师扮演的角色是指导者和的推动者，但教师并不是一个消极的指导者。尽管案例教学是以学生为主体进行的一种教学方法，但若要使案例教学取得比较理想的效果，教师就不能仅仅处于被动指导者的地位，他不仅要选择、编写案例，掌握教学的进度，引导和鼓励学生去思考、发表独到的见解，还要把学生们的各种想法、观点有机地结合到一起。在学生讨论冷场的时候，他应想方设法地把学生们的积极性调动起来，使他们能积极参与到讨论中，同时在讨论中要引导讨论的方向，使讨论不至于偏离主旨。通过组织讨论，在教师的指导下，学生们相互学习、比较，学会怎样从各个角度去分析问题和解决问题。讨论结束后，教师需对学生们的讨论加以评论、总结，指出其在讨论中存在的缺陷和不足。

总的说来，专门的案例教学不是针对某个教学环节而是根据一门课程来设计的，它所涉及的不是一两个知识点，而是所谓的“知识群”。另外，案例反映的主体构成和外部联系在现实社会中具有复杂性和多样性，要求教师必须具备与之“相关配套”的综合知识及运用能力。

在案例教学的过程中，教师要编写、选择案例，组织讨论，同时还要注意案例的更新，因此他们往往要花费比传统教学更多的时间和精力去查找相关资料，了解案例的背景，学习相关的专业知识。如果教师课前准备不足，知识结构不能适应案例分析的变化，整个教学过程就可能难以为继。那么，在案例教学过程中，具体的教学活动都对教师提出了哪些要求呢？

1.具备良好的组织能力

传统教学法是教师讲，学生听，课堂讲授是教学的重点和中心；案例教学法是教师和学生一起，共同参与对实际案例的讨论和分析。案例构成课堂讨论的基础，通常是在课前把书面形式的案例报告交给学生阅读，然后再在课堂上讨论，组织好案例讨论是案例教学中的中心环节。此外，案例教学具有很大的随机性，因此临场会出现各种计划外的状况，这时就需要教师进行组织和临场协调，以保证案例教学的正向发展。

2. 明确教师责任

在传统教学中，教师的角色定位是把自己知道的书本知识传授给学生，只要教材熟悉，表述清楚，就算尽到了教师的职责；而在案例教学法中，教师的角色是指导者和推动者，其角色定位是要领导案例教学的全过程。具体体现在以下三个方面：一是课前教师要有针对性地选择教案，对整个教学活动有一个清晰的认知，且选择的案例应具有代表性，真正弄清让学生感到困惑的问题。二是课堂上教师要引导案例讨论过程，不仅要引导学生去思考、争辩、做出决策和选择，从而解决案例中的特定问题，并从案例中获得某种经历和感悟。在课堂上要指导案例分析、讨论的全过程，教师不仅要引导学生去阅读、分析、讨论案例，解决案例中存在的问题，还要引导学生探寻特定案例情境复杂性的过程及其背后隐含的各种因素和发展变化的多种可能性。三是教师要负责案例更新，使案例教学紧跟时代的步伐，能够真正反映当前教育的实际。如果案例不进行更新，多年不变，学生就只能处理陈旧的案例，获得相对落后的知识。因此，案例更新是保持课堂活力的血液。

3. 具备丰富的学科知识和广博的文化素养

案例教学要求教师应具有宽广而深厚的知识基础。在实际教学中，遇到的典型案例往往是多角度、跨学科的，要达到引起学生兴趣、积极参与案例分析讨论的目的，教师还需具备丰富的管理学、社会学、心理学、人际关系学等不同学科方面的知识，拥有广博的文化素养，并做到融会贯通、挥洒自如，这样才能收到良好的教学效果。教师要灵活运用教材，可以使用教材提供的案例，也可以选用其他版本教材案例，还可以根据史料主动编写案例。在采用案例进行教学的过程中，不能仅局限于本学科的案例，有时也可能要跨学科或跨专业选择案例、准备教案，即使没有跨专业和学科，案例所发生的有关背景也有可能超出本专业或学科。在其他区域迁移运用原理既可体现学以致用的价值追求，也是检测反馈学习效果的重要手段[❶]。要使教学成功地进行下去，教师必须不断完善自己的知识结构，以应对日益丰富的社会案例对专业知识的横向需求。

4. 教师应摆正自己在教学中的位置

教师在案例教学中不是主导而是引导，不是讲解而是介绍，否则，案例教学就会成为变相的讲授教学。在案例教学的过程中，教师要始终认识到学生才是案例教学过程中的主角，尽快把学生带入案例情境中，引导他们积极思考，使学生从案例中得出自己的结论。

❶ 王晨光．案例教学常见问题与对策[J]. 地理教学，2015（7）：53-54，52.

5. 教师应精心准备案例

教师在编写、选择案例时，既应考虑整个教学目标，又应注意学生的知识结构、认知特点、兴趣和社会的热点以及案例的代表性，使案例与实际应用相结合，与学生的生活实际相结合。学生经常参与这样的学习、讨论，会逐渐认识到知识的价值，不断端正自己的学习态度，激励自己不断学习，增强解决问题的能力。著名心理学家加涅说："我们的许多态度是通过与别人的一系列的相互作用，如与父母、朋友、同事的相互作用而获得的。态度既可因一次体验的结果突然地获得或改变，也可能要经历多年，兴许要通过一系列的体验结果才可能发生逐步的改变[1]。"

6. 教师应熟悉、了解学生

国外一些从事案例教学的教师认为，教师在教学中要尽快熟悉他的学生，要能记住学生的姓名，同时要了解学生的一些背景资料以及认知水平，这样在讨论中，教师才可以根据不同的问题，把握不同的时间，请适当的同学来回答。在案例教学中，学生不是一个学号，没有一个学生在课堂上可以被"视而不见"。教师可以通过以下几种方式来熟悉学生，并加强与学生之间的交流：一是个人资料卡。个人资料卡包括教师本人的有关资料在内，都应发放给班级的每一个学生。资料卡应包括姓名、性别、年龄、所在学校、家庭住址、电话等方面的内容，它既可以在课堂教学的初始阶段发放，也可以在学生登记注册时发放。二是名片。案例教学中的名片与日常交往中使用的名片不同，主要是写出自己的姓名及工作单位，可以正反两方面书写，以便于把名片放在A形的塑料夹里，使前面和后面的同学都能看到，加强同学之间的了解，使交流变得更加轻松与便利。三是座位图。教师可画一张座位排列图，在学生的相应位置上写上名字，这样有助于认识学生。四是在其他教师上课时，进行案例教学的教师可以坐在教室后面，观察每个学生的活动，了解学生的个性特征。

（二）对学生的要求

在案例教学过程中，学生应扮演一个积极参与者的角色，应认真阅读教师指定的案例资料，进行认真分析和思考，做出自己的判断。在讨论的时候，必须积极发言，讲出自己的思考和结论，并与他人展开争辩。具体说来，在案例教学过程中，学生要做出自己的判断和决策，得出自己的结论，并提高自己的分析问题和解决问题的能力，具体应满足以下几个方面的要求。

---

[1] 杨晓慧．台州地区高中学生对物理学习态度的调查研究[D]．上海：华东师范大学，2007.

1. 应具备基本的概念和相关的理论知识以及实践经验

离开了这些基本条件，学生不可能解决问题，更不可能提出自己的独到见解。加涅曾指出，问题解决或发现只是一个学习系列中的最后一步，他完全需要依赖先前许多必要的学习。要使问题得以解决，必须以先前已经获得而随后又能回忆起在获得问题的解决中（即在获得的高级规则中）所包含的那些规则。也就是说，无论是学生在学习过程中所遇到的那种可预料结果的问题，还是伟大的科学家在推进学科的发展中可能会遇到的需要做出首创性的问题，都需依赖先前获得的知识、技能和策略，而真正的科学发现可能更需对来自那些完全不同的学科领域里的知识与观念做出综合。脱离这些前提能力来设想和实践，甚至创造性地培养，可能都只是空中楼阁式的美好愿望，因为问题的解决，无论是解决日常生活中的常规问题，还是科学技术的发明和创新，都不可能在真空中产生。

2. 应具备一些基本的能力

在案例教学过程中，学生除了应具备必要的基本知识外，还应具备一些基本能力，如能使自己站在一个较高层次来把握和分析问题的能力，在复杂多变的情况下区别相关信息和不相关信息的能力，能从问题情境中推论自己所需知识的能力以及较强的分析能力等。加涅就曾明确地指出，新手在解决问题中的困难可能更多地归咎于他们的基础知识的性质，而不能更多地认为是因为他们的加工能力有限，如新手不会使用解决问题的一般试探方法或策略。实际上，新手也会表现出有效地使用试探的方法，而他们的思维局限性在于不能从问题情境所提供的信息中推论出另外一些知识，而这种推论唯有在专家获得的那种知识结构的背景中才会产生。

3. 应具有适当的学习动机

学习动机是促使学生学习的主要动力。众所周知，学生没有学习动力，就无法参与教学活动，教学也就形同虚设。一般认为，学习动机包括学生的学习兴趣、求知欲、学习愿望和意向等方面。心理学上认为，动机具有三大作用：一是唤起个体的行为；二是引导行为朝向一定的目标；三是维持、增强或减弱行为的强度。而学习动机与学习的关系主要表现在三个方面：一是学习动机对学习有推动作用，动机对学习活动的促进作用，主要以注意的加强、思维积极性的提高为中介的；二是学习成绩对动机也有促进作用；三是动机对学习活动的复杂影响。

心理学家们认为，适当的学习动机对学习是有益的，而过强的学习动机对学习不仅无益，反而有害。例如，注意力的集中程度与动机的强度有关。动机越强，注意力越集中。但对某一内容的高度集中是以对其他内容的不注意（即注意范围变小）为代价的。在案例分析过程中，如果动机过强或过弱，都很容易忽视那些比较隐晦而又十分重要的信息，从而得出不完整甚至不准确的结论。

（三）对案例的要求

教师选择案例时一定要慎重，既要参考课程的内容和学生已掌握的知识，又要根据知识点进行构建。首先案例要有知识性，也就是说当学生阅读和思考案例后，能够得到理论方面的知识；其次案例要有典型性，能对学生产生较为典型的教育意义；再次案例要有针对性，教师可以在案例中对学生进行相应的教学活动，使学生得到较为全面的学习。此外，案例还要有完整性，不能支离破碎，要有开头、讲解、过渡和结尾，使学生在具体的情境中进行理解和学习。选择的案例还要出现在教学一线中，符合教学实际同时富有时代性。在选择案例时，首先推荐的是优秀案例，但也要选择相应的普通案例或有瑕疵的案例，在教学过程中要求学生对其进行完善和改造。

对案例自身的要求具体可分为以下几个方面。

1.案例要紧密围绕教学目标和文本内容

教师在上课之前要注意编写、收集与文本内容紧密相关的案例，然后加以筛选。在选择案例时，要明确案例要达到什么样的目的，解决什么样的问题，真正做到有的放矢。如果选择那些与教学目标和文本内容关联不大的案例，有时虽然也能调动学生上课的积极性，但往往并不能收到什么实际效果。

2.案例要具有一定的代表性和深度

只有选择那些有一定代表性、比较有说服力的案例，才能调动学生学习的兴趣，使其最快地掌握有关知识和原理。如果案例本身缺乏代表性，内容过于简单，不仅对讲解有关理论没什么帮助，还会使学生对基本原理的理解归于简单化、表面化。

3.案例要真实

真实的案例能比较客观、生动、形象地揭示问题的本质，具有可信性，能吸引学生深入到案例中去。如果案例不真实或是教师胡编乱造的，往往会使学生产生逆反心理，也就很难达到应有的效果。

4.案例要能与学生的生活实际相联系

对学生们来说，感触最深的就是发生在他们周围的事情，因此教师要善于捕捉眼前的、本地的、鲜明的案例来联系理论学习，使教学效果达到最好。当然，如果实在没有类似的案例，也不能胡编乱造，可以借鉴其他地方或国家的相关案例。

二、案例教学法的应用原则

教学原则对整个教学工作都具有指导作用。从总体上来看，应用案例教学法需遵循的原则主要有以下几个方面。

（一）参与性原则

案例教学的展开要保证学生参与的积极性。首先，选择的案例要源于现实，因为这样的案例可能就是学生在现实生活或将来走向社会真正面临的实际情况或问题，对学生来说本身就是一种吸引力。其次，在案例教学中，要让学生在课堂中扮演“演员”的角色，教师只能起到“导演”的作用，而不像传统的教学那样，教师既当“演员”又当“导演”，而学生充当观众的角色，即教师要对自身的角色有明确而清醒的认识，并在课堂中进行扮演。最后，教师就案例提出的问题以及针对学生观点的评价都要体现教师对学生参与课堂讨论、交流的鼓励与肯定。可以将学生在课堂上的参与和表现直接作为对其成绩考核的一个重要组成部分，使学生的参与具有外部的压力机制。与此同时，教师不应以答案为唯一标准，应允许学生有不同见解，营造“心理自由”的课堂气氛，使学生自由参加讨论、学习。学生的参与是案例教学开展必不可少的要素，因此，鼓励参与是教师运用案例教学的一个重要原则。

（二）启发性原则

要具有发挥培养学生能力的作用，案例教学就必须使教学具有启发性。智慧不可教，学生要获得解决问题的各方面素质与能力，需要自己对问题进行探索，而不是教师告诉他该怎么办。贯彻这一原则，首先要求教学案例提供不完全信息，这样学生在案例中作为当事人处于一种真实的情境下，可做出真实的判断与决策。同时可以引导学生对模糊信息进行分析，借助各种工具明确案例中的各种关系，而不是由教师提供完全的信息。其次，针对案例所提出的问题要具有启发性，学生在这种问题的引导下，才不会感到毫无兴趣或完全迷惑地放弃。最后，教师对学生讨论的引导也应具有启发性。这种启发性的引导能开拓学生的思维视野，激发学生深入探索的兴趣，从而形成各种新颖而有效解决问题的办法与各种独特而又能自圆其说的观点，达到预定的教学目标。

（三）适应性原则

首先，案例教学的运用需要考虑教学目标和学生的需要，即案例的选择要适应教学目标的需要与学生现有的发展水平。在难易程度上，案例所涉及的内容和问题应恰当；过难，学生的学习和讨论就会流于形式，远离案例所要揭示的问题实质；过易，则会使学生失去学习和讨论的兴趣。因此，在案例呈现形式上要适应学生的理解能力。案例的描述过于理论化会失去案例本身的吸引力，而描述过于具体通俗、缺乏理论背景则会使案例变成单纯的故事，失去应有的价值和意义。其次，案例教学的运用还要适应不同的教学内容。对某些更适合其他教学模式的课程就不应运用案例教学模式；对适应案例教学的教学内容要根据其他条件对其程序做出必要的增删。

（四）能力性原则

教学既要向学生传授一定的基本理论和基础知识，也要发展学生各方面的能力。这条原则要求教师通过案例教学，首先使学生掌握教学的基本理论和基础知识，再在此基础上培养学生各方面的能力，包括语言表达能力、思维能力、分析能力、判断能力以及运用所学知识处理复杂问题的能力等。学生具备这些能力后，才能更加效率地进行学习，从而掌握学习的方法，提高学习效果。

（五）实践性原则

案例教学中选取的每个案例都应是一个真实的现实事件，有时间、地点、人物等要素，学生则面对案例中的现实，从实际情况出发，做出独立的分析与判断，进而提出自己对问题的看法与解决方案，而不是做一些不切实际的空想和揣测。因此，教师选取的案例必须符合实际，不能与实际生活相差太远，这样学生才能有现实感。案例教学的目的并不是给学生一个标准答案，而是通过案例培养学生在实践中解决处理各种问题的能力。可以说，案例教学更侧重于培养学生对问题的综合实践辨析能力，而不是简单地灌输是与非的理论观念。

（六）合作性原则

在案例教学中，学生之间还要学会与他人合作。就管理学而言，其方案的提出、实施和评价决策通常是由集体而不是个人做出的，这就需要每个人之间相互合作。例如，在模拟法中，每个学生都要充当一定的角色，担任一定的职责，这就需要彼此之间的合作；在讨论法中，教师可能会把学生分为三人或四人一组来准备书面或口头案例分析，由各小组提出解决的方案，然后再进行全班讨论。因此，每个学生对他人的观点要持开放、包容的态度，做一个好的倾听者和贡献者，而不能缺少合作精神。

（七）创新性原则

对于教师而言，创新性原则要求其选择一些较为普通的案例，先使学生在这个案例中进行基本知识等方面的学习，在学生掌握这些知识的同时，进一步引导学生对这些案例进行相应的改革和创新，使学生认识到哪些地方存在问题，并试着进行修改，从而更好地培养学生的综合素质，提高学生的创新思维和创新能力。

教学案例反映的教学现象，有可能会产生一些深刻的认识与独到的见解，教师可以据此进行一番去粗取精、去伪存真、由此及彼、由表及里的改造制作。撰写教学案例十分必要，操作不难，教师只要愿意撰写，经常撰写，都能够得到较大提高，如果不断进行完善，还可能写出案例精品。因此，需要大力提倡教师撰写教学案例。

对于学生而言，创新性原则要求学生对案例有自己的看法，无论是对案例的分析评判，还是提出解决问题的方案都要有自己独到的见解，有一定的创新之处，不能简单地重复案例资料或他人的观点，即学生对案例的分析既要注重提出了什么样的解决方案，还要注重如何支持这一方案，以及采取什么样的措施来实现。

对于一个案例，不存在唯一的、最佳解决方法，也不存在唯一的正确答案，学生要给自己的解决方案以充足的论证。另外，教师应让学生清楚，学生自己提出的解决方案应是具体的，可行的，要说明做什么，为什么做，何时做，如何做，以及由谁做这样的问题。即提出的方案应是可行的，是有现实性的，且经过努力后能实现的，要极力避免学生的方案肆意夸大、墨守成规或过于戏剧化、理想化。总之，要培养学生独立分析问题、解决问题的能力，案例教学就必须有一定的创新性。

三、案例教学法的具体应用

研究案例教学的根本目的是要了解如何运用案例教学推动教育教学实践的发展。作为一种教学模式，案例教学并不是万能的。因此，要达到案例教学的预期效果，必须先了解案例教学的适用范围与领域。众所周知，没有一种教学模式能够有效适用任何范围的教学。案例教学作为一种新兴的教学模式也只是在一定的范围内发挥其作用。那么，案例教学能在多大的范围内有效发挥其作用呢?

首先，从教学内容来说，案例教学适用于复杂知识、专业知识的教学。简单知识及简单的概念与事实，学生只要求能在相同或相似的情境中再现、再认即可。而复杂知识的学习，学生仅凭借传统的教学只能记忆再现，难以真正地理解掌握，而通过案例的学习，学生可将复杂的知识嵌入生动的具体情境中，在学生亲自参加的分析、讨论中将新的复杂知识融入原有的知识结构中并建构新知识结构。

其次，从教学目标来看，案例教学适用于以培养学生能力为主的目的。案例教学具有鲜明的教学目标。案例教学模拟真实的问题，可使学生利用所学知识进行综合分析，培养解决问题的能力。而问题解决能力是各方面能力的综合。在培养学生解决问题的能力中，学生发展了独立获取信息的能力、与同学竞争与合作的人际沟通的能力、消化运用知识与经验的能力、在具体情境中分析决策的能力等。在培养学生解决问题能力的过程中，促进学生各方面能力与素质的发展，同时各方面能力与素质的提高又能进一步提高学生在新情境中解决问题的能力。

最后，从教学对象来看，案例教学适用于认知发展进入形式运算阶段的学生。案例教学适用于高校学生的某些课程的学习已经在实践中获得了证明。从对案例教学的理论基础分析中，可以看出学生通过案例学习和分析，要将理论知识运用于实践情境，就需要具有一定的知识水平，同时也需要拥有抽象思维能力。在案例的讨论中，学生要从各种观点建构关于案例的新的知识结构，这就需要学生具有一定的归纳思维能力，因此在小学低年级中，学生难以适应这种教学。皮亚杰认为，学生只有进入形式运算阶段（12 岁以后），才能将内容与形式分开，才能进行从假设到演绎推理的学习，实现现实与可能之间的逆转。而这些都是进行案例教学时学生所必须达到的要求。因此，适用于案例教学的教学对象是认知发展已进入“形式运算”阶段的学生。

第三章　案例教学法在历史教学中的实施

历史学科本就是以史料为核心的学科，以史料作为案例，本身就拥有巨大优势。案例教学法的核心就是案例，绝非凭空杜撰的，而历史事件正好是案例教学中所需要的现成的真实案例。学生通过主动分析和理解史料，可以加深对案例教学的理解。在初步建立起唯物主义历史观的基础上，学生可以从多个角度去分析史实，从学习中不断完善历史观。案例教学彻底改变了师生之间传统的、单向的、被动式的接受关系，它必然会引起教师、学生和案例三者之间的积极互动。在案例教学中，教师与学生形成了一种崭新的“教学共同体”，它既凸显教师的组织指导地位，又强调学生自主学习和主动参与的重要性。如何最大限度发挥案例教学的功能和优势，提高案例教学的实效，需要历史教师在实施案例教学时给予充分的重视。

第一节　历史案例教学的准备

历史案例教学以历史案例为媒介，是运用于历史教学过程的一种教学模式，可以根据不同的课堂教学目标，挖掘历史资料编写历史案例，从而展开历史案例教学。历史案例教学突出了历史的学科性质，是从历史情境中提取材料编写的案例，是以历史案例展开的教学。历史案例是一个具体的历史故事、历史情境，有完整的情节，能涵盖课堂的教学目标。针对案例情境，教师设计相关的问题，通过学生对案例的解读、分析、讨论，理解知识的内涵，进而提升学生分析问题、解决问题能力和培养学生的历史思维能力。

一、教师的准备

相对来说，历史案例教学的结构比较松散，具有较大的灵活性。在以讲授为主的教学方式中，教师占据了绝对的主导地位。在传统的课堂讲授上，只要历史教师参考各种教学辅助资料，精心备课，上课时按照事先预定的流程按部就班地进行讲授、提问、练习等工作，同时吸引学生足够的兴趣和注意力，并争取他们的积极配合，大多能完成预定的教学任务。然而，案例教学则有很大的不同之处。案例教学中多以学生讨论环节为主，因此教师的主导权被大大削弱了，学生拥有了较高的自主权。案例的分析、讨论也不再是教师可以预测的过程，充满了太多的未知事件，难以把控。要保证案例教学的效果，教学活动中两大主体——教师和学生，就必须携起手来，同心协力为教学活动的展开认真准备。

事实上，在历史案例教学中，教师所做的工作之一就是进行历史案例教学的课程设计。在这一阶段，教师所要解决的问题属于课程“小循环系统”中的内容，即根据某种教育理念设计案例教学的教材。因此，对于历史案例教学来说，教师在历史课程设计方面有很大的自主权，同时也承担着相应的风险和责任。

（一）教师的主要任务与角色转变

案例教学一个最鲜明的特点，就是以案例为载体，创设一个高度拟真的问题情境，强调学生的自学与互学，充分发挥学生的主观能动性。在进行历史案例教学前，历史教师有必要先明确好以下几种角色的转换。

1.教师是一个学习者

历史教师是历史学科知识的占有者和传授者，是学生获得知识的唯一来源。在传统教学体系中，教师的答案就是唯一正确的标准答案。但是在历史案例教学中，案例本身来自教育教学实践的“复杂的问题情境”，需要研究的问题往往超越了历史学科自身知识的界限，是一个复杂的综合体。同时，很多历史事件存在各种争议，没有统一的、标准的答案。例如，明太祖朱元璋的真实相貌在历史学界就充满着争议。部分教材上引用的朱元璋画像（图 3–1），实际是后人根据民间传说的朱元璋相貌所绘，明代武英殿所藏的明太祖画像，相貌英伟，才更接近真实（图 3–2）。

案例教学法对于历史教师具有更高的要求。为了能够驾驭这种开放式新型教学方法，历史教师势必要提升自身多项素质，比如，更广泛地接触实践、更系统地组织素材、更深入地了解学生，从而激发学生的主动性和创造力。在这个过程中，不仅只有学生在提升素质，教师的素质也在不断提升。

图 3-1　部分教材上的朱元璋画像

图 3-2　明代武英殿所藏的明太祖画像

2. 教师是一个引导者

案例教学虽然以学生为主体，但这并不等于完全放任自流，任凭学生随意发挥。实际上，理想的案例教学是教师处于“隐身”当中，但是整个教学过程又能十分巧妙地在教师的控制和引导之下。案例教学需要教师成为一个高超的引导者，这是因为目前的案例教学课程自身还不算成熟，从某种意义上说，历史案例教学是一门既无教学大纲，又无课本的开放性的课程，学生的学习也不能仅停留在历史案例本身，需要不断提出问题并探求问题的解决办法，通过举一反三提高解决问题的能力，从而实现案例教学的目的。例如，在高中历史课《政治文明历程》这一模块的教学中，《普通高中历史课程标准》（以下简称课程标准）要求教师不仅应使学生掌握必要的政治史的基础史实，更应涉及对一些政治制度的特点、内涵以及作用、意义的理解，如课程标准中对第一个学习专题的要求包括“认识中国早期政治制度的特点”“了解中国古代中央集权制度的形成及其影响”“说明中国古代政治制度的特点”“认识君主专制制度的加强对中国社会发展的影响”，对第七个学习专题的要求有“理解英国资产阶级君主立宪制的特点”“比较美国总统制与英国君主立宪制的异同”“比较德意志帝国君主立宪制与法国共和制的异同”“分析资产阶级代议制在西方政治发展中的作用”等内容。课程标准中这些对政治制度史的特点与内涵的理解要求，不仅对于学生，即使是对于任课教师，也显得有些笼统，甚至是有一些难度的。在实际的课堂教学中，案例教学可以通过营造具体的历史场景和设计问题情境，将政治制度史的相关内容及特点巧妙地融入历史场景和历史实例中，在教师的引导下，通过学生自主对历史场景的分析、对历史案例的解读和讨论，把原本晦涩抽象的、具有一定深度的内容，变为形象、具体化的案例情景和案例研究。学生通过对案例的分析，自己归纳和总结出历史知识的内涵与特点，并通过对历史案例的讨论，深化对这些历史知识的理解。

3. 教师是一个促进者

有人曾经打比方说，在案例教学中，教师要像“催化剂”一样，能帮助和加速学生的课堂讨论学习过程，其实也就是要发挥教师促进者角色的作用。在案例教学中，教师要帮助和启发学生，通过一个又一个的问题的提出，推动学生不断深入思考，把问题由表面引向深入，一步一步地实现案例教学的目的。要发挥教师是促进者的角色，就需要教师能够不断地适时提出一些问题。例如，这个问题有没有解决，这样解决有没有什么缺点，有没有更好的解决方案，选择了这个解决方案后会产生什么样的结果以及有没有风险等。必要时，教师可以主持一场表决，推动学生做出自己的选择。同时，促进者功能的发挥，还体现在促进学生相互交流和沟通的过程中。在学生的沟通交流中，教师要发挥桥梁和穿针引线的作用，使各种思想和观点能在相互撞击和融合中得到理解和支持。另外，教师作为一个促进者，还应学会欣赏学生，尽可能多地看到每一位学生的优点和长处，用欣赏的眼光去肯定他们、鼓励他们，激发他们进行案例学习的热情，这样课堂教学的效果也才可能发挥地更好。当然，促进功能的发挥确实是很不容易的，需要教师悉心体会，用心琢磨，经过长期的摸索积累后就可以有效把握。

4. 教师是一个参与者

在历史案例教学的过程中，历史教师作为其中的一员，肯定是要参与到课堂活动中去的。具体来说，在案例教学开始的时候，首先，教师要让学生明确教学的内容和教学的目标；其次，教师要不断维持课堂秩序，调控教学的进程，推进教学的有序进行，形成热烈而有序的讨论氛围；最后，在课堂讨论结束时，不一定非要对学生的发言进行一番评论，但一定要做总结，使课堂教学有一个圆满的结尾。

在具体的参与过程中，教师要把握好参与的时机。首先，当学生的讨论偏离主题而浑然不觉时，当学生因为意见不能统一而产生矛盾使课堂讨论停滞时，当学生没有思路而茫然不知所措时，教师就要适时参与。其次，教师要把握好参与的度。参与不足，就不能很好地发挥案例讨论的功能；参与过度，就会越俎代庖，甚至舌战群儒，一旦教师成为主角，就会违背历史案例教学的初衷。因此，在历史案例教学中，教师对参与课堂教学的度的把握是非常重要的。例如，在案例教学开始时，高明的案例教师从不长篇大论，而是开门见山，设置情境，激发学生讨论的热情和兴趣；在案例教学的具体过程中，高明的案例教师从不频繁又急切地对学生的见解和活动加以指责和干涉，而是适当地进行诱导和提醒，及时把握课堂教学的节奏；在课堂总结发言的时候，高明的案例教师的发言总是能够反映学生群体的整体意见，也就是说，既不能是教师自己的，也不能是学生中间个别人的，而是包含全体学生集体成果的思想和意见；当学生的意见和观点不能统一时，高明的案例教师总能综合各种不同的看法和决策，向学生做一个既包含共性，又包含个性的结论性交代。

历史案例教学的过程中包含高超的教育智慧，需要教师用心体会，不断总结经验。因此，国外研究者认为，实施案例教学的教师必须是学习者、研究者和冒险家。在案例教学中，教师只有通过“做中学”，才能逐渐领会案例教学的真谛，最终成为真正的“反思型实践者”[1]。

---

[1] Sudzina, Mary. Case Study Applications for Teacher Education[M]. Upper Saddle River: Prentice Hall, 1998.

（二）确定教学目标

确定教学目标是组织与评价案例教学的前提。教学目标是课堂教学的主要内容，教师只有对教学目标足够清晰明确，才能产生良好的教学效果。在运用历史案例教学法时，首先要对教学目标进行明确，在选择案例时要考虑其是否符合教学的目标。在教学时，教师要给学生留出一定的时间对历史案例进行思考和小组讨论，使每个学生都能够发表自己的看法和见解。而教师应进行相应的引导和控制，在学生遇到难度较大的问题时，及时引导学生的思路；当学生探讨的话题与教学目标有所偏离时，进行相应的控制。总之，教师的讲授和引导成为辅助的教学手段，而主要核心是学生的自主学习和探究。

如何确定案例教学的目标？确定教学目标时应遵循哪些原则？这些都是教师应首先明确的问题。教师在确定教学目标时，应该使教学目标符合下列要求：教学目标表述的是学生的学习结果，反映的是学生在认知、情感或动作技能等方面的行为变化，而不是教师的教学行为；教学目标应尽可能表述得具体、明确、可以测量；目标的表述应反映学习结果的层次和类型。

为保证案例教学目标的科学性和实用性，教师在确定教学目标时还应遵循以下教学原则：

（1）可接受原则。教学目标反映了教师的一种理想追求，但它必须具有实现的可能性，否则就失去了存在的意义。可接受性原则是指制订的目标切合需要，符合实际，学生通过努力能够达到。因此，应从可接受原则出发制订目标，切忌设立的目标太高、太过空泛，脱离学生现阶段的发展水平。

（2）全面性原则。教师在制订教学目标时，应考虑到学生的全渐面发展的需要。全面性原则是指在制订教学目标时，应力求使它涉及的范围或层次更加全面。就范围而言，要考虑到学生在认知、情感、动作等领域的发展。在每一领域中，目标的制订也应尽量涵盖各个层次的分目标。例如，在认知领域中，教师不能仅局限于学生的“知道”“了解”“记忆”，更要培养学生的“分析”“综合”“运用”“评价”等高级认知能力。这恰是案例教学要重点培养的能力。

（3）明确性原则。教学目标必须叙述清楚，绝不能含糊笼统、模棱两可，否则教师在进行教学时就很难完成预定的教学任务。同时，教学目标还应具体明确，有一定的逻辑性以及可操作性，这样在进行案例教学时才能采取有效措施来实现教学目标，并检验和评价其落实情况，从而确定教学效果。

（4）系统性原则。设计一个目标，不仅要考虑它本身，同时要考虑它与同级目标的横向联系以及与上下级目标的隶属关系。只有明确它在目标体系中的地位与作用以及相互之间的制约关系，才能设计出要求得当的教学目标。

教学目标的确定，主要是围绕案例教学的实施以及所要达到教学效果，尤其是学生学习后发生的变化，即通过案例教学使学生的认知水平得到提高。在历史教学中，教师要将案例教学目标与具体的历史教学内容进行结合，制订恰当的历史教学目标，使学生在知识与能力、过程与方法、情感态度与价值观三方面达到课程标准要求的标准。

（三）选择教学案例

1.案例的选择

在课程设计领域中被奉为经典的“泰勒原理”认为，编制任何一种课程都必须回答四个问题：学校应该追求哪些教学目标？我们应该提供哪些教育经验才能达到这些教育目标？这些教育经验如何才能有效地加以组织？我们如何才能确定我们正在实现这些目标？对这四个问题的解决形成了一套编制课程的基本程序，即确定目标、选择教育内容、组织与实施教育内容、进行教育评价。因此，当案例教学的目标确定下来之后，选择适当的教学案例便成为亟待解决的问题。

选择教学案例，需要注意以下几点：

第一，所选编的教学案例要与教学目标、教学内容有密切的联系，案例要符合课程和教学的需求，具有可操作性，要能比较好地体现所选取的历史案例本身与教学目标的内在关联，不能一味强调案例的趣味性，而偏离教学目标和教学内容本身。如果过于强调案例的趣味性，将那些与教学内容联系不大、不能揭示教学内容本质的历史案例拿来使用，虽然可能会暂时调动学生的积极性，但由于牵强附会和偏离学习主题，不但不能达到帮助学生理解和掌握知识、培养能力的效果，甚至还会把学生引入歧途。因此，选择案例时，要以一切符合课程标准、教学目标和教学内容为中心，考虑权衡，斟酌再三，不采用不适合课程标准要求和教学内容的案例。在选择案例时，历史教师应对教学目标和教学内容有清晰的认识，并在此基础上，选取有针对性的内容。教师的教学目标并不是让学生学习课本中相对零散的知识，而是希望学生能在教师的引导下，通过对案例的分析和讨论，加深对某一历史年代的宏观认识。教师在选择案例资料时，应在立足于课本基础上，针对课本知识收集更多史料来辅助学生加深对现有课本知识的理解。

第二，所选取的案例应展现出一个较为完整的历史情境，或包含一个较为完整的情节，而且，一个好的案例要把注意力集中在一个有意义的讨论主题上，整个案例必须要有一个中心论题。所选案例所涵盖的领域，要尽可能地集中而深入，聚焦的问题也应准确和深入。这样可以给学生一个较为完整的情境体验，一方面能够很好地激发学生的阅读和探究兴趣，使之能集中精力来解读、分析案例；另一方面，情节、情境较为完整、清晰和信息较为充分的案例，也有助于教师更加准确地把握教学，主导教学，可以更好地带领学生对历史案例进行集中深入的解读与探究，从而能更好地完成教学目标和教学任务，取得更好的教学效果，提升教学效率。此外，还应注意所选取的历史案例的篇幅要尽量适中，不要过于冗长，以便能够适用于课堂教学，有助于学生在课上对案例进行阅读和解析，而不是增加学生的课业负担，或是占用过多的课上时间。教师要对所选取的案例进行必要的剪裁、编辑，有时需要对案例材料进行压缩，尽可能地保留案例的精华部分。在对案例进行选编的过程中，应该选取和保留对案例的陈述部分，而不是选取对案例的评论部分，尤其历史案例，主要是对陈述、反映历史事实的相关历史材料加以选编，这样才能给学生留出解读和讨论案例的空间，更好地发挥学生的主体作用和探究的积极性。即使是选编历史的评论，也要从多种历史评论的角度上来组织，而不是采用唯一性的评论，以使学生在对各种评论的比较、分析中形成自己对历史的阐释和看法。如果实在是篇幅较长的案例，可以交给学生在课下预习阅读，或作为课余的研究性学习的材料。

第三，所选取的历史案例要具有典型性，能反映出历史事物的本质特征。历史是复杂多样的，历史资料也是浩如烟海的，在教学中所适用的历史案例，应是能展示历史发展或历史现象的最有代表性的案例，是蕴含历史事物所具有的核心要素的案例。通过这样的案例，使学生把握所学历史的本质特征。而且，典型性案例的运用，可以使学生在对案例的分析过程中掌握历史认识的方法，有助于以点带面，举一反三。此外，案例应力求新颖、有借鉴意义。选用历史事件作为教学案例，应注意变换视角，挖掘新意，使学生有种耳目一新的感觉。好的案例不应是枯燥乏味的，而应是丰满的史料故事，且这些故事应具有较高的借鉴意义。通过对这些事例的研究，可以让学生在浩如烟海的历史迷雾中清晰地把握自己所需要的历史脉络。

第四，所选取的案例要有一定的趣味性，其人物和事件要能吸引学生，能给人以情感上的冲击，以激发学生的兴趣，吸引学生关注案例内容，进而学习有关的主题和内容。选用的历史案例，要能拉近学生与历史的距离，激活学生的历史思维，这就需要案例中应有生动、有趣的人物形象，以及一些吸引人的、悬疑的情节，使案例变得形象生动、丰富多彩、有血有肉，使学生产生“移情”，能进入案例提供的情境中。不过，尽管我们强调好的案例应是能给人以情感上的冲击，能吸引人，但案例还是应进行客观描述，并且不应掺入主观评论，要让学生自己做出决策与判断，而不应人为地影响学生的判断和决策。历史案例应是对一个有趣的、蕴含问题的故事进行描述。一个好的历史案例必须有引人入胜的故事情节，将事件的发展过程叙述清楚，同时还要隐含一定程度上难以解决的问题。如果案例做了许多假设和简化，就失去了它的分析价值，也就无法引起学生的兴趣、注意力和进一步思考。

第五，历史教师在编写案例的时候，要特别注意案例表述语言的精练、生动，保证在清楚表述案例的同时，又能使其语言凝练简洁、清晰准确、生动形象和幽默诙谐，这样才能易于学生理解和接受，使学生准确地把握案例的内涵，调动学生的积极思维。如果教师对案例的表述是冗长拖沓、呆板单调、含糊不清的，那学生听起来必定会觉得乏味枯燥、毫无兴趣，这样就失去了案例教学的意义，教学效果自然大打折扣。因此，教师在准备案例时，应对案例表述的语言、文字进行仔细、反复地考虑斟酌，该讲的一定要讲，而且要讲得精彩，不该讲的一定不要讲。对于含有历史文献资料的案例，要考虑到学生的阅读水平，对其中的疑难、生僻的词语进行必要的解释。

第六，所选取的案例要能制造问题困境或冲突。好的案例必须要有真实的、难以处理的问题困境或矛盾冲突，以此作为案例讨论和决策的焦点，正如巴尼等人所说“好的案例不仅是事件及其结果的历史纪事，而且应该包括充分的疑惑，以引起丰富的讨论”。案例要能制造困境，这些困境会吸引和刺激学习者思考解决困境的方法。案例所制造的困境，具体来说应具有复杂、冲突的元素或问题，以及具有多种答案和解决方式的待解决问题，以用来引起学习者的反省、思考和讨论。因此，在传统的历史教学中，历史教师在选择案例资料的时候，应考虑历史的全面性，最好寻找一些相互对立的史料，从多个角度还原历史真相。使学生能从对立的阵营观点中努力思考问题的实质，找出问题的答案，而不是单纯地从简单的价值判断上判定。

第七，案例的选取要注意充分提升学生的情感态度与价值观，充分发挥历史教育的“育人”功能，因此在选取案例时，应该考虑所选取案例对学生的感染力。人的情绪和情感总是相互感染的，历史教学活动不仅是历史知识信息的交流过程，还是教师、学生、史事案例之间的情感交流的过程。教师要尽可能挖掘案例中积极、健康、愉悦的情感去感染自己的学生，使其产生剧烈而积极的内心体验，从而把课堂教学的要求内化为学生的动机与需求，唤醒学生的主体意识，使学生更快地进入历史情境，并通过情感上的触动，引发学生对历史案例的思考与感悟，通过分析、推理，从个体的角度形成初步结论。尤要注意的是，历史课程的性质具有人文性和思想性，因此在选择案例和运用案例进行教学时，要注重案例的思想导向性，要有助于学生形成对历史的正确、科学的认识。因此，可以将思想性作为历史案例选择的一个重要的标准。

教师在选择案例时，一定要根据预设的相关教学目标和学生实际状况进行，既要符合课程标准的要求，又要包含相关史实、适合学生探究的问题情境、知识和技能的拓展和延伸、情感态度与价值观的升华等，认真选好历史案例，或者自己撰写历史案例。为了能更好地在平时的教学中找到适当的历史教学案例，应要求教师在日常的工作和学习中多留心观察，同时大量阅读，拓展自己的知识面。教师可以从历史文献、专著、报刊杂志、网络、电视广播等许多方面选取或编写案例，也可以将搜集的各类历史案例编撰起来，建立自己的教学案例库。所选编的案例，都是为了用于历史课堂的教学，因此对所选案例具有特殊要求。

2. 案例的结构

案例的叙述与呈现要注意结构严谨、文字生动、篇幅得当。案例一般由标题、正文、提示等组成，必要时可增加开头语、背景材料、结语、注释、附录等内容。

如果将案例作为一个具体事物来进行剖析，以下几种案例的结构是需要注意的：

（1）时间结构。不管什么样的历史案例，它总是发生在特定的历史时间背景里，同一案例中的不同事件，总有一个发生的先后顺序，案例的编制者必须要对案例中事件发生的时间顺序有一个相当明确的认识。一般来说，案例的结构可以根据时间的先后来安排，即按照事物的产生、演进直至今后的发展方向来交代案例的来龙去脉。有时为了吸引读者，一些案例会采用倒叙的手法，但是总的来说，时间结构是一定要遵守的，这一点对历史案例的编写尤为重要。

（2）叙述结构。所谓叙述结构，就是以时间顺序为基础，将历史事件与其历史环境背景等因素相融合，用一种易于理解的方式进行叙述，使读者感到历史案例的描述中蕴涵着一种文学色彩。从某种意义上说，历史案例就是叙述真实的历史故事，既然是历史故事，就要讲究叙述内容的曲折性、文字的生动性，即叙述历史案例故事要善于娓娓道来，避免晦涩难懂和枯燥呆板，要有一定的生动性和通俗性。

（3）情节结构。所谓情节结构，就是力求将对历史案例的描述生活化的手法。为了让历史案例变得活灵活现，就必须加强历史案例的戏剧性，设置一些悬念。越是能加强这一点，就越能激发学生的兴趣，增加学生身临其境的感觉，使其更容易进入历史案例的情境中，以古代人的视角去思考。

当然，在具体的历史案例编写中，这几种结构是相互交织在一起的，如前文所说，在历史案例的开头，通过倒叙的手法叙述某些后来发生的历史事件的结果或场景等，表明某种情景已经开始，然后回过头来叙述早些时候发生的事情。或者在各种关键信息都已经给出，将要结束的时候，又可以写某种急转直下的形势，以引起学生的特别关注与思考。总之，高超的历史案例编写者，应能安排处理好这几种结构之间的关系，将它们有机地整合在一起，从而形成一个高质量的历史教学案例。

3. 案例的难度

教师在选择案例时面临的另一个棘手的问题是应选择什么难度水平的案例进行教学。一般来说，研究者常从以下三个维度出发考虑案例的难度：

（1）呈现维度。这个维度涉及的问题有：案例提供了多少信息？如何才能把它们呈现出来？学生根据现有的信息可以形成多少种解决方案？

（2）概念维度。这个维度涉及的问题有：案例中的概念或问题是否简单易懂？它们的复杂程度、综合程度如何？

（3）分析维度。这个维度是指案例信息对形成问题解决方案所起的提示程度。它涉及的问题有：案例信息对学生的分析提供了多少帮助？如何从诸多事件中选择适合教学的案例？在这一方面，教师要考虑到教学的需要和学生发展的需要。选择什么样的难度水平的案例，要依据教学目标、教学时间以及学生的具体情况来确定。这就要求教师必须注意以下两个问题：其一，根据教学目标选择案例。教学目标具有导向、激励和检测功能，它指导着整个教学过程的发展。因此，教师在选择案例时，必须衡量该案例是否符合教学目标的要求，能否在解决这一案例的过程中培养我们期待学生发展的能力，尽量做到案例所揭示的理论观点与教学目标相吻合，从而充分体现案例为教学服务的要求。其二，根据学生发展的需要选择案例。所选择的案例要具有针对性，尽可能顾及学科、专业以及学生的年龄、知识与能力基础等因素。对于案例涉及的知识技能，学生应尽可能将它们同化到现有的素质结构中去。案例的难度与深度不应过于超出学生现有的接受程度。

此外，教师在选择案例时，还应适当选择若干反面案例，引导学生站在不同的角度客观、全面、辩证地分析问题，从反面案例中总结经验教训。学生通过这两类案例的对比分析，可对理论和实践形成更深刻的认识。

（四）合理设计问题

运用案例进行教学以及设计案例教学的方案中，非常重要的是合理设计问题。问题的设计成功与否，可以说是案例教学成败的关键。好的问题会使案例教学发挥出其应有的作用，进而充分锻炼与提升学生的历史思维能力、历史意识和情感态度与价值观等；不好的问题会使案例教学偏离主题，流于形式，使案例的作用得不到应有的发挥。因此，在历史课案例教学中，教师应格外关注问题的设计和引领，使历史案例教学发挥出其应有的功效。为此，教师应在问题的设计上考虑以下几点：

第一，问题的设计应该考虑到和教学目标、教学内容的紧密结合。设计问题的目的性一定要明确，问题应围绕课程标准的要求，紧扣教学内容的重点，这样有助于教师预设的教学目标的达成。也就是说，设计的问题是要有一定的引领性和方向性的，是为了更好地完成教学目标、落实课程标准要求的，而不是为提问而提问，不仅是形式上的活动。这样，通过设计相关问题，在案例教学实施中引发学生的积极思考，促进学生运用案例解决问题，实现预设的教学目标，同时充分发挥学生的主体性，实现对学生历史素养和人文精神的提升。

第二，设计的问题应有利于促成案例教学的展开，用问题引领教学并调动学生。教师设计的问题应成为串联案例的关键线索，创设一些特定的问题情境，学生通过对问题情境的探究与思考，在解决问题中推动案例教学的深入进行。例如，在案例中的关键位置，特别是转折性的叙述阶段，设定合理的问题，并用这些问题激发学生探究、讨论的积极性，使学生自己去探寻问题的答案，而不是被动地接受既成的答案。

第三，问题的数量要适中。因为课时所限，不可能设计过多的问题，且课堂教学中的设问也不是越多越好，而关键在于问题的质量和有效性。因此，在历史课案例教学中，问题的设计应少而精。为此，设计的问题应有深度，多角度，尽量引导学生去探究，发掘案例中的有效信息，并对案例进行深入探究，尽可能地将案例中所蕴含的理念挖掘出来。这就需要教师确定案例主要论题。在问题的性质上，提倡教师问一些“为什么”层次的问题，而不是简单的知识性问题。只有充分设计有质量的问题，案例教学才能有效推进，学生才能通过解答问题提升发散性思维和批判性思维，教育的目的才能实现。

对于新入职的历史教师来说，设计有质量的问题可能是具有一定难度的，这与教学经验有关，同时也与教师的教学理念、对教学内容的深度发掘及教学技能有关。因此，在教学工作中，新教师应做到多积累，多思考，只有自己对历史问题有一定深入的思考和多角度的考察，才能设计出好的问题。

（五）设计与组织教学

设计案例教学要解决的是“怎么教”的问题，属于教学设计的范畴。它是教师在课前准备阶段的重要工作。

在确定案例教学目标、选择好教学案例后，教师就需考虑如何选择案例的形式、方法、策略以及教学传媒等问题了。

1. 确定案例教学的形式

教学形式涉及安排什么样的教学情境，以及怎样使学生对组织的教学内容做出反应，大致可分为讲解、提问、分组、讨论四类。对于案例教学来说，其基本形式是讨论。案例讨论以学生为主体，使学生自主地运用所学知识来分析处理案例中的问题。它常以三种形式进行：讨论式、辩论式与专题研讨式。讨论式适合刚开始学习案例分析的、经验不足的学生；辩论式适合具有一定概念专业知识基础、对案例分析具有一定经验的学生；专题研讨式多是针对于那些综合性强、问题复杂且难以下定论的案例采用的一种教学形式，它适合专业知识基础比较牢固，且具备了相当程度的实际工作经验或案例分析经验的学生。在确定教学形式时，教师应结合案例难度与学生水平进行选择。

2. 慎重对待自己的教学行为

与传统教学相比，案例教学对教师的行为提出了与众不同的要求，这就需要教师慎重对待自己的教学行为，选择恰当的教学方法。在这一方面，教师应警惕以下三种案例教学中常见的问题：

（1）教师等待解决问题的时间过长或过短，缺乏应有的弹性。等待时间过短，不给学生留出足够的思考时间，会逐渐养成学生依赖教师代替他们思考的习惯；等待时间过长，又会影响课堂教学的节奏，容易使学生分心。因此，教师应事先估计每个问题反应时间的长短，掌握好教学节奏。

（2）教师对学生的回答过快地做出评价。教师对学生的反馈信息对激励学生参与学习有重要作用，但是过快地做出肯定或否定的评价，不仅会干扰许多学生的思维，还会给学生造成这样一个印象：这个问题已有定论，不用继续思考了。因此，教师对学生回答的评价应更多借助于学生之间的争论、辩论来进行。

（3）教师的独断专制造成紧张的课堂气氛。案例教学是一种团队学习，要求师生之间平等交流、共同讨论。如果教师总是急于充当最后裁决者的角色，就只能给课堂讨论带来障碍。教师应正确处理案例教学中师生关系，设法调动学生的积极性和创造性，鼓励学生广开思路，大胆创新，引导学生不断探索。

3. 选择适当的教学策略

概而言之，教学策略可分为两类：一是指导的教学策略，即教师按教学要求事先制订教学程序，学生在教师的系统讲授和直接指导下学习；二是发现的教学策略，即学生自己观察、操作、比较有关的教学材料，自己发现知识、获得概念、原理和问题解决方案。比较这两类教学策略，发现的教学策略更适合案例教学。它有助于培养学生的独立性和创造性，可以锻炼学生的逻辑思维能力与形象思维能力，同时也易于激发学生的学习兴趣和动机，但是假如教师完全采取这种策略，就容易导致案例讨论放任自流，同时也无法保障教学进度。因此，在案例教学中，教师应采取有指导的发现策略，即先有计划地把学生引入教学内容，再有步骤地按计划向学生提供提示线索，最后由学生自己来得出有关的概念、原理或问题解决方案。

4.选择教学传媒

历史案例信息可以借助不同载体呈现。最常见的方式是纯文字描述历史材料，同时历史案例信息还可用以下方式呈现出来：采用图表、漫画等手段形象化地叙述案例；借助教育技术手段叙述历史案例，如历史纪录片、热门影视剧等；采用角色扮演的形式模拟再现历史案例。不同的教学传媒在信息呈现方面各有优劣。例如，漫画、图表等尽管生动形象，但是所提供的信息却不如文字材料全面详细；教育技术手段、角色扮演等尽管可以提高学生兴趣和参与度，但是其信息却不如问题材料那样易于保持和反复加工。因此，历史教师还应考虑案例教学目标、案例内容、学生特点以及教学环境等因素，选择适当的教学传媒。

（六）其他准备工作

在对案例教学的形式、策略、教学传媒等做出规划之后，教师还要为案例教学的开展进行如下的准备工作。

1.给学生分发案例教学笔记

案例教学材料中除了案例之外，还应附有一些问题，这些问题为学生理解与分析案例、把握案例的重点与难点等都提供了帮助。比如，对于每个教学案例，教学目的是什么？在整个课程中的作用如何？可以向学生提什么问题？对每个问题的讨论用时多少？采用什么方式来强化学生之间的争论？这些内容形成的文字称为教学笔记。教学笔记中包含案例摘要、教学目标、教学建议、讨论问题及参考答案等信息。教师发给学生案例教学笔记，可作为补充材料进行参考。

2.板书设计

板书设计是课前准备的重要组成部分，因为板书往往是课堂讨论的记录。板书设计要考虑课堂讨论时应在黑板呈现什么内容，以及它们应出现在哪里。它不仅为学生的理解和分析提供了视觉上的信息提示，而且有助于教师最后的总结和评价。

历史案例教学非常注重对黑板的使用，教师在提出问题后，学生结合自己对案例的思考做出回答，教师再提取学生回答内容的关键词，记录在黑板上。一堂课教师会提若干个问题，学生的回答也多种多样，要记录的内容很多，所以教师必须事先安排好对黑板的使用。比如，对某个问题的回答写在黑板的哪个位置？如何对学生的回答进行分类以便最后提炼出有价值的结论？甚至还要考虑对不同的问题及其回答选择什么颜色的粉笔做记录等。

3.评估班级的状况

为了把握课堂讨论的重点和方向，教师应考虑以下问题：根据教学目标，本次案例讨论可以进展到什么程度？哪些部分获得的进展最多以及哪些部分最少？

4.了解学生的背景和经历

为了维持与鼓励学生的有效参与，教师还有必要了解每一个学生的背景情况，以便掌握“谁将从案例分析中收获最大？哪些学生会积极参与讨论？哪些学生还需要教师的鼓励才会参与？对某一个学生而言，什么样的鼓励最有效？”等情况。

5.调整自己的情绪

为确保课堂讨论的良好气氛，教师应该思考这样的问题：我是否喜欢这个案例？对于案例中人物的言行，我的态度是什么？这会不会是一个感兴趣的案例讨论课？

6.制订案例讨论指导序列

教师应考虑如何干预讨论的进程和方向，这要求教师明确自己在讨论中的角色，教师应制订一个提问表和被提问者的名单，这样可以保证讨论围绕案例主题进行提问，同时还可检查学生技能的形成情况。

7.合理安排时间

在历史课堂教学中运用案例教学，是需要一定的教学时间的，而且肯定要比教师的单纯讲授要花费更多的时间。案例的运用有一定的程序和环节，也有相应的学生的活动，这些都需要有时间上的保证。有时候学生在解读案例材料、回答问题或展开讨论时，不一定是十分顺畅的。这就需要教师应事先充分考虑好课堂时间的分配，尤其是控制好问题讨论的时间。为此，教师应充分考虑每一项教学环节所需的时间，再事先准备一个较为详细的时间分配计划，这对案例教学是很有必要的。为了保证课堂讨论的有效进行，教师也可以事先设计一个提问的名单，以备不时之需。

二、学生的准备

为保证历史案例教学的有效性，作为组织者和实施者的历史教师必须事先对它各个环节、各个方面加以考虑。在历史课前准备阶段，学生要做的主要是根据教师提供的历史案例及相关材料积极思考、认真分析，因此，学生要完成的任务相对来说要简单得多。然而学生仍有必要为案例教学的开展做好思想与行为上的准备。

（一）学生主要任务与角色转变

由传统教学到案例教学并非仅仅是一种教学方法的转变，事实上，它是以人们的知识观的转变为前提的。传统的观念认为，真正的知识是不以一个人的兴趣、爱好为转移的，也不受时间、地点的影响，是普遍有效的，只是作为认识世界的经验总结，是如实地反映事物的本质的，而事物本质是唯一、稳定的，因此知识也是一成不变的。只有这种普遍的、确定的、绝对的知识才有价值，才能作为课程进入学校教育领域。然而在现实世界中，由于各个地方、各个事件的情境差异，并不存在“放之四海皆准”的绝对真理，所有的知识都具有局部的、境域的特征。这些特定的情境条件也正是知识形成的前提。传统教学主张向人们传授基础知识与基本技能，认为只有掌握了这些基础，才能适应未来生活。但是人们在解决实际问题时发现，仅具备这些知识并不能应付千变万化、形态各异的问题情境，我们还必须理解特定的问题情境，从中探索、总结出适合该问题的情境化知识。案例教学则为形成和掌握这种知识提供了机会。

因此，要真正发挥历史案例教学的作用，教师与学生必须充分认识到历史案例教学的价值与独特性，这就要求教师与学生首先转变自己的知识观。同时，要为历史案例教学做好思想准备，还需要学生转变对自身角色、责任的期望。在传统历史教学中，教师是教学过程的控制者，是课程知识的传递者和解释者；学生仅仅是教学过程的旁观者，对教学过程如何进行没有发言权，他们只是负责被动地接受教师传递的历史知识。历史案例教学肯定教师与学生是境域性知识的创造者和建构者，要求学生必须积极主动地参与到教学过程中。学生必须对历史案例做出成熟的思考和透彻的分析，而不是一味听从教师的指令，应随时准备与他人交流与合作，同时不断反思与调整自己的行为和判断。在历史案例教学中，学生并不是简单地接受教师传递的历史知识，而是与他人一起认真地思考问题、分析问题、讨论问题和解决问题，以历史发展的眼光，共同探究历史的真相。

从学生这一方来说，历史案例教学一方面是收集整理信息，确定关键问题，深入分析，拟选最佳的过程；另一方面也是从个人阅读分析案例，到小组讨论，以至全班讨论，彼此分享交流经验的过程。在这一过程中，学生的主要任务有：认真阅读分析历史案例，多方收集历史资料；积极参与课堂讨论，发表自己见解；虚心聆听，分享同学经验；认真总结，积极撰写历史案例分析报告。

具体来说，在历史案例教学中，学生应该扮演好以下几种角色。

1.学生是一个积极参与者

在以往的课堂教学中，学生往往习惯于教师给出既定的答案，很少能积极参与到课堂教学中去，经过自己的独立思考与小组讨论得出对各种各样问题的认识与结论。而在历史案例教学中，对学生的角色、要求和责任与传统历史教学相比都要高得多，它要求学生不是从表面上，而是从实质上参与整个教学过程。在整个历史案例教学过程中，学生被赋予强烈的期望，希望他们能够积极参与到案例讨论中去；学生自身也应意识到这一点，不应做一个教学过程的旁观者，而应成为一个积极参与者。

在历史案例教学之初，有的学生并不适应这种教学方式的转变，常常不敢发言，害怕出错，总是在有确切把握的时候才发言，但往往机会不等人。其实，不可能每一次的发言都是准确无误的。所以，即使发言有欠缺，也是非常正常的，毕竟很多历史案例本身就带有争议。在历史案例教学中，教师总是鼓励大家积极参与，其实课堂积极参与，大胆表达自己的观点，是没有什么风险的。反之，如果在课堂上做一个默默无闻的旁观者，游离于课堂之外，这才是真正的有“风险”。因为如果这样，你的分析与决策能力、口头表达能力以及解决实际问题的能力都会因此而受影响。因此，作为一个案例的学习者，应积极参与到课堂教学中去，活跃在课堂教学中。

2. 学生是一个有效倾听者

前面已提到，学生是一个积极参与者、大脑发言者，要以一个学校管理者的姿态进入到案例课堂教学中去，但这并不是说学生就是要精心准备好自己的发言，到时候只要能“一鸣惊人”就可以。的确，准备好自己的发言，积极发表自己的观点是很重要的，是历史案例教学所大力提倡的，但是在历史案例教学中，能够有效倾听别人的发言也是很重要的。不要以为在历史案例教学中，自己大胆发言就是对历史案例教学有所贡献。其实，认真倾听别人的发言，同样也是对历史案例教学有贡献。在案例讨论中，认真听取他人的观点，既有利于进一步反思自己的观点和思想，也有利于促进团体更高效地解决问题，避免不必要的重复和失误。

刚开始接触历史案例教学的学生，常常在历史案例讨论的时候翻看自己的案例史料笔记或默默记诵自己的发言提纲。看上去是在积极参与课堂教学，但其实是一种貌合神离的参与。这些学生因为只顾自己准备，只在认真琢磨自己打算什么时候讲，如何讲，而忽视了倾听别人的发言。等到自己发言时，却不知道别人前面说了些什么，使自己的发言与别人的发言不能形成呼应，在一定程度上游离于集体讨论之外，发生离题、偏题现象，脱离历史案例教学营造的历史情境。

因此，有学者说，会讲的学生不见得就是案例讨论中的优等生，抢先发言、频频出击、滔滔不绝、口若悬河，还不如关键时刻三言两语击中要害、力挽狂澜。但这并不是很容易就能做到的，因为善于倾听也是一门艺术，它常常需要打破自己的思维定势，有意识地进行锻炼。一个人原有的概念图式和经验，在很大程度上限制着他听和理解的能力。真正倾听和理解另外一个人的发言以及蕴涵着的含义和感情，常常要花费较长的时间。因此，有效的倾听具体表现为在倾听的时候既要学会把握发言者的言语信息，分析其中的含义，又要学会把握发言者的非言语信息，理解其中所蕴涵的基本态度和价值观等。一个称职的学生应主动担负起提高全班案例教学效果的责任，有意识地倾听别人的发言，善于吸纳别人发言中的营养成分，使自己的发言能与别人的发言相呼应，以便监控全班讨论的进程，厘清历史案例教学的发展脉络，把握整个课堂案例讨论的主题。

3. 学生是一个善于表达者

与认真聆听同样重要的是善于表达。学生简明准确地表达自己的思路、建议和观点，是提高历史案例课堂教学效果的关键因素。这种能力并不是天生就有的，它需要平时的着意锻炼和培养，历史案例教学的课堂其实就是一个很好的锻炼场所。在历史案例教学的课堂上，学生应当努力抓紧时机锻炼自己这方面的能力，调动自己平时所学习的知识和经验积累，以一种简练鲜明但具有说服力的方式，积极表达自己的想法，阐明自己的观点。表达中要注意使自己的理由具有充分性、思路具有条理性、语言具有生动性。当然，这里说的是比较高的标准，短时间内达不到这个要求也无妨，但是要有这个意识。每一次讨论时学生都要积极参与，尽量发表自己的见解和意见。即使在自己不是十分理解所讨论的问题的情况下，也要表明态度，以一定的方式予以反馈，以争取别人的帮助。另外，一个善于表达者，肯定也是一个能够理解和尊重别人的人。不同的学生，由于年龄、性别、世界观、价值观、知识文化背景、性格特征不同以及来自不同地域等因素，对同一历史事件做出不同的判断都是很正常和自然的事情。观点不同当然可以，但要尊重别人的观点，不要随意粗暴打断别人的发言，以情感代替理智，将问题之争、学术之争变成意气之争、矛盾之争，这就违背了历史案例教学的初衷。

4. 学生是一个共同分享者

历史案例教学与以往传统历史课堂教学有很大区别。在历史案例教学中，每一位学生都承担着提高全班讨论水平的任务，高效的案例教学必然会使课堂讨论丰富多彩、生动有趣，使课堂必然充满思想火花的碰撞与智慧的积聚，形成一个“磁场”。而每一个优秀的学生，必然要成为一块吸引力很强的“磁铁”，善于吸附别人的思想和智慧。

做一个善于分享的学生，就需要在历史案例讨论中，善于观察和思考别人分析问题和思考问题的思路，以及他们是怎样找出问题的关键所在并得出这样的决策的，从而能分享到别人答案背后隐藏的东西。在历史案例讨论过程中，学生不仅要把自己的注意力放在答案的“对”与“错”上，还要悉心体会来自不同领域的学生分析问题的思考轨迹，并从中寻找合理性的东西，进而将其容纳到自己的历史观体系当中。着意培养这种能力的过程，其实也就是提高自己教育教学能力的过程，因为案例讨论浓缩了一个教育工作者在日常教育教学实践中所需要处理的各种关系和群体互动方面的一些关键要素。

（二）学生在行为上的准备

除了在观念做好必要的准备之外，学生在进行课堂讨论之前，还必须做好以下几方面行为上的准备。

1. 获取案例教学资料

学生在上课前必须有足够的时间进行阅读和准备，这段时间甚至长达2～3小时。因此，获取案例及其他相关资料成为学生课前准备的第一个环节。一般来说，学生获得的案例资料应包括历史案例、参考文献、思考题及参考答案、本次案例教学的目标和大致的教学安排内容。

在这些案例教学资料中，学生应明确教学目标对案例教学具有重要意义。教学目标对案例教学具有导向、激励作用，同时也是评价案例教学的依据，因此使学生了解教学目标，可以增进学生学习的自觉性，密切师生配合，从而保证顺利完成教学任务。

2. 个人准备

学习是知识个人化的过程，因此学生个人的阅读与准备是必不可少的。只有每一位学生都进行准备，案例课才能产生实效。

学生的个人准备过程也就是对历史案例进行个人分析的过程。它重在探究历史案例中的问题，分析的结果既是对理论、原理的学习，又是今后解决此类历史课题的依据。这一过程是决定历史案例教学成败的关键。应该指出的是，历史课堂的案例教学对学生的素质要求较高，需要学生具有相对扎实的历史基础知识，对史实有充分了解，并有一定的思辨能力。历史案例教学着眼于对学生历史思维能力和历史意识的培养与提升，历史基础知识比较薄弱的学生，则不大适用于历史案例教学。

学生课前需要预习下一堂课要学习的内容，熟悉历史课本上的主要内容，对将要学习的内容初步有感性的认识，奠定对历史认知的基础。对于篇幅相对较长的、较复杂的历史案例，教师也可以在上课前提前发给学生，让学生研读案例并进行讨论，确定本人在课堂所要发言的要点。这样既可节约上课时间，又能及时提出自己的观点，引起大家探讨，做到有的放矢。学生对历史案例材料进行预习，还可以使学生发现对材料识读、理解上的问题或产生质疑，这也有利于学生带着问题在课堂上与教师一起研究历史案例。

一般来说，学生在这个环节要完成以下几项任务：阅读历史案例；阅读相关辅助材料；明确历史案例中蕴藏的问题及重要事实；寻找解决问题需要的理论与原理；提出解决方案，并对其结果进行预测；写出案例阅读提纲或案例分析报告。为了在课堂上更有效地开展讨论活动，学生也可以事先自由组合成小组，共同预习案例材料。一般来说，教师对学生组成小组不必过于干预，但也要对不同知识层次的学生进行合理搭配，尽量做到组内异质，组间同质。这样有利于小组间的竞争，激发组员的团队配合。每组应推选一位组长，每个成员都有分工，如确定好各人发言的顺序。应该使小组成员认识到，成员在讨论中的积极参与、交互作用和各个人的自我体验，是有利于完成学习任务的。学习小组在课下和课上的活动，可以使学生对案例的研习、讨论过程不仅成为一个学习知识的过程，同时成为一个提高合作学习能力和培养团队精神的过程。

在历史教学案例的选择上，不仅要考虑一个好案例的标准，还应清楚学生原有的认识水平和接受水平以及案例的难易程度。一个班级中，无论学生人数多寡，他们的个性总是千差万别的，有的学生对原有的知识掌握牢固，能很容易地实现知识的迁移，用“旧钥匙”打开“新大门”，这样的学生有很强的接受能力，能迅速从历史案例中提炼有效的信息，将案例所隐含的知识内化并加以运用。而有的学生知识储备十分有限，难以在旧知与新知间建立联系，对新知识的学习比较吃力，这样的学生对历史案例的学习常常不知如何下手，不能正确把握案例的主旨而往往顾此失彼。因此，在历史案例的选择上必须兼顾全体学生，恰当地把握案例的难易程度。较难的案例，需要学生花费大量的时间去分析解读，却不一定能取得理想的效果，且学生的时间是很有限的，学生思而不得容易挫败其学习的积极性；较易的案例，虽耗时不多但却无法引起学生的有效思考，不能实现案例的价值。另外，教学内容也是一个值得考虑的因素。针对不同的内容，应该选择不同的典型案例，有的案例适合用于理论知识的学习，有的更适合实践性知识的学习。历史案例从来就不是固定不变的，它可以根据不同的教学情境有所不同。在进行选择时，还应考虑案例的长短，过长或过短都不利于学生对案例的理解。过长的话，案例会阐述过多细枝末节等用处不大的信息，干扰学生，使学生满篇找不到重点；过短的话，案例对基本历史背景知识都交代不清，会使学生毫无头绪，无所适从。

第二节　历史案例教学的分析

这里所说的案例分析，主要是指学生在结束案例讨论后，进一步深入分析研究历史案例，并结合相关教育理论，把讨论结果加以物化形成的一份文字材料。撰写案例分析是历史案例教学实施的一个重要环节，是学生在结束课堂案例讨论后深化巩固案例讨论结果，进一步理清思路，提高个人分析问题、解决问题能力的重要手段。一般来说，案例分析是在小组及全班讨论结束后由学生个人独立完成的。

一、撰写案例分析的重要意义

通过案例分析的撰写，学生可以将自己所学习的教育基本理论与教育实践联系起来，培养自己发现问题、分析问题、解决问题和面临具体教育情境迅速做出独立决策的能力，提高学生综合性的教育智慧。具体来说，撰写案例分析的重要意义体现在以下几个方面。

（一）有助于激发学生学习理论的兴趣，密切理论与实践的关系

人们常说，理论总是灰色的。这说明理论总是带有一定的抽象性和枯燥性，与教育的活生生的现实有一定的距离，同时，人们常常觉得理论难以指导现实，对理论学习缺乏一定的兴趣。但是教育案例一般都是来自真实的教学实践，描述的多是在教育教学中时常会出现的一些教育困境，所涉及的多是复杂的、棘手的、难以简单做出正确决策的问题，很容易引起学生的共鸣与思考。

为什么会出现这些现象？它与哪些教育理论相关？有什么样的教育理论可以诠释案例或自己的疑惑？阅读案例后，这些问题会很自然地出现在脑海中。当学生开始动手撰写案例分析时，就会主动去查阅相关的教育理论，进一步深化对相关教育理论的学习与理解。这与纯粹的对教育理论的学习不同，这种学习发生在撰写案例分析的过程中，需要学生通过自己的选择与鉴别，去寻找自己认为最合适的教育理论。可以说，这种学习理论的过程才真正是一个真实的、自主选择的学习过程。

通过这个学习过程，学生可以进一步体会到：实际的教育情境是非常复杂的，其中包含了大量的相互联系的可变因素。尽管有不少教育理论，但是在具体运用这些理论的时候，学生必须结合实际的教育情境做出具体的、合理的判断，而这种判断决策能力是无法通过知识的传授来获得的。也就是说，理论本

身没有办法保证自己能够被学生在实际的教育实践中正确而具体地运用，这是理论与现实的一对矛盾，而通过案例分析的撰写，可以密切理论与现实之间的关系，在一定程度上化解这对矛盾。

（二）有助于提高学生分析问题的能力，做出合理的教育决策

在以往的教育理论的学习过程中，学生很少有机会能自己结合具体的教育情境，进行独立的个人分析。而案例分析则是由学生个人运用教育基本原理或原则，结合具体的教育案例，对案例提供的资料进行比较、分析、解释、评价，并提出解决方案，甚至进一步验证方案的过程。这些活动都属于带有个性风格特征的较高层次的思维活动，需要学生高水平的参与才能顺利完成。因此，案例分析的过程也就是锻炼学生分析能力、提高其思维品质的过程。

课堂是充满挑战的场所，历史教师需在既定的教育情境中运用教育基本原理和知识做出创造性的决策。历史教师要想快速地、合理地、有根据地做出具有个人风格的、合理的决策并不是一件容易的事情，它需要一个锻炼、摸索、积累的过程，而案例分析的撰写则提供了一条捷径。案例中所呈现的教育情境具有一定的典型性和复杂性，它要求解决的问题往往不是一个而是几个，解决的方案也往往不是一个而是多个。学生通过撰写案例分析，可以深刻认识教育决策的过程，明确教育决策的价值取向，学会如何分析检验自己的决策，从而在教育实践中做出正确决策的智慧。

（三）有助于学生理解教育实践的复杂性，提高教育研究能力

对于历史案例教学而言，撰写案例分析一个最重要的依据就是历史案例。学生需从历史案例中筛选大量有用的信息，而历史案例是对真实的教育情境和事件的描绘，本身所提供的情境一般都是复杂的，它表现了真实的教育过程的复杂性。因此，案例分析所提出的解决方案也就不可能是唯一的。通过案例分析的撰写，学生可以深刻认识到历史的复杂性。“冰冻三尺非一日之寒”，任何一个历史事件的发生都有其深层次的原因，例如，第一次世界大战的发生，斐迪南大公的遇刺只是一个导火索，帝国主义列强之间不可调和的矛盾才是根源。

学生应学会从多个角度考察问题，找出隐藏在表面情形背后的更深层次的因素，做出明智而果断的决策。在案例分析的撰写过程中，学生常常会感受到这样一种境界，似乎这个问题自己已经找到最合理的解决方案了，但是随着分析的深入，一个新的想法又出现了。正是这个过程使学生真正认识到教育实践的情境是复杂多变的，并在判定复杂性中发展了自己的能力。

从另一个角度来说，撰写案例分析的过程也是一个案例研究的过程，是一个提高教师研究能力的过程。首先，案例分析的撰写，需要认真研究分析案例，

需要学生高水平的智力活动的参与。学生需通过分析、比较、判断、选择来认识教育教学中的复杂现象，并做出合理的行为选择。其次，案例分析的撰写赋予了学生一定的自主性。在案例分析的撰写过程中，学生不再是被动地接受专家、学者给他们规定的内容，而是要自己收集资料，深入分析案例，提出自己的方案，做出自己的决策，并且对自己的决策负责。从某种意义上说，能够独立撰写案例分析的学生，已经不仅是专家、学者研究成果的“消费者”，还是一个教育理论的“生产者”。

二、案例分析的作用

案例分析是学生思维的过程和途径，也是学生解决问题的方法和手段。案例分析在历史案例教学中有着不可替代的作用，对案例问题的研究和案例教学法的教学效果有着直接的影响。

（一）案例分析是案例教学的基础

历史案例教学是一个动态的过程，是围绕历史案例分析和讨论来进行的一种交互式新型教学模式。即便在历史案例教学中常常受到各种未知的、不确定的因素影响，但案例分析能对案例讨论起到促进作用，而案例讨论也加强了学生在案例分析中的深度和广度。因此，案例分析贯穿于整个历史教学活动的始终。

在历史案例教学中，如果没有案例分析作为基础，不断对案例问题进行认识，就不会有案例讨论，没有案例讨论带来的师生、学生之间的讨论，也就无法突出案例教学法的基本特征。在某种意义上讲，学生参与案例分析的深度和广度，完全可以决定案例教学最终的教学效果。所以，案例分析不仅是案例教学的必由之路，也是案例教学的决定因素。

（二）案例分析是学生探究知识的途径

1.释疑解惑

案例分析是一个认识问题、发现问题、揭示历史事件核心内容的过程。这是一个循序渐进，如同剥丝抽茧的学习过程。在对历史事件不断怀疑、探究以及释疑中，学生的求知欲得到了极大的满足。学生在研究解决问题和寻找答案中，不断拓宽了探索思路和与他人的沟通交流渠道。

2.真实体验

对于历史课案例教学而言，案例的来源非常广泛，有些是历史经验教训，有些是后人对历史的总结。如《二十四史》这样的史书，均是对前朝历史的整理与总结，这也是中华文明延续五千年至今的重要依据。这些重要史料虽然存在一定的历史局限性，但大体上尊重和保留了历史原貌，具有很高的准确性和实践性。认真分析这些案例，学生能最大限度向上溯源历史，找到课本理论与历史实践结合的切入点，获得一种身临其境般的真实体验。

3.开发智力

与传统的历史课讲授法相比，历史案例教学并不是单纯地让学生被动接受，而是一种交互式的主动学习过程。在历史案例教学中，教学效果是没有上限的，所有学生都能在历史案例教学中得到提升，只是因人而异，提升的高度有所不同。在案例分析环节，学生想要得到更高的提升，就必须大量地储备历史资料，充当论证的历史依据，主动思考，积极探索，充分发挥主观能动性，而这会极大地促进学生个体与群体的智力开发。

（三）案例分析是学生素质能力培养的过程

素质能力的培养形式和途径有很多种，就案例分析而言，人们通常只是看到知识运用的一个方面，对知识获取和能力增长的另一方面却不够重视，这是不全面也不客观的做法。

分析解决问题需要知识、智慧以及能力的支撑，是检验学生知识、智慧以及能力的总过程。分析解决问题本身就是一个思维方式和能力训练的强化过程，不但能进一步巩固和理解知识，而且能拓展学生思路，获得更多宝贵的经验和有意义的启示。案例分析强化了学生的历史知识体系，丰富了学生的学识和经验，提高了学生处理历史问题的综合素质与实践能力，其潜在的作用往往大于其显著的作用，应给予充分的认识。

三、教师的分析

教师如何进行课前分析工作？它包括哪些方面？这些方面各有哪些具体内容？对这些问题的回答可能没有一致的答案，然而，作为历史案例教学的组织者，历史教师至少要对两方面因素进行深入分析：一是学生的基本情况，二是历史案例内容。

（一）对学生的分析

学生作为教学对象在历史案例教学中发挥着重要的作用，因此，历史教师在进行案例教学的课程设计时，必须对学生的基本情况予以分析。这包含分析学生的学习态度、起始能力与历史知识背景。

1.分析学生的学习态度

在案例教学中，学生的学习态度是指他对案例教学所持的比较持久的内在反应倾向，由认知、情感与行为倾向三种主要成分构成。它既是先前案例教学的结果，又是影响后续案例教学的前提因素。在进行案例教学之前，教师有必要理解和分析学生的学习态度。

（1）认知成分。学习态度的认知成分是指学生对案例教学的认识、理解与评价，如学生关于历史案例教学对促进个人问题解决能力所起作用的看法。从认知成分来看，学习态度就是学生对学习对象的价值判断。为什么要学习？学习有什么用处？那么努力学习是否值得？这是学生经常问的问题。由于受到知识经验与能力的限制，并非所有学生都能对学习的价值有相同的认知和同等的接纳。学生的学习态度往往随着学习活动和内容对个人价值的大小、价值呈现时间的久远等方面的不同而发生转变。正是这种价值判断决定了一个学生能否理解或认知学习本身的价值、能否乐意接受学习活动所呈现的价值，这就构成了学习态度的认知基础。因此，对学习价值的认知，是通过实际的学习或其他实践活动获得的，且在很大程度上会影响学习态度的变化。

在历史教学中，学生对历史学习的认知与其个人价值观具有非常密切的联系，表现为对历史学科的社会功能、发展功能等方面的认识。为什么要学历史？学历史有什么好处？这些问题需要教师在课堂上通过教学进行回答。当学生认识到历史学科对于社会、个人的发展所起到的巨大作用时，则会转化成一种态度倾向，直接影响其对学习历史的参与程度。

（2）情感成分。情感成分是指学生对历史案例教学的内容、过程等的情绪体验，如对学生的喜欢或厌恶进行案例讨论。从情感成分来看，学习态度是学生对学习对象的情绪、情感反映。通过情绪、情感为基础的评价标准往往是好与坏，而不是对与错。一个人一旦针对某个事物或某种现象产生特定的情感体验，通常会影响甚至左右其认知判断和行为表现。态度更是以情绪、情感为基础，学习活动中的情绪体验在学习态度的结构中处于核心地位。同时，情绪、情感可因迁移作用而产生，由于成功、奖励、赞赏等积极因素刺激，能激发某种心理内部愉悦的情感体验，从而形成某种特定的态度。当在心灵深处播下对于某个学科爱与不爱的“种子”后，无论客观上如何加强对该认知因素的影响，学生往往都会坚持原有的心理倾向。

在历史教学中，情感是在历史知识体系的建立过程中产生和发展起来的，并随着知识的深化而不断增强。学生在学习中感受历史的魅力，品尝获得历史知识的愉悦，从而逐步养成学习历史的热情。可以说，热爱学习历史的情感来源于历史本身，来源于学生通过学习历史的内心感受和精神收获。学习热情一旦形成，就会具有持续性、稳定性和巨大的推动力，给予学生继续学习历史的精神动力，鼓舞引导学生继续努力学习历史知识，坚持不懈地完成各项学习任务。

（3）行为倾向成分。行为倾向成分是指学生对案例教学产生的行为意向，如学生主动阅读案例、积极收集和整理有关信息资料等。从行为倾向成分来看，学习态度是学生对学习活动中产生的特定的情感体验和认知经验，将其表现为一定的外显行为。行为倾向一方面受到认知和情感因素的影响，另一方面又将认知和情感这些内在的心理倾向用行为呈现出来，学生在学习活动的外显行为通常是判断他们学习态度好坏的依据。因此，学生对历史课的学习态度对其历史学习的行为具有很大的影响，并通过外部学习行为反映出内部的态度倾向，如学习历史时是认真还是马虎、勤奋还是懒惰、自信还是自卑、谦虚还是骄傲以及有无责任心等。在这里，对历史课的学习态度体现了个人性格的特征，良好的性格品质对学习历史起到非常重要的推动作用，因此应加以研究和培养。

然而，学习态度与学习活动中外显行为并非在任何情况下都是完全一致的，因为认知和情感这些内在心理状态转化成外显行为时，往往受到客观因素的制约，如权威的干涉、学习行为所期待的结果、客观环境条件的变化等，这些都需要评价者或研究者全面了解各种内外因素，客观、谨慎地做出必要的判断或评论。

学生对历史学科的学习态度受到认知、情感、行为倾向各成分间关系的相互影响。由各成分的强度、范围和包含的内容，可以看出一个人同另一个人在历史学习态度上的差异。教师在分析学生历史学习态度时，应全面考虑，防止简单化、片面化、绝对化，应了解学生现有的对历史案例教学的态度，采取有效措施促进学生形成肯定性学习态度。在这方面，以下途径可供借鉴：凭借自己的教学经验对学习者可能具有的学习态度进行估计；与其他教师和学生进行有关访谈，通过从他们那里了解的情况来判断学生的学习态度；进行小型的问卷调查，了解学生对涉及的案例教学内容、目标、传媒等的看法；重视第一堂案例教学课，通过生动有趣、富有悬念的案例内容以及平等宽容、紧张热烈的教学气氛等吸引学生积极参与。

2. 分析学生的起始能力

本次案例教学应从何处开始？学生现在具有的能力水平如何？要使学生达到预期的教学结果需要他们具备哪些能力？加涅关于学习结果分类和教学任务分析的理论为分析学生的起始能力提供了指导。

加涅将教学结果分为五类：言语信息、智慧技能、认知策略、态度和动作技能。其中，前三类属于认知领域发生的变化，对案例教学的课程设计很有启发。它们的含义如下：

（1）言语信息：学生能以命题或句子的形式来表达学习后获得的事实性知识。

（2）智慧技能：运用符号组织或操作环境的能力，按复杂程度由简到繁分为辨别、具体概念、定义概念、规则、高级规则。

（3）认知策略：学生对自己的认知学习过程加以控制，即学会如何学习。

加涅的这一分类是一个层级结构，即后继学习比先前学习更为复杂。这要求教师在分析学生的起始能力时，必须首先明确要使学生获得哪一层的学习结果，然后确定为得到这样的学习结果，学生必须具备哪一层级的能力，直到把需要的各层次所有的从属能力及其关系都分析清楚。在进行这一分析的同时，学生的起始能力，即当前教师的起点也就一目了然。

3. 分析学生的历史知识背景

在历史案例教学的过程中，学生已有的历史知识必然会影响其新知识的获得。从心理学的角度看，这些新知识只有与原有历史知识背景中的某些观念相联系，才能被保持并加以利用。因此，分析学生的历史知识背景是历史教师的一项重要工作。

在这方面，历史教师应先了解学习者已具备了哪些知识，包括哪些是不正确的，哪些会干扰历史案例教学，如何澄清它们来避免不利影响，另外，还要重视那些与新的历史知识紧密相关的原有知识，通过复习、对比等措施巩固对这些历史知识的理解。

历史案例教学虽然不需要教师写好系统的讲稿，做好连贯的讲授，但是历史教师仍然有必要对历史案例进行深入分析，并写出细致而全面的案例分析提纲。只有这样，历史教师才能避免在课堂中对历史案例做随心所欲的分析解释，才能有效调控整个历史教学进程。不仅如此，这样还可以积累和总结历史案例教学的经验，同时为历史案例教学的检查与评价提供依据，从而提高历史案例教学的规范化水平，改善历史案例教学的质量效益。

（二）对案例内容的分析

教师除了要对学生进行分析外，还要分析案例本身的内容结构，把握案例中的重点、难点和关键，以便处理课堂讨论的时间分配、提示程度等问题；要确定案例涉及的基本原理，引导学生在学习、思考和讨论这些案例时学习与运用相应的理论、概念与方法；要明确案例深层次的价值，明确各个案例之间的关系，从而使案例教学克服就事论事、支离破碎的弊端。

教师分析和处理案例的主要工作有以下三项。

1. 掌握案例的知识结构

对案例知识结构的分析主要从以下三个方面入手：

（1）感性材料分析。即分析案例中提供了哪些事实材料，以及它们和解决问题所需要的原理、概念之间的关系。若案例中提供的感性材料不充分，教师还需要通过合理假设进行补充。

（2）分析和研究案例所涉及的概念和原理。尽管案例教学的主要目的在于在实践中提高学生解决问题的能力，但是概念与原理为学生解决问题提供了依据，同时它们也是知识体系的精髓部分，因此帮助学生获得这部分内容也极为重要。

（3）应用材料分析。案例中总是会包含一些问题，且教师为帮助学生分析案例，通常也会列出一些思考题。这些都构成了案例的应用材料。教师在分析案例时还应考虑其中包含了哪些问题，应该为学生提供哪些辅助性问题以及这些问题应如何安排等。这些应用材料为学生巩固知识、形成技能技巧、发展能力等提供了帮助。

除此之外，历史教师还要分析以上三类知识的内在联系，明确它们的内部结构，在历史教学中可以使学生形成系统、全面的素质结构。

2. 分析案例教学的重点、难点

历史案例教学中的重点是指最基本、最重要的核心内容，往往指案例教学涉及的基本概念与原理。掌握了这部分内容，既有助于理解其他知识，也有助于实现知识与技能的迁移，使学生在不同案例情境中建立关联，形成良好的素质结构。因此，对于这部分内容，教师要保证必要的分析与讨论时间，让学生真正理解并掌握它。

历史案例教学中的难点是指那些学生难以理解和掌握的内容，或者是学生容易混淆或出错的内容。有的历史案例情境距离学生生活的时代非常遥远，很难设身处地去营造和感受历史氛围，其中蕴涵的问题对于学生来说也较为抽象，因此造成学生理解和分析上的闲难。常用的教学策略有：分散难点，采用由浅入深、由简到繁的办法拉近已知与未知之间的距离，帮助学生完成认知上的过渡；运用类比、创设情境，联系学生周围可感知的生活实际，引导学生的思维完成由抽象到具体的过渡；对容易混淆的内容进行对比，使学生明确它们之间的关系。

值得注意的是，历史案例教学中的难点内容往往是相对于学生的知识水平、生活经验而言的。有些问题对于一部分学生是难点，但对于另一部分学生则不是。因此，鼓励深度的小组讨论与班级讨论，也是解决这一问题的有效措施。

3. 精心组织和处理案例之间的关系

在分析案例时，采用案例教学的历史教师往往还要考虑本案例在多个案例中所处的位置及其相互关系，由此形成一个前后有序、结构优化的案例体系。案例组织是否科学、合理，关系到整个历史教学阶段能否顺利地完成预期目标。组织和处理案例之间的关系应符合以下要求：

（1）把握整体，一是注意本历史案例与其他历史案例之间的相互关系和前后呼应；二是注意历史案例内部之间的衔接渗透。

（2）分清主次，坚持突出重点、突破难点的原则，在历史教学节奏上做到主次分明，详略得当。

（3）注意互动，分析历史案例时要考虑如何在历史教学过程中让学生形成良好的心理互动。历史教师应精心设计提示、问题的内容和形式，鼓励学生在课堂互动中积极思考，对历史事件展开合理想象。

四、学生的分析

对于初次接触案例分析的学生来说，这也许是一项难以应付的工作。面对许多表面上看上去显得零乱无序的历史材料，学生往往不知从何处入手。然而深入透彻的课前分析，是学生积极参与历史案例教学并从中获益的前提和保障。因此，学生应对案例分析的一般步骤有所了解，并掌握必要的分析技巧。

学生应该如何进行案例分析？教学实践表明，并没有唯一的、对所有人员都适用的方法，但大致有一个案例分析流程图还是可以借鉴的。

（一）大致浏览历史案例

拿到历史案例之后，学生应对案例类型、案例难度及其内容结构有一个基本掌握，为进一步的阅读与分析提供方向上的指导。学生应尽可能快速地浏览历史案例，这一过程大约需要 15 ~ 20 分钟。学生应重点关注以下信息：

（1）历史案例的开头和结尾。历史案例中蕴涵的问题经常出现在具有概括性的开头或结尾，因此学生对历史案例的开头几段与最后几段内容应多加留意。

（2）历史案例中涉及的人物、地点、事件等信息。学生应了解：这是个关于什么的历史案例？历史案例的类型是什么？我拥有多少与分析案例有关的信息？

（3）历史案例的标题与内容。许多历史案例是分成几个部分叙述的。它或以时间为序，或以情境甚至人物的转换为序，因此每一部分的标题不仅提示了该部分的大概内容，而且反映了整个历史案例的框架结构。

（4）历史案例后面的附录、思考题及其他历史材料。附录中提供的许多补充材料、思考题也为学生理解和分析案例提供了启示。这些相关信息都是学生在浏览历史案例的过程中应掌握的。

（二）阅读案例并归纳事实

在浏览案例后，学生会对案例内容初步形成一个印象，下一步就应认真阅读案例，明确其中涉及的事实与细节。学生需要画出关键事实，并在空白处进行一些简要的批注。学生应分析案例的各个方面，每读完一部分就应该问自己：这一段是什么意思？它告诉了我哪些信息？

一旦学生已经掌握了案例中的事实，他就应注意辨别和登记这些事项和问题。在阅读中做一些笔记是很有必要的。阅读笔记应记下主要事实、问题的难点所在、条件限制以及重大的论点。在收集事实中，要注意将个人观点、意见和一些假设与客观事实进行区分。若案例中提供的事实对解决问题尚缺乏必要的支持，可以在案例外的资料中获取部分信息。若仍不能满足决策需要，就有必要作一些假设，但应注意，在准备相关报告时，要把假设和已知事实区分开，并进行明确标明。

读完全部内容之后，学生还应回过头来再读一遍案例，挑出那些对做出决策来说十分重要的细节认真阅读和分析。

（三）确定案例问题

界定和表述案例包含的问题，无疑是案例分析中学生应完成的首要任务。案例分析常常要求分析者设身处地地思考问题，即假设自己是历史案例中的主人公，处在这样的一个问题情境中会关注什么并做出哪些决策。比如，在研究南宋初期历史时，可以想象自己是岳飞，在接到宋高宗撤军的命令后，是继续进军还是撤退？如果抗命继续进军，会有什么后果——可能会失去后方军械粮草供应而失败，也可能会在宋金的夹击下全军覆没……如果撤退，又会有什么后果——可能无法打败金国，迎回“二圣”，也可能被金国顺势南下，导致南宋覆灭……这样，案例中的问题就不再是抽象的话题，而是直指人心的问题，要求学生必须谨慎思考。一旦找到岳飞撤军的原因所在，整个案例问题就可变得清晰明了。

抓住问题等于解决了问题的一半。学生要站在当事人的角度，以案例提供的客观事实为依据进行分析。为防止过多的信息对决策的干扰，应将所需要的信息从众多的事实和意见中分离出来，然后从系统的角度，全面准确地做出判断。比如，站在岳飞角度考虑是否撤军，就不能考虑后来岳飞以“莫须有”罪名被害的事实，也不能考虑岳飞死后南宋与金长期共存的史实，因为这些信息都会干扰学生对问题的决策。

案例中的问题常常并不像我们想象的那么一目了然，有时案例中的事件也很模糊，因此学会把问题从表象中分离出来并非易事。这一阶段的最大障碍在于学生将一些现象误认为本质问题。此外，在案例分析中，学生遇到的问题往往不止一个，并且有时由于事件之间的关联性，学生也有必要把问题分成许多子问题。这样学生会经常发现遇到一个“问题丛”，而不单纯是一个问题。

面对这些问题，学生应厘清它们之间的主次关系，因此有必要从重要性和迫切性两个维度进行分类。重要性就是该问题的解决对于整个问题影响而言的，它往往与事实背后的概念、原理相关，因而概括性比较强；迫切性则是指处理该问题的急切程度，它常与案例中事件限制密切相关。通过这样的归类，我们就可以把那些重要性与迫切性都较突出的问题作为案例中的关键问题而谨慎对待；而对于那些重要性与迫切性都不太突出的次要问题，也就有了充足的时间去应付。

（四）产生备选方案

明确历史案例中存在的问题后，下一步就是分辨出可供选择的行动方案，学生可以针对这些问题，寻找其根源，提出一些有针对性的解决方案。对于解决方案的提出，学生应大胆设想、勇于创造。每种方案实施步骤的说明应详尽严谨，同时应在方案中简明扼要地列出它的优点、实施后的效果及可能具有的风险。此外，还应保留一定的修改余地，以便后续补充和修订。一般而言，备选方案越多，就越可能得到最佳决策。如果备选方案太少，在随后所做的决策中就可能忽视了从其他角度产生的解决方案。

备选方案并非产生于学生天马行空的随意假设之中，它会受多种因素的限制。一方面学生要考虑历史案例中的种种限制条件，另一方面学生的历史知识背景、处理问题的经验等也使备选方案具有了个性化的特征。一般来说，较好的问题解决方案是学生在综合考虑历史案例信息的基础上，以历史理论框架为依据制订的。通常案例中的问题可能有多种解决方案，此时学生应谨慎小心，以防几种备选方案在评估前就被限定在很小的范围内。

（五）充分分析，进行比较

在对多种备选方案做出选择之前，学生还要对每一种方案进行充分分析，并根据制订的评价标准权衡与比较这些方案，在此基础上才能做出较为满意的决策。

（六）形成行动计划

在众多备选方案中做出选择后，下一步就必须制订出相应的行动计划。学生应该意识到，尽管这是最终选择的问题解决方案，但是在解决问题时可能多种方案都会奏效，对于案例中的历史事件还会有许多不同的解决方法。学生要考虑的是这一最终确定下来的行动方案是否已从所有的角度进行了彻底的分析，是否具有内在的一致性，是否有可能符合案例中决策者的目的。

对一个优秀的问题解决方案的不适当执行也许会使整个方案功亏一篑，因此要重视对行动方案的分析。在这一阶段，学生的分析应关注一些具体的行动，以及考虑这些行动可能会带来的后果和如何避免那些消极影响。学生的行动计划必须是具体而明确的，其中要决定谁去做什么、在哪里做、在什么时间和地点做以及如何做等事项，之所以要考虑得这么周详，是因为教师在历史案例教学的开始也许会问这类问题，除非学生已经思考了执行中的各个方面，否则他们就会对这样的问题措手不及。

五、关于撰写案例分析的几条建议

（一）确定案例分析撰写的基本角度

撰写案例分析虽属于“代理式学习”，但不能站在局外旁观者的角度进行“纯客观”的学究式的分析与评论。案例分析的撰写者必须进入角色，站在历史案例主要角色的立场去观察与思考，设身处地地去体验，这样才能达到撰写案例分析的目的。

案例学习的目的在于模仿实际的教育教学活动，案例分析本身往往也需遵循学校管理与教学的已有传统。虽然案例分析的撰写需从案例的“主要角色”角度出发进行构思，但是一般来说，案例教学的主要目的是提高教师的教育能力，因此，案例分析的撰写多是从教师的角度出发进行构思的。当然，从教师的角度出发进行构思，并不是说在撰写案例分析时不需考虑学生的行为及表现。其实，在案例情境中，教师和学生的作用必然是相互的，是不能截然分开的。

（二）了解评价案例分析的一般标准

案例分析是教师评价学生的案例学习成效的重要载体，虽然案例分析并没有标准的答案，案例分析的撰写也可以不拘一格，但是大体说来，如何评价一篇案例分析还是有一定标准的。学生了解评价案例分析的一般标准，对于提高案例分析撰写水平是有一定帮助的。

一般来说，案例分析的评价主要看重以下几个方面：其一，关键问题把握能力。主要是看对案例的关键问题把握的准确程度以及对关键问题的界定是否清晰等。其二，分析能力。主要是看分析的深刻性和精确性、全面与深入程度、逻辑的严密程度与主次问题划分的准确程度等。其三，决策能力。主要看提出的解决方案的依据是否具有说服力，考虑的因素是否周全、是否具体和是否具有现实可行性等。其四，创新能力。主要是看在案例分析中提出的见解、观点或方案是否精辟独到、洞察力是否深刻等。

（三）明确案例分析的基本结构

案例分析的结构可以依据案例的性质以个人的风格不同而有所不同，并不是一成不变的。但是一般来说，案例分析的结构要涉及以下几个方面：其一是主要问题的表述；其二是背景的分析；其三是具体案情的分析，也就是对案例提供的具体材料的分析，尤其是要对关键症结进行分析；其四是对备选方案的分析；其五是提出行动建议及实施计划；其六是结论。当然以上几个部分并不是一个都不能少，有的案例分析也会侧重于某一方面做深入挖掘与独到分析，最后得出富有个性的见解。

（四）遵循案例分析撰写的思维过程

案例分析的撰写有一个基本的思维过程。一般来说，首先需要确定该案例在整个课程教学中的地位与相应的理论之间的关系，也就是要确定案例主题；其次是要对照相关教育基本理论或原则的要求，找出案例的关键问题，即明确关键问题所在；再次是选用适当的分析方法进行分析，即选用分析方法；第四是要找出支持决策的相关依据，即提出分析依据；最后是筛选制订决策方案，即得出结论。

（五）掌握案例分析撰写的基本步骤

在《中小学教学与管理案例分析》[1] 一书中，杜萍老师将案例分析的撰写基本过程概括为以下几个步骤。

1. 确定关键问题

这一步首先需要学生认真阅读案例，结合案例认真思考几个问题，如这是什么类型的案例，它跟学习过的哪些教育理论有关，学习此案例的目的是什么；谁是案例的主要参与者，他充当了什么角色，是如何充当这些角色的；这些参与者是如何与其他人相互影响的，在案例中这种影响是否重要；这些参与者做出了哪些行为，激发这些行为的动机是什么，案例中有什么事例可以支持我的观点；我认为主要参与者应该做些什么，有什么材料可以支持我的观点等。这些问题的答案在案例中也许并不那么明显，学生最好是将这些问题牢牢记在心里，并不断试图回答它们。一旦明确了案例的基本目的与关键问题，学生撰写案例分析时自然就可以有的放矢。

2. 找出与关键问题相关的其他重要问题

确定案例的关键问题后，还需要深入思考与关键问题相关的其他重要问题。学生可以试着再问自己，除了这些关键问题，该案例中还揭示了什么重要问题，然后换一个角色阅读案例深入思考，根据自己的理论基础和教育经验在案例中仔细寻找。除此之外，在确定与案例相关的其他问题时，还需要进一步思考：在相似的情境下我会怎么做，根据我的选择，我所坚持的教育价值观是什么；从这一案例中我能得到什么启示等。

---

[1] 杜萍．中小学教学与管理案例分析［M］．北京：教育科学出版社，2001.

3. 选择案例分析的具体方法

案例分析的具体方法主要取决于学生个人的风格、习惯以及具体情况的需要等。一般来说，常用的案例分析的方法主要有三种：系统分析法、行为分析法和决策分析法。所谓系统分析法，就是把所要分析的案例看作一个整体，了解案例各个组成部分以及它们在转化过程中的相互关系，深刻理解案例中教师与学生的有关行为，清楚地看出问题所在，结合所揭示的关键问题进行分析；所谓行为分析法，是指分析者主要着眼于案例中教师与学生的行为及其人际关系，着重分析案例参与者的感知、认识、信念、态度、个性等心理因素，人在群体中的表现，人与人之间的交往、沟通、冲突与协调，人与外界环境的关系以及他们的价值观、行为规范与社交结构等；所谓决策分析法，主要是指案例分析者着重分析案例中教师的决策行为，分析教师的教育价值观，评价教师解决问题的方案，并反思自己得出结论的理由，由此检视自己的教育价值观。同时，案例分析者还可以提出自己解决案例中关键问题的方案，并明确分析者所提出的方案与案例中教师所采取的方案之间的相互关系。

4. 明确分析的主次关系，找出支持性依据

案例中提供的信息是大量而繁杂的，学生需要归纳出条理与顺序，弄清彼此之间的关系，知晓哪些信息是主要的，哪些信息是次要的，在此基础上，明确分析主次。除此之外，学生在进行案例分析写作的时候，还需注意自己所提出的观点或建议必须有充分的论据支持。这些论据可以是案例中所提供的信息，也可以是类似的情况中其他教师的做法，还可以是学生自身的实践经验。

5. 确定所要采取的分析类型

案例分析的类型有很多种，每一种都对应着一定的分析水平（或称分析的深度与广度）。在案例分析的撰写中，并不是对每一个案例都要做全面深入的分析，毕竟人的时间和精力都是有限的，因此，就需要确定所要采取的案例分析的类型。一般来说，案例分析的类型主要有综合型分析、专题型分析和信息型分析。所谓综合型分析，是一种比较全面而系统的分析，需要学生对所有关键问题都进行深入的分析，列举有力论据，提出重要的解决方法与建议；所谓专题型分析，即学生可以确定案例中某一个或几个问题，然后对其进行深入的分析，提出自己独到的见解；所谓信息型分析，主要是指由学生提供此案例本身之外的，从其他途径获得的有关信息。这种分析是很可贵的，因为它可以为分析与决策提供额外的丰富信息与依据。但一般来说，多是采用专题型分析，针对案例中所涉及的主要问题展开分析。

6. 列出案例分析提纲，动笔撰写

在正式动笔撰写案例分析之前，一般会先列出案例分析的撰写提纲。在具体拟写提纲的时候，可以尝试做好以下这些工作：列出案例纲目，用一级标题和二级标题表示出报告中的一些重要内容；在每一个二级标题下列出相关的一些观点；把相关联的观点尽可能地分门别类；把各种观点安排在一定的逻辑顺序之中；制订如何呈现出来的计划；设计如何开头和如何结尾。等这些问题都弄清楚后，就可以正式动笔撰写案例分析。

案例分析带给学生更多的机会去了解自己，同时了解如何处理实际问题并做出决策，而分析结果的好坏以及学生从这一经历中得到的回报，则取决于学生付出的努力。在案例教学的准备过程中，学生应首先快速阅读案例，其目的是获得对案例中提出的问题类型、涉及的情境类型的感性认识。其次，学生应通读案例以掌握案例中的关键事实。学生不应该盲目地接受所有的案例信息，因为并不是所有的信息都同等重要或可靠。在这一过程中，要经常想到利用案例中的重要信息来得到某些所涉及的问题的结论。在完成分析前，还要研读多遍案例。进行课堂讨论意味着学生需就案例中提出的问题得出自己的结论或建议，并做出笔记或写好发言报告。因此，案例分析的撰写提纲在这里就显得尤为必要。

严格说来，分析并非案例教学过程中的一个独立的环节，它是作为一项重要的教学任务渗透在案例教学的各个阶段的。例如，课前准备阶段教师与学生必须对案例进行分析；课堂讨论也是对案例进行的进一步分析；课后的评价与总结同样离不开对案例、学生表现、问题解决方案等的分析。之所以将分析单独列出，是考虑到在案例教学中，师生的课前分析对教学至关重要，是后继各个教学环节顺利进行的前提条件，也是保证案例教学效果的一个关键因素。

第三节　历史案例教学的讨论

历史案例教学中，教师和学生在对案例进行了准备、分析后，就要组织讨论，讨论时案例教学的主体和中心环节所占分量较大。案例讨论就是以学生为主体，充分发挥学生的主体性、积极性和创造性，使学生自主地、独立地深入案例，运用所学的历史知识来分析与处理案例和案例中的问题。正确认识案例讨论的作用和影响案例讨论质量的要素，采用适当的方式组织案例讨论，灵活处理案例讨论中出现的问题等。

一、开展案例教学讨论的重要意义

组织案例讨论是充分调动学生学习的积极性、主动性，从而提高案例教学质量的关键环节。广泛而深入的案例讨论，可以使学生彼此之间能够充分交流、沟通，分享彼此的经验和智慧，提高分析问题、解决问题的能力。具体来说，开展案例讨论有以下重要作用。

（一）案例讨论给学生提供了参与交流的机会

历史案例教学是建立在学生充分参与的基础上的，没有学生的全面参与，历史案例教学要想取得理想的教学效果就只能是天方夜谭。在历史案例教学中，案例讨论为学生提供了参与交流并发表自己见解和主张的机会。小组讨论和班级讨论都是平等地面向每一位学生的，期待每一位学生的加入，进而积极参与交流沟通，贡献自己的智慧和灵感。其中，小组讨论更是为学生提供了充分参与的可能，学生应把握机会，积极参与，取长补短。

历史案例讨论是运用案例教学法的突出特征进行的，是历史课堂教学的关键环节。组织学生对历史案例进行讨论，可以调动学生学习的积极性、主动性，提高历史案例教学的质量。同时，对历史案例的广泛深入的讨论，还可使学生彼此之间能充分交流、沟通，提高分析问题和解决问题的能力。

传统的历史教学是以教师对历史知识的传授为主的，学生的活动往往会被忽略。即使是安排讨论环节，也多是为了加深学生理解教师传授的历史知识而设定的，有时讨论还是临时插入的，并不是教学的必要环节。而案例讨论是案例教学的核心部分，师生通过案例分析，为解决实际问题而进行讨论，它是整个案例教学的关键所在。案例讨论的目的不仅是扩大对知识的获取或认同，更重要的是通过讨论拓展学生的思维视角，加强对历史知识的理解、对历史进程的感悟以及对历史知识内涵的把握，从而提高学生分析问题、解决问题的能力，以及提高学生表达与交流的能力。

（二）案例讨论有助于培养团队合作的精神

现代社会中，人力资源作为最重要的资源得到了人们的广泛重视，人们越来越认识到，学会团队合作，开展团队学习，培养团队精神尤其重要。当代最杰出的新管理大师、《第五项修炼》的作者彼得·圣吉曾经调查了 4 000 家企业，发现很多团队中的个人智商都很高，能达到 120 分以上，但团队智商却很低，只有 62 分。这就是不善于合作的结果。

而案例教学中的班组讨论却正好为开展团队学习、培养团队精神提供了肥沃的土壤。在案例讨论中，学生必须学会积极参与，成为其中的一员，并且为案例讨论做出自己的贡献。国外一些教育培训机构中，常常会采用一种“圆桌讨论”的方法。这里讲的圆桌讨论，意为所有参与者都围坐在一起对案例问题进行讨论，并由教师以主持人的身份进行组织。这实际上也是一种全班讨论形式，即在个人分析的基础上，不经分组讨论直接过渡到全班讨论（图 3-3）。

图 3-3　圆桌讨论

这种学习方法在历史案例教学中也十分适用。通过案例讨论，学生逐渐学会如何与他人相处，如何正确评鉴别人的观点，如何有效地利用他人的智慧，提高自己的学习效果。在案例讨论的时候，一个负责任的学生，还应学会如何有效地组织案例讨论，使案例讨论能够深入进行下去。这种自觉意识一旦形成并付诸实施，有效的团队学习也就可以真正开始。

（三）案例讨论有助于增强案例学习的效果

实践证明，案例教学的有效实施，需要以一定的时间作为保证。案例教学中最重要的环节是案例讨论，最耗费时间的也是案例讨论，但是充分的案例讨论是有效增强案例学习效果的重要手段。如果案例讨论进行得十分充分，那么案例分析等很多问题都会迎刃而解。实践证明，集体的智慧一般总是高于个人智慧，学生在案例讨论中贡献自己智慧的同时，也能吸收、借鉴别人的优点和长处。案例讨论为学生提供了检验自己思想和分析的大好机会，并且还能培养学生开展案例学习的自信心。学生如果在全班学生面前以一种比较正规的方式阐述自己的见解、观点，可能会显得踌躇、缺乏自信，产生不良的学习效果。而在自由的案例讨论中，学生的心理空间比较大，心理安全感会增强，能较多地参与到讨论中去，也有较多的机会表达自己的观点。

二、案例讨论课的特征

一个成功的、有效的案例讨论课应具备以下几个特征。

（一）班组作为学习群体而起作用

按照参加讨论人数的多少，可以将讨论分为小组讨论和班级讨论，小组讨论既体现学生案例准备的一种水平，也是案例讨论的一个环节。一般情况下，一个班级学生往往有 30 ~ 50 人甚至 70 多人，这时教师就要先把学生分成不同的小组，大约 4 ~ 10 人 / 组。

在个人分析的基础上，小组成员集体对案例进行细致、深入、全面的讨论，重点放在多种选择方案各自的利弊及其后果的分析上。各小组成员之间在思想上进行交锋，每位同学都积极发言、参与讨论。在小组讨论中，小组中每位成员都要发表自己对案例的看法，并有针对性地提出问题的解决方案。小组代表写出全面、详细的分析报告，然后再进行全班讨论，形成最终得到大家认同的方案（图 3–4）。

这种情况下，小组和班级就成为一种学习群体，这种群体在整体上可以照顾班级和小组成员的特殊要求，能最大限度地分配相应的讨论机会。班级内所有同学在教师的指导下积极参与，并在参与中逐步深化对案例的认识，提高个人的学习水平。成功的案例讨论课更有可能发生在具有凝聚力的学习小组之间并以高水平的学生之间的讨论为特征。

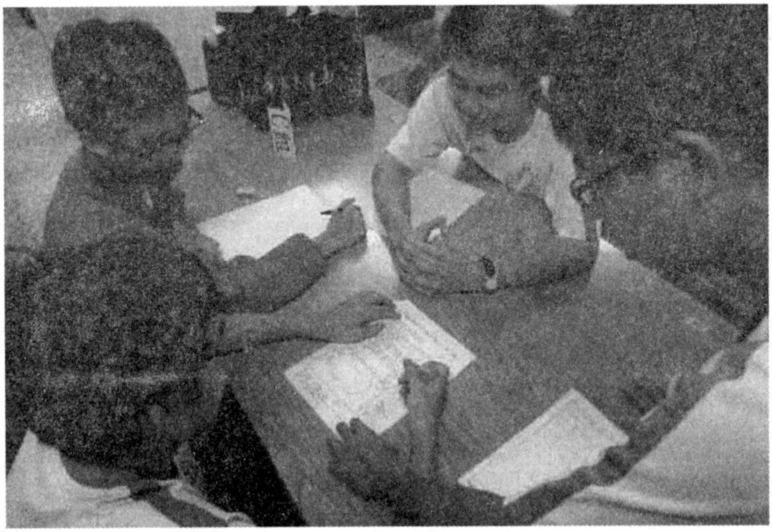

图 3–4　小组讨论

班级讨论首先由每个小组选派一名代表进行中心发言，向全班同学陈述本小组的案例分析报告，主要包括对案例的理解、分析、判断、论证与决策过程以及对解决问题的实施方案和步骤的说明，并对实施效果进行分析，小组成员每人谈一部分，相互之间紧密衔接，默契配合，然后组织全体同学分析、讨论、评价。讨论的形式可以是自由提问，提问时学生之间往往会存在意见的分歧，争论会很激烈，气氛也会很活跃，最终学生在不同意见的冲击、交流中达成一致。

作为一个整体，班组对学生有效开展案例讨论的作用非常重要。历史案例教学要求教师融入到学生群体中去，要求学生改变以往“单干户”的角色，在彼此自觉自愿的基础上形成“学习共同体”。在有效的案例讨论中，班组作为一个学习共同体，对学生的特殊学习需要甚至比教师要敏感得多，因而能最大限度地分配学习的机会。历史案例教学强调有效的学习只能发生于共同的合作与集体之中，因此，富有成效的案例讨论，一般总是发生在那些具有“共同愿景”的学习班组之中，并以高水平的学生之间的讨论为特征。这个学习共同体中，每个共同体成员都分担着学习的责任。他们之间能相互尊重彼此的观点和思想，能平等有效地对话、沟通和交流，共同承担起历史案例学习的责任。班组作为一个学习共同体，能对学生个体的思想和观点进行有效的整合，从而获得一种能独立形成的新的理解，案例讨论就是在这样的集体中走向深入的。若历史教师与学生中的一方，特别是教师占据了支配地位，主宰了案例讨论的课堂进程，这说明班组作为一个学习共同体还没有真正建立起来。

（二）高水平的学生参与

案例讨论的关键问题是要求学生都积极地参与讨论，这是案例讨论成功的重要方面。学生的这种参与可以分为三个不同的层次：第一个层次是学生通过分离出关键事实，得出符合逻辑的结论并介绍给同学和教师，这个层次在传统和学术的意义上学生的作用是评论员和观察员。第二个层次是以教师指定学生扮演所讨论的案例中的角色来实现，通过这种方式使学生的评论趋近于历史案例中的人物所处的真实环境，这样他们的分析和建议就可紧抓学术逻辑和情境的动态发展。当角色扮演结束后，讨论可以回到通常的形式上去，但是讨论对话会更坚实地植根于现实，学生就在班组中从外部旁观者变成了内在的参与者。第三个层次是学生主动将自己置身于历史案例情境中，并代替案例中的角色做出决策、选择，课堂和案例融为一体。这样历史案例中的问题就不再是作为抽象的讨论话题，而成为学生实际面临的现实问题，这个层次的讨论应在学术基础上尽可能地接近实际生活，并要做好充分的准备工作。

有效的案例讨论，主要依赖于高水平的学生参与。高水平的学生参与也是一项高回报的工作，它可以帮助学生尽快学到教育教学实践所需的相关技能。高水平的学生参与并不是以学生是否口若悬河、踊跃发言作为标准的，它更看重的是学生在案例讨论内容和案例讨论过程中所做的贡献。在案例讨论内容方面，主要看学生在参与讨论时，是否能把案例中的事实和观点区分开来；是否能简明扼要地陈述案例事实；是否能准确把握历史案例中的关键事件和关键角色；是否掌握了较为丰富的相关信息并对案例做出了有意义的分析；是否提供他人没有谈到的解决问题的措施或方法；是否对案例进行批判性的定量分析并确定案例中所包含的合理假设；是否制订出了有条理的行动计划等。

案例讨论成功与否，主要看学生是否能及时提出需要进一步澄清的问题；是否能对案例讨论的深入进行提出建设性的建议；是否能针对现有的观点，阐述彼此之间的异同；当案例讨论游离于主题之外时，是否能及时发现并善于引导大家回到主题上来；当案例讨论出现垄断、冷场时，是否能及时发现并善于打破；是否能做出有意义的小结等。

这类参与可有效增进学生对历史案例的了解，也有利于班组作为学习共同体深入开展案例讨论。特别是高水平的学生参与，可以有效影响案例讨论的结构和进程，推进案例讨论向纵深拓展，拓展历史案例教学的空间。

（三）教师引导学生积极参与讨论

案例讨论中，历史教师要适时地引导课堂讨论，而不应采取控制课堂讨论的方法。控制与引导是教师在案例教学中经常采用的两种方法。在教师控制的课堂中，学生只是按照教师事先制订好的教学计划，回答教师提出的问题，要讨论的问题和讨论的时机均由教师决定，学生主动探讨和研究的余地很小，这种方式不利于调动学生参与讨论的积极性。而引导式的案例讨论是自由衔接的，教师与学生合作进行探讨。教师引导的风格有两个重要的决定因素：一是教师向学生提供询问的路径，即理解所研究问题复杂性的概念框架；二是教师要制订一个综合考虑教学内容和探讨展开方式的计划。

在历史课堂案例讨论中，教师应善于巧妙引导讨论，而不是控制支配案例讨论，这一点是至关重要的。在教师控制的历史课堂里，学生的义务是简单的，他们只需按照教师既定的授课计划，回答教师提出的问题就可以，学生自我主动探究的时空很小；相反，在善于引导的教师的教学中，对案例的讨论是自由衔接的讨论，起承转合处处体现出教师与学生的合作。但是要做到这一点确实是非常困难的，因此历史案例教学对教师的挑战是巨大的。一位国外的案例教师这样描绘自己在案例教学中的心理感受："我知道自己无法事先准备好要说的一切，我只能计划如何开始。在课堂上，我只能机敏地等待那些课前没有掌握的‘形象’和‘话语’的到来，并努力从中捕捉到有益的启示。如果我事先控制了这些‘形象’和‘话语’，它们将会变成僵化的东西。每一次上课之前我都会感到恐慌，虽然我知道这样会使自己思维迟钝，疏远与学生的距离[1]。”高水平的历史教学引导需要高水平的历史教师，这是一个非常复杂的问题。

如果简单地从技术上来说，高水平的教师引导，需要注意两点：其一，教师可以向学生提供理解案例所涉及的关键问题的概念框架或基本理论；其二，加强课前准备工作，根据教学目标、内容和讨论的具体方式，制订案例讨论引导计划。讨论引导计划主要包括讨论程序、讨论时间、讨论应当达到的目标、介入的标准及介入的方法等。这需要案例教师能预测学生可能做出的反应，明确自己在案例讨论中的职责和角色，确定自己介入案例讨论的时机等。

历史课案例讨论中一定要有观点交锋才能激起学生的参与兴趣，因此，教师会事先设计可能引发争论的问题。比如，在有关东汉末年的历史课上，假设某学生是诸葛亮，会选择帮助曹操一统天下还是选择帮助刘备匡扶汉室？假设某学生是袁绍，如何在官渡之战中打败曹操？假设某学生是曹操，如何在赤壁之战中战胜孙刘联军？教师往往会采取一些策略来挑起学生之间的争论，如投票、角色扮演、让发表了不同观点的两个学生直接争辩、支持少数派的观点等策略。当然，教师需要事先判断案例中哪些地方提供的信息不足，否则无法支撑深入的讨论。在课前设计问题和课堂引导讨论时，都要避开对这些信息的使用，以免引起困惑。

三、案例讨论的步骤

在案例教学的讨论中，无论是小组讨论还是全班讨论，总是要提出一些讨论的问题，例如，小组讨论的案例中的疑难问题有哪些？以什么样的方式解决这些问题？哪些方式是最合适的？选择最佳的方案的标准是什么？制订怎样的实施计划？如何将计划付诸实施……在这些问题中，解决案例中所包含的疑难问题或做出具体的决定居于核心地位，据此我们把案例讨论分为开始阶段、讨论疑难问题、讨论备选方案、讨论方案实施等四个不同的阶段。

（一）开始阶段

这是案例讨论的第一阶段，这个阶段教师要根据案例分析的情况向学生提出问题，并留给学生一定的思考时间。每个教师向学生提出的问题方式是不同的，有些教师喜欢提问愿意回答问题的学生，并且尽量鼓励他们发言，直到学

[1] Andre Dubus. Dancing after Hours[M]. New York: Vintage Books, 1997.

生阐述完自己的看法为止；而有的教师则喜欢先告诉学生我要请你回答问题，然后再对学生说明要提问的问题。教师在开始案例讨论时要考虑根据不同的问题类型选择不同的提问方式，要提问的问题主要有两种类型：一类是引导性问题，这种问题的提问方式是“你认为教师下一步应该做什么”；另一类是非引导性问题，这种问题的提问方式是“对于这样的案例，你想说些什么”或“这个案例交给你了，你来谈谈自己的看法。”

（二）讨论疑难问题

教师向学生提出问题之后，学生就要指出自己对历史案例的看法。每个人和每个小组都会对历史案例有不同的看法或意见，这样就会形成许多的问题，这就是历史案例中的疑难问题的确定。教师往往会花费一定的时间区别案例中疑难问题的特征或要做出的决定。这会有助于后面对所提供的解决问题的种种备选方案以及事实的选择。在这个阶段花费时间的多少将随着每位教师为教学确定的目标不同而不同。

（三）讨论备选方案

在对疑难问题的讨论中，学生会形成不同的解决问题的方案，有时在教师提问之前就有些学生开始考虑应该如何解决案例中的问题。对于这些不同的解决方案，师生要从中选择最佳的、最适宜的方案，淘汰部分不适宜的方案。一般而言，选择最佳方案的方式有以下三种：一是请全班同学对每一个备选方案进行思考，之后进行表决，选出拥护者最多的方案，然后再对这些方案进行讨论；二是请学生分析不同方案之间的区别，即判断不同的方案具体运用到指定的情形时，哪一种或哪几种更容易付诸实施；三是教师要求学生对每种备选方案进行分析判断，主要是对方案在现实中实施和成功的可能性进行判断，因为有的方案虽然看起来不错，但是往往与实际不相符，实施与成功的可能性不大。通过这样的一些方式，就可以减少备选方案的数目，教师再和学生对剩下的方案进行讨论，找出每个方案的优点和不足并进行对比分析，再在此基础上确定最佳方案。

（四）讨论方案的实施

确定最佳方案后，就必须采取适当的措施予以实施，这就要讨论什么时候将计划付诸行动以及如何付诸行动，这是案例教学不可或缺的阶段。但是在案例教学中，研究者和从事案例教学的教师往往对这个阶段的关注较少。对于教师而言，一是因为前面几个阶段花费的时间已经较多，剩余时间较少，另一方面许多教师认为对问题的准确把握与分析，以及对有关理论的探讨更重要。不管如何，这个阶段是不能忽略的，教师要用多种方式，如用角色扮演的方式调动学生参与的积极性。

四、案例讨论中的教师

在历史案例教学中，历史教师和学生是案例讨论中的主要角色。教师的角色是"导演"，负责提供历史教学案例材料，组织学生开展讨论；学生的角色则相当于"演员"，根据教师提供的历史案例材料进行思考与讨论，并对历史案例中的问题提出解决的方案。案例讨论的结果与教师和学生具有直接的关系。

历史教师在案例讨论中的作用及其应注意的问题包括以下几点。

（一）提出讨论的基本要求

讨论不同的案例会有不同的要求，但是每位教师都应注意讨论之前就要向学生提出讨论应遵循的一般要求，使学生清楚在讨论中应注意的问题。例如，学生要勇于发表自己的见解；发言时要言之有物，持之有据；要冷静听取和思考别人的意见；要在平等的气氛中展开争论和辩论；当发现别人的意见被证明是正确时，要虚心向别人学习并乐意接受别人的意见等。

（二）创造轻松和谐的、自由讨论的气氛

在案例讨论过程中，历史教师要努力做到使学生充分发表意见，鼓励不同观点之间的争辩，只有全班同学积极参与争辩、讨论，课堂气氛才能活跃，因此要争取让尽可能多的同学发言，且讨论的气氛应是和谐、自由的，每个同学都应发表自己的看法。为了保障讨论、争论的充分展开，历史教师要将自己置身于讨论之外，不要轻易参与讨论，要尽可能多地鼓励那些有自己独到见解的同学发言，同时对那些发言中不成熟甚至很幼稚的同学的观点也不要轻易否定，以免打击其积极性，更不要批评不同的意见。对于一些历史敏感问题，教师也不要回避，在原则问题上要立场坚定，态度鲜明，勇于坚持真理，但要以理服人、以德服人。

（三）组织和吸引学生积极参与讨论

在案例讨论中，要尽可能调动所有学生的积极性，只有少数学生参与讨论、历史教师与学生针锋相对是讨论的大忌，它不仅会影响讨论的深入开展，还会影响师生之间的关系。教学讨论的实质就是师生之间、学生之间的认识以及他们情感等方面的交流过程，在讨论过程中，历史教师要有强烈的广泛参与意识，以平等的身份组织和参与讨论，启发引导学生进行讨论，不能对学生发号施令。对于有些不爱发言或不善于公开发表自己见解的学生，教师要和颜悦色地启发诱导，由浅入深地沟通他们的思想，在适当的时候，请他们发表意见，并以各

种方式进行鼓励，逐步消除他们的自卑感，使他们明确自己在讨论中的主体地位，从而产生积极参与讨论的责任感。

（四）训练和提高学生参与讨论的技能

许多历史教师在讨论中往往一讲到底，很少组织学生讨论，学生也存在不爱说、不敢说、不会说的现象，因此历史教师要有意识地训练和提高学生积极参与讨论的技能；注意训练学生善于充分表明自己对问题的认识和见解，训练学生善于维护自己的观点和见解，敢于和善于与人争辩；注意从他人的意见中认识到自己观点的合理与不足之处，使自己得出的结论更完善、更合理。

（五）在案例讨论中充当适当角色

教师在整个案例教学中要善于充当导航、导游、导演角色，既善于倾听学生的发言，又适时诱导学生，或给予提示、发问，或故设疑团，或争当争辩的配角，使案例讨论的发言始终围绕案例问题进行，以促进学生对问题的认识和对知识理解的深化，这就是“三导”角色。教师在讨论中不要充当“三员”角色，所谓的“三员”，一是“演说员”，教师在讨论中从头至尾只顾自己发表见解，不注意调动学生讨论、发言的积极性；二是“评论员”，对学生的发言评头论足；三是“仲裁员”，对学生之间的争辩横断是非。教师在讨论中要做好“三导”角色，除了做好前面提到的一些应注意的事项外，还应特别注意以下几个主要的环节。

1. 讨论中的开局

在讨论开始时，历史教师要选择好第一位发言人。第一位发言人的发言并不要求详细，其作用一是打破冷场；二是定好方向，构建起讨论的框架；三是激起其他学生的兴趣，启发学生的思维，并有一定的示范、导向作用，这将直接影响整堂历史课讨论的效果。发言人可以只提出问题而由其他同学进行补充。讨论中应尽量避免冷场，因为冷场不但会造成讨论气氛的尴尬和沮丧，而且会影响学生的士气和信心。但是教师不能为打破冷场进行过多的干扰，如因焦急而走到幕前，教师可以预想一些讨论的引导题以备必要时提出，还可以直接向学生提出。如果一个人只是听取别人的意见而从中获益，而不发表自己的见解，那他就没有尽到自己的责任来共同创造一个有效的现象环境，自己也失去了进一步培养语言表达能力、提高自身思维能力与解决问题能力的机会。

2. 讨论中的过渡

在案例讨论中，如果学生对作为讨论焦点的一些问题已经进行了相当长时间的深入探讨，就不要在这些问题上面花费更多的时间，历史教师应及时将学生引向其他问题的讨论。教师在讨论前也需做一些准备，主要是准备一些简单的引导语，例如：“接下来的话题，我们应该谈论……我们需要对……作出更进一步的说明”等。

3. 讨论中的僵局

当讨论中的问题难以解决而使讨论中断，或对立观点相差太远导致讨论停滞不前时，历史教师可以稍作等待，若无人解围，可以提出事先准备的一些补充信息，并用一两句话简短提问、点醒、启发和引导，观察能否推动讨论的进行；再等一会，又补充一些情况，提出一两个引导性问题，采取这样渐进的方式绕过一些历史知识难点。当僵局出现时，教师不能直接向学生说出自己的观点，因为这样容易影响学生的进一步讨论，学生有可能只学到教师给出的结论，而学不到学习历史的方法，同时教师也不能保持沉默，长时间等待有人出来发言。

4. 讨论中的跑题

案例讨论中，经常出现的情况是有的学生滔滔不绝、海阔天空、离题太远，或在讨论中把讨论引向一些细枝末节的、意义不大的问题上。遇到这种情况，历史教师首先不能焦急，但是也要适度予以控制，不能采取粗暴的态度和做法，以免伤害学生参与的积极性。历史教师可以采取委婉的方式提醒学生将讨论引回正题，如“你提到的这个问题很有意义，但我们是不是应该先把现在正在讨论的问题谈透，看时间够不够，再决定谈不谈你提的问题”或“我们应该回到本节历史课的主题上来”等。

5. 讨论中的总结

当案例讨论结束后，历史教师要对讨论的情况进行总结，学生自己也要对历史案例学习的有关情况进行归纳，最后得出结论。

五、案例讨论中的学生

案例讨论离不开学生的积极参与，讨论中的学习也主要依赖于学生个人的投入，只有个体投入，才能掌握知识与技能，因此每个同学都要积极参与到案例讨论中来。这种参与应是积极有效的参与，而不是无效的参与。无效的参与就是虽然学生也积极参与讨论，但讨论无益于问题的解决和学生能力的培养，它主要表现在以下一些方面：简单地复述案例中的事实；重复他人的意见；无理由地赞同；不切实际地假定；提出一些不当的问题，使讨论偏离预定的轨道；垄断讨论；游离于讨论之外；没有礼貌。要实现有效的参与，学生在讨论中就要讲究一些个人参与的策略，主要有以下几点。

（一）课堂上的投入

在课前准备和小组讨论中，每位同学都会对历史案例有一定的了解，并有自己对问题的认识，这就要求在全班讨论时，学生要随时注意自己所做的笔记，将注意力集中在自己所提的根本性问题上，并及时补充未曾注意到的见解。在表达自己的看法时应与其他同学的发言进行联系，这样既可以使自己的表达更清晰、准确，又可使自己的认识始终保持在预定轨道上。学生要耐心等到别人发言中谈到的问题和自己想要谈的问题密切相关时再发言，而不要匆匆忙忙就打断别人的发言，这样学生在参与讨论时，既可以充分表明自己对问题的认识和见解，又能维护自己的观点和意见，敢于与别人争辩，但学生在发言时必须以事实为依据，有理、有据、有节，逻辑清晰，语意准确，言简意赅。

（二）进行有效倾听

有些学生在讨论中不注意听别人的发言，只是等着轮流发言或忙于思考自己的发言，这就容易造成自己的发言是别人的意见或观点的简单重复，既影响自己在案例讨论中所发挥的作用，也影响从其他人那里得到有用的历史知识信息。因此，学生在讨论中要注意倾听他人的分析与见解，并与自己的思路与见解进行比较，找出自己存在的长处与不足，以便从中综合分析更加完善的结果。

（三）擅于记笔记

案例讨论之后，学生都会对历史案例进行总结、反思，讨论中适当地做些笔记既可使学生保持对所讨论问题的注意力，有效地倾听别人的发言，又可为以后的反思和总结提供有益的线索和思考。记笔记对学生来说是很重要的，但是做笔记时要简明扼要，不能影响参与讨论。

六、开展案例讨论的主要形式

总的来说，案例讨论的方式是以学生积极发言为主，教师适当点拨为辅。但是，从不同的角度，根据具体情况进行归纳总结，案例讨论也可以分为几种不同的形式。

（一）一般形式

从案例讨论中教师与学生两个纬度出发，案例讨论一般来说有以下三种形式。

1. 教师—学生模式

这种形式的案例讨论主要发生在历史教师和学生之间。历史教师可以通过一系列的提问，对学生的观点与建议进行审查，揭示学生的思考过程，检验学生的讨论是否合理。在这种讨论形式中，教师也可以对学生的观点进行质疑，甚至可以故意坚持一种极端的观点，激发学生主动思考并运用所学习的有关教育教学理论加以反驳，使讨论能深入进行。此外，教师还可以提出一种假定的情境，它可以是某位学生的论点或建议，要求学生用自己的论点予以评价。

2. 学生—学生模式

这种形式的案例讨论主要是在学生之间展开。学生根据自己对案例的理解与推理或考虑别人所没有见到的情况，对某位学生的观点提出异议或质疑，而被质疑者或他人用另外一些不同的见解与分析去反驳或辩护。教师也可以指定一些学生分别扮演不同的历史人物角色，然后使他们的观点彼此交锋辩论，如诸葛亮舌战群儒的故事，可让学生分别扮演诸葛亮和东吴名士，进行言语上的交锋。

3. 教师—小组模式

这种方式主要考虑到案例讨论的大量时间是在小组内进行，教师为了避免等待时间内的尴尬状态，可以参加到小组讨论中去，成为小组的一员，发挥积极作用，从而形成教师—小组模式。当然，教师并不一定从头至尾参与一个小组的讨论，可以根据具体情况，参与多个小组的讨论，以便尽量多地掌握学生案例讨论的信息，更好地发挥教师的引导作用。

（二）具体形式

根据教师与学生、学生与学生之间案例讨论深入开展的具体形式，又可细分为以下五种形式。

1. 交互询问型

这种形式的案例讨论主要发生在教师和个别学生之间。历史教师以一系列的提问，对发言学生的观点或建议进行审查，使其发言的推理过程显示出来，以检查学生的证据是否充分、观点是否站得住脚。这里需要注意的是，历史教师提问的观点可以是对立的、口气可以是征询式的，但是态度应是友好的、地位应是平等的，不能使学生误解教师是跟他过不去而故意咄咄逼人。

2. 官方反对派型

这种形式的讨论也是在教师与学生之间进行的，但是全班每一个学生都可以自由参与。这次不是教师对学生的观点主动质疑，而是教师假定坚持某一观点，要求学生从对立角度予以反驳。这种做法主要是为了让学生判断这种观点是否正确，要求学生主动思考，运用一切所能运用得上的理由（包括从历史案例中获得的信息到学过的教育教学理论知识，从个人的经验到常识等）来“围剿”教师。

3. 假说型

这种形式的案例讨论也是发生在教师与学生之间，但与上述两种方式不同的是，教师既不向学生质疑，也不充当反面角色，而是提出一种假定性情景。

这种假定性情景是某位学生的观点或建议的一种极端的变态状况或后果，要求学生用自己的观点或建议来予以评价。这样一来，发言学生的观点或建议的逻辑基础，就不得不接受审查。逻辑上的缺陷就会变得很明显，学生会自觉地认识到自己观点或建议中的不合理之处，从而重新修改或拟定自己的观点或建议。

4. 对抗合作型

这种形式的案例讨论是在学生之间进行的。如有的学生根据推理或考虑到别人所未见的情况，对某位学生的观点提出异议或质疑，而被质问者或他人则用另外一些不同的见解与分析去反驳或辩解。这种方式最能显示出集体分析与讨论的威力，鼓励这种对抗与合作式的讨论，能取长补短，收到共同提高之功效。

5. 角色扮演型

在这种形式的案例讨论中，教师可以扮演或指定部分学生分别扮演不同的角色，还原历史面貌。比如，有些教师会扮演成历史人物，调动学生的气氛，使学生对历史故事产生好奇（图 3–5）。此外，教师所指定的角色即使不是学生本人赞成或接受的也无伤大雅，更多的是一种重在参与的精神。这种方式有助于学生在特定的条件下“身临其境”地思考问题，提高对别人可能做出某种决策的敏感性，改掉那种一意孤行、不顾影响的不良习惯，养成反躬自省的良好习惯。

图 3–5　课堂再现“桃园结义”

如果从教师给学生提供的案例材料的充分程度考查，又可以将案例讨论按由低到高的难度分为以下三种形式：

（1）讨论式。这种方式的案例讨论主要指由教师根据案例内容提出要求和讨论题，学生有目的地进行准备后，在课堂上开展讨论，最后由教师做出总结。讨论式有利于学生明确所要思考的问题，培养学生的语言表达能力，但是往往由于受到讨论题的束缚，学生缺乏对案例的全面而深刻的理解和认识，很容易在讨论中形成一致的见解和结论，出现一边倒的现象。这种案例讨论方式的难度系数不高，最适合于刚开始学习案例的学生。

（2）辩论式。这种方式的案例讨论主要指教师只提供案例材料，不对案例做出具体的解释说明，也不提供讨论题，而是由学生根据案例所描述的内容把自己带入“现场”，深入角色，独自进行准备，然后在课堂上阐述自己的观点、论据，并在相互提问、回答、反问的辩论中再现“案例情境”，最后由教师总结发言。辩论式有利于学生以案例决策者的身份置于“现场”，独立地发现问题、思考问题，全面考察角色当时所处的环境状态，在辩论中做出判断与抉择。另外，这种方式的案例讨论还有利于培养学生敏锐的反应能力、思维能力和语言表达能力。这种案例讨论方式的难度系数属于中等，一般适用于具有一定专业知识和已比较适应案例教学的学生。

（3）研讨式。这种方式的案例讨论，教师通常只提出具体的活动内容和背景材料，指定一些参考文献或资料，学生完全以案例决策者的身份直接参与活动“现场”，“实地”考察该活动的全过程，写出活动分析报告，由教师随机抽出一定数量的考察分析报告，使学生自己在课堂上发言，供全班学生一起研讨。在研讨中，每位学生可以根据活动内容对对方所发表的见解、观点、论证等展开辩论，最后由教师总结，引导出有意义的结论。研讨式案例讨论，除了具有上述方式的优点外，还有利于培养学生理论联系实际的能力和策划能力。但是，这种案例讨论方式的难度系数较大，一般适用于系统掌握教育教学基本理论，且对案例教学有深刻认识并具有比较丰富的实践经验的学生。

七、案例课堂讨论的有效组织和引导

案例教学中的讨论与一般的课堂教学中的讨论有所不同。在案例教学中，教师和学生主要是以案例及案例所涉及的关键问题为话题对案例展开分析，进而讨论解决方案，内化教育理论，掌握教育方法。由于影响案例讨论的因素很多，教师的控制力相对较弱，因此案例讨论的组织引导难度比一般教学要高得多。

（一）把握“三个环节”，有效组织案例讨论

这里所说的“三个环节”，主要是指案例课堂教学的开始、发展和结束三个阶段。不同阶段有不同的特点，在一般层面上应如何把握和有效组织好案例讨论呢？

1. 把握案例讨论的开局

俗话说，良好的开端是成功的一半，因此组织好案例课堂讨论的开局至关重要。它关系到能否激发学生的学习兴趣，集中学生的注意力，能否营造良好的课堂讨论氛围，增强学生的心理安全感，将案例讨论引向深入。

具体来说，要把握好案例讨论的开局，教师可以尝试以下一些做法：

（1）阐明意义、大胆鼓励、营造气氛。教师在案例讨论开始的时候，有时可以暂时撇开案例本身，专门对案例讨论的功能和作用加以肯定，鼓励学生积极参与到案例讨论中去，营造一种自由、安全的案例讨论氛围。

（2）充分肯定、有所侧重、挑起争论。在案例讨论开始时，教师可以充分肯定学生在课前所做的大量准备工作，然后有所侧重地暗示那些准备充分或观点有个性的学生主动发言，起到抛砖引玉的效果，引起学生之间的争论。

（3）讨论阅读材料、巧妙呈现案例、做好深入讨论的“热身”工作。在正式开展案例讨论之前，可以讨论一些事先布置的阅读材料。有时这些阅读材料并不指向具体案例情境，但是这些基本的概念、原理、原则等对案例讨论的深入开展还是大有裨益的（当然，这种讨论也可根据具体教学情况灵活安排）。在一系列准备工作的基础上，教师可根据案例、学生、教室等综合情况，考虑如何巧妙呈现案例，激发学生的热情和兴趣，把案例讨论引向深入。

2. 有序有效地开展案例讨论

在案例讨论进入第二阶段后，教师要对学生的讨论实施有效的引导，确保案例讨论能有序有效地进行。这一阶段也是案例讨论最为关键的阶段，需要教师集中注意力，调动自己的教育智慧，及时调控各种可能出现的情况。具体来说，教师可以认真倾听，针对学生的发言，及时提出要害问题和关键问题，促使学生对问题做更深入的思考，或调整思考问题的方向；适时归纳学生的建议或见解，帮助学生重新表述或总结，协助学生理清思路，帮助学生把观点建立在更为扎实的基础之上；根据问题的轻重缓急来分配讨论时间，运用多种不同的方式有效地调控课堂讨论的进程，争取达到预期的讨论效果。

3. 做好案例讨论的收尾工作

很多从事案例教学的教师认为，在案例讨论即将结束的时候，没有做出任何结论就下课是不适宜的，此时教师可以帮助学生对案例产生进一步的认识和

理解，增进他们的学习经历。因此，在案例讨论接近尾声时，教师一般可以用5～10分钟的时间对案例讨论加以总结（如果有可能也可以由学生来总结）。具体来说，教师可以简单归纳一下学生发言的基本观点，使学生对讨论中的情况，特别是关键问题有一个科学、清晰的整体把握；要对讨论中学生的观点进行适当评析，指出哪些观点富有创见，哪些观点有失偏颇，这时教师要注意不能简单地肯定或否定学生的观点，特别是对那些有失偏颇的观点，一定要先肯定其中的合理之处，再剖析清楚其中的不合理之处，使学生不仅知其然，而且知其所以然；对学生在讨论中忽视、遗漏和挖掘不深的问题，教师应逐一指明，如果能够结合案例做一些分析更好，如果不能，可以明确指出来，请学生课后再深入讨论；最后，也可以将学生在案例讨论中的一些值得肯定的地方提出来加以表扬，以便进一步发扬。

（二）及时化解障碍，有效引导案例讨论

当然，若案例讨论的开展能沿着正常的轨道发展，将会是一个十分理想的状态，但是事情往往并不是一帆风顺的，在案例讨论中出现问题，导致案例讨论不能正常开展也是很正常的。同时，案例讨论中引申出来的一些理论与知识也需教师的分析和引导。这时就需教师发挥引导者与组织者的作用，及时化解各种阻碍案例讨论的外部因素，使案例讨论能顺利进行。

在案例讨论进程中容易出现的问题有冷场、偏离主题、争执不下等。在案例中出现冷场，常常表现为需要学生发表意见和看法时，大家却保持沉默，谁也不愿意首先发言，彼此观望。在案例讨论中，偶尔出现冷场现象是很正常的，教师千万不要慌张，要审时度势，找准冷场原因，对症下药，及时激活课堂。冷场的原因可能是多种多样的，不同原因造成的案例讨论中断，需要采用不同的解决办法。

在案例讨论开始时出现的冷场，可能是由于学生彼此之间不大熟悉，彼此带有一定的防备心理，大家不愿意做“出头鸟”。这时教师可以通过富有激情的开场白，营造一种轻松的氛围，或直接按照一定的顺序点名等。在案例讨论过程中出现的冷场，可能是由于学生确实对某个问题没有思考清楚，一时不知应怎样措辞，也可能是因为几位擅长发言的学生曾经“垄断”课堂，但这时突然不发言了，还可能是因为教师提出的问题不合适，学生不知道该怎样回答等。对于第一种情况，教师可以保持沉默，以信任的眼光注视学生，表明教师知道学生正在积极努力思考，并期待学生能尽快思考出一定的结果（当然这种等待的时间也不能太长，必要时需要教师灵活应对）；对于第二种情况，教师要及早注意“苗头”，不能使个别学生控制案例课堂讨论，出现“垄断”发言现象，

同时及时启发不善于发言的学生，积极鼓励他们发表自己的见解；对于第三种现象，教师要反思自己提问的方法与角度，审视自己提出的问题是否太过空洞与抽象等，一旦属于这种情况，教师要及时补充，将问题细化，使问题指向更加清楚，更加具有针对性。

当然，许多学生在一块讨论问题，难免出现海阔天空或激烈争论的现象。当案例讨论偏离主题现象时，教师不必焦躁，先细心观察，耐心等上一段时间，这时可能会有学生出来通过适当方式，及时引导案例讨论回到正题。但也可能没有学生意识到这一点，这时教师就要直接出面干预，干预时要注意方式与方法，切忌态度粗暴，训斥学生。对于那些一时争执不下的问题，教师可以及时发表自己的见解，如果学生双方能认同自然可以暂时结束争论；如果学生不能认同，教师也不必慌张，可以暂时“存而不论”，留待学生在课后查找更充分的资料进行深入细致分析后，再进行讨论。

总之，案例讨论是案例教学的主要形式，在这一过程中，教师不再是传统的课程内容的讲授者，而是案例讨论的组织者和引导者；学生不再是传统意义上的学习者，而是积极的参与者和分享者。学生要在交流中弥补自己的不足，提高自己的能力，而案例讨论的有效进行，依赖于教师和学生角色的成功转化和积极引导与参与。

八、案例讨论中的注意事项

首先，案例讨论必须遵守必要的规则。俗话说“没有规矩，不成方圆”，虽然案例的讨论是相对宽松、自由的，但在讨论过程中必须遵守相应的规则，保证每一个学生都能参与到讨论中，都有平等的机会参与对案例论题的讨论，同时，所有参与的学生都要遵守讨论秩序。

其次，创造宽松的讨论氛围，使每一个学生都愿意并且乐于参与到讨论中去，最大限度地调动学生参与讨论的积极性。正如国外学者指出的那样，确定一个良好的讨论氛围，使每个人都可以诚实地表达自己的想法，同时也对别人的看法提出挑战。只有营造出宽松、和谐的讨论氛围，使学生感到课堂具有自我发展的平台和环境，他们才有可能去主动探究问题，积极思考问题，并充分展现自我，在学习中体现主人翁的姿态。

最后，鼓励学生在讨论中积极思考，勇于质疑。当今的教育理念倡导学生积极、主动的探究学习方式，可以说，学生能够在日常的教学中主动发现问题、质疑并探究问题，是难能可贵的学习品质，也是创新学习的起点。在案例的讨论过程中，教师应注意培养学生的批判性思维能力，注意引导学生对论题进行多角度、多层次的深入思考和探究。在讨论过程中，教师要鼓励学生大胆提出问题，鼓励学生对一些论据、论点进行质疑，引导学生对问题发表自己的看法，即使是不成熟的看法也可以大胆提出，以便在交流中进行完善。教师要不断鼓励学生多思考、多提问，尽可能地发现学生的智慧和才华，尽力捕捉学生身上表现或蕴含的思想的灵感，而不是忽视学生的见解，压抑学生的自我表现意识。只有这样，学生才能在学习中发挥自己的个性，获得积极的体验，并在讨论中成长，在思考与质疑中成熟，在互动与合作中进步。

第四节　历史案例教学的总结、评价与反馈

案例讨论结束以后，历史教师要根据历史案例教学应达成的目标，结合学生对案例分析和交流的情况做出归纳和总结，学生自己也要对案例讨论进行总结。评价与反馈是案例教学的最后一步，它既可以巩固案例讨论的成果，发现讨论中的不足，又可为以后的案例讨论提供借鉴。

一、案例教学的总结

历史案例教学中，需要在讨论案例的基础上对案例的讨论进行叙述总结，做出相应的结论。这个阶段是整个历史案例教学操作的收尾阶段。这种最后的总结，可以是由教师来做，也可以由学生自己总结，即对整个历史案例的讨论主题做一个整体评价，讲明历史案例中的关键点，归纳学生在案例讨论中的基本观点，对各种见解进行必要的剖析，强化历史案例教学中体现出的教学内容，得出正确的结论。如果在讨论中出现不符合历史实际的、不正确的意见，教师应及时指出并加以纠正。同时，教师还应对整个历史案例讨论活动做一个小结，对学生在讨论中的表现给予适当的评价和充分的鼓励。值得注意的是，总结阶段虽不是历史案例教学的主体阶段，但是一个必要阶段。总结是一个提高、巩固教学效果的环节，如果不对案例讨论进行总结，草草收场，仓促下课，历史案例教学的意义就会大打折扣，其收效必会受到影响。因此，在讨论结束后，教师和学生都应对案例教学的情况进行总结。总结是案例教学的必要阶段，通过对历史案例教学中设置问题的总结和相关事件的比较分析总结，增加学生对历史事件的深入认识，进而培养学生历史解释素养，同时及时总结案例中出现的问题，也有助于案例讨论的进一步深入。

总结主要分为教师的总结和学生的总结两个方面。

（一）教师的总结

1. 对案例教学准备的总结

每一个历史教师在讨论前都要进行一些必要的准备工作，讨论结束后，教师要对准备工作进行总结。毋庸置疑，教师对所选择的历史案例都有一定的了解，但教师应检查自己是否对历史案例中所反映或包含的知识有透彻、细致的认识，这既包括对历史案例的事实材料的了解，也包括对案例的历史背景及材料中包含的信息的深入分析。教师应从对历史案例教学的重点和难点的考虑是否与讨论中的实际情况相符、历史教学实施的安排是否与实际的实施过程相差很大、课前准备的引导语在讨论中是否发挥了作用、课前的物质和心理准备是否充分等方面进行总结。

2. 对讨论情况的总结

讨论是历史案例教学的主体部分和核心，其占据时间最多，教师应重点对这方面进行总结，主要包括以下几个方面：讨论是否达到了预期的目的；在讨论的四个阶段中存在哪些问题；学生在讨论中的参与情况，包括是否有太多的无效参与等；自己在讨论中是否发挥了应该充当的角色，对学生的指导与引导是否合适；学生在哪些方面有较大的收获；是否有助于学生各种能力的培养等。

3. 对案例本身的总结

教师对历史案例本身的总结要考虑的问题是选择的案例是否合适、是否有代表性、是否可以用它来使学生更好地掌握历史知识点、学生对所选择的历史案例是否感兴趣等。

4. 对案例讨论题的总结

有些讨论题是教师事先预备好的，有些则是学生在讨论中提出的，教师对这方面的总结主要是考虑这些讨论题是否有助于讨论的进展和历史案例中问题的解决和解决方案的形成，通过讨论是否可以使学生加深对所学历史知识点的理解和掌握等。

教师对历史案例的总结，往往要揭示出历史案例中的“隐情”，强化以前所讨论的内容，揭示后续的历史发展走向，给参与者以鼓舞。同时教师可以在总结时帮助学生对历史案例产生进一步的认识和理解，提高学生的学习热情。

（二）学生的总结

在案例讨论后，学生也要及时进行总结，这是案例讨论成功的标志。擅于总结是学生提高学习成效、不断进取的基础。学生要总结自己在阅读历史案例、发言准备、案例讨论中取得了哪些收获，解决了哪些问题，还有哪些问题没有解决。例如，学生对历史案例内容的总结就要考虑是否理解案例中的全部史料内容，怎样才能更好地进行案例准备，从这个案例中学到了什么。学生对个人发言的准备和案例讨论的总结要包括自己的准备是否充分；在小组讨论和班级讨论中起到了什么作用；是否提出了一些别人没有注意到的观点、想法；在解决问题的决策方面学到了什么；是否有过多的无效参与；在班级讨论中，忽视了案例中的哪些内容，有哪些缺失，应怎样才能避免再犯同样的错误；个人及个人所在的小组对班级讨论作出了什么贡献；案例教学是否有助于自己各方面能力的培养与提高等。每个学生都应对讨论的情况进行分析整理，可写成书面作业，也可写成案例分析报告，这样既可提高学生对案例的认识程度，又可培养和锻炼学生的文字阐述能力和表达能力。

二、案例教学的评价与反馈

从一个完整的历史案例教学流程来说，案例教学评价可看作历史案例教学实施的最后一个重要环节。案例教学评价对案例教学起着引导、检测、鉴别、激励等作用。案例教学的评价就是以历史案例教学的目标为依据，运用一定的方法和手段，通过系统地收集有关教学的信息，对历史案例教学活动的过程和效果进行价值判断。评价与反馈是历史案例教学不可缺少的环节，它具有反馈、激励和调控功能，通过这个阶段可以帮助学生加深对所学历史知识的理解，培养学生运用知识分析问题和解决问题的能力。但案例教学的评价如同所有的教育评价一样，也是一把“双刃剑”。如果操作不当，非但不能起到积极的作用，反而会导致正常案例教学变得混乱。因此，案例教学评价的研究在整个案例教学研究中尤为重要。

（一）案例教学评价概述

1.案例教学评价的理论

（1）发展性评价理论。一般来说，发展性评价理论与奖惩性评价理论相对。奖惩性评价是评价者根据评价对象工作任务完成的数量和质量等情况得出评价结果，并根据评价结论的好坏，对评价对象做出解聘、降级、晋级、加薪、增加奖金等决定。与奖惩性评价理论相反，发展性评价理论关注的是评价者对评价对象的理解和宽容，主张评价者首先以积极的态度和包容心对待评价对象工作中的不足和缺陷，然后从评价对象将来发展的角度出发，为评价对象提出建设性的意见。

因此，将发展性评价理论引入对历史案例教学评价的主要目的并不在于甄别案例教学的好坏，而是通过评价的手段或机制，推动历史案例教学的有效进行，促进案例课程的建设，最终促进学生的专业能力发展。运用发展性评价理论于历史案例教学评价之上，评价者需要注意发挥评价的激励功能、支持反思和自我调控的功能，主动与评价对象进行充分而有效的沟通和交流，在评价者和评价对象平等对话的基础上，针对历史案例教学的问题，如历史案例编写与选择、教师的课堂教学、学生学习等环节暴露出的问题和不足提出建议，以推动历史案例教学不断完善，走向成熟。

（2）建构主义评价理论。随着从教育心理学、教育技术学、人工智能、脑科学等视角对情境认知、真实生活中的非正式学习、学习共同体、实践共同体和认知学徒制等研究的深入，以及通信技术、微电子技术、多媒体计算机和网络技术的飞速发展，建构主义对教学和学习产生的影响越来越引人注目。建构主义知识观认为知识是客观性与主观性的辩证统一、以发现为主导的知识接受法与发现法的辩证统一、以建构为主导的知识的结构与建构的统一以及知识的抽象性与具体性的统一，它注重明确知识与默会知识的联系。

在学习观上，建构主义认为，每个学习者都不应等待知识的传递，而应基于自己与世界相互作用的独特经验去建构自己的知识，并赋予其经验与意义。建构主义的评价观包括：目标自由的评价，即试图根据经证实的需求，提供用于评价任何过程结果的最客观的评价标准；以真实任务为标准的评价，努力使教育更加关注真实任务的解决；以知识的建构为标准的评价，以鼓励学习者积极地参与知识的建构；以经验的建构为标准的评价，更重视对知识建构的过程而不是对结果的评价，并同时注意有效评价与教学的整合；情境驱动的评价，建构主义强调在真实而富有意义的情境中进行学习与教学，因此评价的标准应源于丰富而复杂的情境；依靠学习背景的评价，建构主义的学习是受丰富的背景支持的，因此设计者和评价者必须考虑学习发生的背景；评价标准的多元化；确立多种形态的评价标准；以社会建构与协商的意义为标准的评价等。

要将建构主义的评价理论用于历史案例教学之中，评价者应审时度势，根据评价对象、教学任务等因素的不同，确定多元的评价标准。如对历史教师的评论，可以将实施历史案例教学过程中的师生关系、课堂学习心理氛围的创设等作为评价体系中的指标；对学生的评价，可以将学生有效参与课堂讨论和课堂活动等列入评价的指标体系。

（3）后现代主义评价理论。后现代主义在美国课程论专家小威廉·E. 多尔那里被界定为“产生于上帝笑声回音的，没有人拥有真理而每个人都有权利要求被理解的迷人的想象的王国[1]。”他还认为，能将后现代范式与现代范式区别

[1] 小威廉·E. 多尔. 后现代课程观［M］. 北京：教育科学出版社，2015.

开来的、对教育学和课程最具影响意义的两个概念是自组织和转变，并认为自组织是生活的本质。

在现代主义框架中，评价基本用于区别胜利者和失败者。但后现代主义教育思想认为，没有一套理想的固定标准和准则可以作为普遍的参照点，认为知识等同于智慧而非事实的积累。在后现代主义看来，我们生活的世界是具有开放性、多元性、流动性、模糊性和不确定性的。五彩缤纷的现实世界容许每一个学生产生奇思妙想。在这个以创新为时代精神的现代社会中，科学技术日新月异，各种新鲜事物层出不穷，创新已成为社会与个人发展的源动力。后现代主义以其兼容并包的宽容态度、尊重个性和主体性的宽广胸怀给生活在这个世界中的每个人拓展了生命的空间。后现代主义教育思想注重教育和学习过程，承认目的与手段统一，认为个体是在活动的过程中得以不断发展的。

后现代主义给案例教学评价提供的意义是：每个学习者都是独一无二的个体，案例教学不能以绝对统一的尺度去衡量学生的学习水平和发展程度，而要以欣赏的眼光看待学生，为学生发表不同的观点以及个体的成长留有一定的发展空间。因为这个世界本身就是多元的，教师要承认学习者的学习差异。案例教学不能把学习者视为单纯的知识接受者，而更应将他们看作是知识的探索者和发现者。后现代主义在师生关系上主张教师是领导者，但只是学习者社区中一个平等的成员，师生之间的关系是反思性的，教师应关注与学生的交流和对话，没有沟通就没有教学。在教师和学生的反思性关系中，教师不要求学生接受教师的权威；相反，教师要求学生延缓对那种权威的不信任，与教师共同参与探究，探究那些学生所正在体验的一切。教师同意帮助学生理解所给建议的意义，乐于面对学生提出的质疑，并与学生一起共同反思每个人所获得的心照不宣的理解❶。

对师生来说，基于师生共同活动之上的历史案例教学评价不仅是对现实状况的价值判断，其功能还在于促进师生充分发挥各自的主体能动性，在积极参与案例教学活动的基础上，促进后续历史教学活动的有效开展。因此，在后现代主义评价理论的指导下，案例教学评价的目的在于促进和推动历史案例教学本身连续不断的提升，而不在于甄别和判断。

2.案例教学评价的原则

案例教学的最终效果要受教师、学生、家长和教育管理者等过去经验的影响，还要受教学本身的互动性和课堂中某些主导观点的影响，看上去并没有用以指导案例教学的“放之四海而皆准”的原理和信条。但另一方面，又确实存

❶ 小威廉·E.多尔.后现代课程观[M].北京：教育科学出版社，2015.

在已经取得成功的案例教学的一些教学经验，人们可以从中总结出一些案例教学的内在规律，以期以后能更好地开展案例教学。因此，人们对案例教学的效果进行评价是可能的，但是，使用不同的评价方法会体现不同的评价观念。

（1）量化评价与质性评价的统一。

①所谓量化评价方法，就是力图把复杂的教育现象简化为数量，进而从数量的分析与比较中推断某一评价对象的成效。量化评价方法的认识论基础是科学实证主义，它认为，只有定量的研究、量化的数据才是科学的，才能得出客观可信的结论。长期以来，由于受直观思维和技术理性的影响，人们对于自然科学坚持的量化评价方法推崇有加，量化评价方法一直处于评价领域的主导地位。这对于改变单纯依靠质性方法评价教学大有好处。在案例教学的评价中，如果量化评价方法使用恰当，就能为评价提供有说服力的证据。

②所谓质性评价方法，就是力图通过自然的调查，全面充分地揭示和描述评价对象的各种特质，以彰显其中的意义，促进理解。质性评价方法也称为自然主义评价方法。它在认识论上反对科学实证主义的基本观点，反对把复杂的教育现象简化为数字，认为这种做法只能提供歪曲的教育信息，且有可能丢失重要信息。它主张评价应全面反映教育现象的真实情况，为改进教育实践提供真实可靠的证据。质性评价方法是20世纪60年代以来随着评价领域对传统以量化为特征的评价方法的反思批判而发展起来的，它也是科学研究中的质性研究方法在评价领域渗透的结果。随着“质性研究”在课程研究领域的合法化，质性课程评价日益兴盛并体现出课程评价的发展趋势。

作为不同的评价方法，二者各自具有不同的特点。量化评价方法具有直观、简单、明了的特点，能直接反映评价对象的特质，适用于某些简单、单纯的教育现象；质性评价方法具有全面深刻的特点，在某种程度上，它是评价者对教育现象的某种解读，更适用于评价复杂的教育现象。因此，案例教学的评价应该将两种评价方法有效地结合起来，在量化评价的基础上，有必要更为广泛地运用质性评价方法。

（2）形成性评价与终结性评价的统一。

①形成性评价又称过程性评价。案例教学中使用形成性评价的主要目的是探明案例教学任务的完成情况，帮助学生和教师把注意力集中在进一步提高教学的有效性上，而不是对学习者进行分等或鉴别。它是内部导向的，其结果主要供教师自己参考。在案例教学过程中，教师对学生掌握知识的情况及发展能力等进行及时评价，如案例讨论中对学生的口头提问、案例小测验等都属于形成性评价，目的在于使师生双方能及时获得反馈信息，调整和完善教学过程，提高教学质量。

②终结性评价也称总结性评价。案例教学中使用终结性评价的直接目的是做出案例教学效果的评判，鉴定案例学习最终效果的等级或优劣。它是外部导向的，评价的报告主要呈递给上级教育行政人员，作为教育主管部门制定教育政策的依据。它是对案例教学全过程的检验，一般在一个学期或学年或一门学科结束时进行。例如，期中、期末的考试以及教师工作考核等都是终结性评价。

（3）科学评价与人文评价的统一。

①案例教学中运用科学评价主要表现在三个方面：一是严格把握评价标准和尺度，教师在进行评价之前，要做到对评价标准驾轻就熟；二是最大限度地减少评价中的教师个人的主观因素和情感因素，教师在评价时可以邀请自己的同事参与评价或干脆由他们来进行评价，然后对照他们的评价意见与自己的看法；三是确定科学的评价程序。

②在不适合客观评价的环节和方面，案例教学强调采用人文评价的方法。这里所说的人文评价是指把事实判断和价值判断融为一体的评价。这种评价不仅依据客观事实，而且容许将被评价者或评价者的主观因素融入其中。在比较成熟的教学评价者所做的评价中，人文评价也是非常客观可信的。

3. 案例教学评价基本步骤

此外，对历史案例教学进行科学公正的评价，必须按照一定的步骤，运用恰当的方法。一般来说，评价过程就是评价者在全面占有评价信息后，通过合理的整理和分析得出价值判断的过程。这个过程一般可以分为相互衔接的三个步骤：

（1）信息资料的收集。评价者要想对案例教学做出客观公正的评价，就要全面获得评价的信息，这是评价者对历史案例教学做出价值判断的前提。评价者应根据历史案例教学评价的目的、内容和评价对象的性质和特点来选择不同的收集信息的途径和方式，以便收集精确可靠的材料。评价者收集案例教学评价信息的方式和途径较多，如观察、座谈、访谈、考察、测验等。

（2）信息资料的处理。评价者运用多种方式收集到的评价需要的史料，只是为价值判断提供了一定的前提条件。要深化这种价值判断的认识，评价者就必须对所获得的资料进行加工和分析，做到去伪存真，把握获得的各种史料之间的联系及因果关系。

（3）做出价值判断。这是对评价信息进行分析、归纳后对案例教学的价值所做的总结性判断，这种判断应指出被评价者的成绩和进步、缺陷和不足，分析其原因所在。为了得出比较合理的价值判断，评价者要综合各方面的评价结果，对历史案例教学进行科学的综合评价。案例教学评价的过程并不是在做出价值判断后就结束了，其最终目的应是以评价的信息和结论为改进案例教学提供建设性的意见和措施，做出有关的决策。这种评价应是一个开放循环、周而复始的过程，做出的决策本身对历史案例教学有一定的促进作用，要有利于新一轮的历史案例教学过程，同时也意味着新的案例教学评价活动的开始。要通过案例教学评价对案例教学进行有效的调控，经常不断地对评价过程及结果本身进行分析和评价。因此，对案例教学评价的评价既是一个案例教学评价的终点，又是新一轮评价的起点。

4.案例教学评价的方式

历史案例教学的效果如何，需要在教学后进行必要的评价。对历史案例教学的评价，既涉及对学生课堂行为的评价，也涉及教师对历史案例教学的总结和反思。其目的不在于把学生分成三六九等，而在于通过对学生课堂行为的评价，帮助学生找到自己身上的闪光点和不足，收获学习的体验，提升各种高层次能力，为学生的学习和成长服务。同时，教师通过自我评价，能及时总结成功的经验，反思存在的不足，及时调整教学策略，进一步提高教学质量，最终达到师生共同成长、教学相长的目的。

案例教学的评价主要分为学生的评价和教师的自我评价两个方面：

（1）对学生评价的主要方法，可以采用学生自我评价和教师评价两种方式进行。在学生进行自我评价之前，教师有必要使学生明确案例教学中应理解和掌握的重点知识和问题认识，总结案例讨论中的主要观点，对讨论总体进行一定的分析，使学生能明确在整个案例的学习讨论过程中解决并收获的知识。学生的自我评价的方式有两种，一种是自觉的、自我反省式的自我评价，另一种是学生之间的互评。这两种方式可以结合在一起使用，使学生在实践中实现对自身行为的自我评价，增强他们的学习和反思能力，形成适合自己的学习策略和学习方式。学生通过对自身学习的评价，能学会发现自己存在的学习问题，学会自我调整学习，同时进行自我评价，这也是对学生的一种信任和鼓励，因为学生能从对自我的评价中收获更多的学习体验和经验。

（2）关于教师对学生的评价，主要是考察学生的课堂参与情况，特别是学生讨论的质量和参与状况。这是由案例教学是教师与学生互动、学生充分参与其中这一特征所决定的。在案例教学中，学生的充分参与是非常重要的，如果学生总是作为案例教学的旁观者，也就不能视为很好地开展了案例教学。

关于对案例教学中学生课堂参与的评价，可以从以下几个方面来进行评价：

第一，学生在讨论中是否能提出独到见解，并能寻找史料证据以支撑其见解。

第二，学生在讨论中是否能认真思考，并做出有质量的发言。

第三，学生在讨论中是否能尊重他人对历史案例的见解和看法。

第四，学生是否能做出有意义的、对理解问题有帮助的分析。

第五，学生是否能把前面学到的历史知识与正在学习的历史案例整合起来，理论联系实际。

第六，学生提出的行动计划是否能充分考虑所处历史坏境和时代背景。

第七，学生是否能做出有意义的总结。

关于教师的自我评价，需要教师做出比较恰当的自我判断，这可以说是教学评价中较为困难的一个环节，因为教师往往难以对自己的教学做出准确的自我评价。但自我评价却是教师成长中必不可少的重要环节，只有能大胆地剖析自己的教学，才能明白自己的不足和长处，扬长避短，进而不断进步。

在历史案例教学中，有学者提出了以下几组“是否”，来为教师提供一个自我评价教学质量的标准，如果教师的回答是肯定的，则说明他的这次教学是成功的：是否激发起了学生的学习动机；学生是否在学习过程中受到了关注；教师是否做好了充分准备，案例对预定的教学目标和课程设计是否至关重要；在教学过程中，教学氛围是否自由；教师是否使课堂变得饶有趣味，并且与此同时伴随有学生的积极参与和认真思考等。总之，历史教师要对案例的设计、案例所引发问题的设定、案例教学程序的安排、案例教学的组织与实施、运用案例进行教学的技巧、案例教学的效果等多个方面进行总结与反思，必然会对以后的历史教学活动提供有益的启示。

（二）对案例教学课程的评价

1.对案例课程目标的评价

长期以来，案例教学一直被作为商业、法律和医学领域职业培训的基石，尤其是被广泛地运用到工商管理硕士教学中。近些年，教育工作者们才开始真正重视和探究它在教师教育和教师准备中的价值。但是单就培训本身来说，它是远远不够的。传统的讲授法和演示法或许适合教具体的任务，但是在诸如信息收集、观察技能和分析技能等领域，就需要用案例教学方法教育学生[1]。令人遗憾的是，案例教学并没有成为教师职业准备的一个有机组成部分。最新研究表明，讲授法和讨论法至今仍然是学校课程的主导教学范式[2]。

在历史案例教学中，课程设计占据突出的地位。在现有的教育体系中，历史案例教学几乎无现成的、固定的教科书或教学参考书，不仅教学材料需要任课教师准备，而且教学目标等也需要由教师具体确定、落实。在历史案例教学的情形中，教师对于课程设计具有更大的自主空间和更多的发言权，同时案例教学也需要教师更多地参与到课程设计中来。

---

❶ 西奥多·J·科瓦尔斯基.教育管理案例研究[M].北京：中国人民大学出版社，2013.

❷ 西奥多·J·科瓦尔斯基.教育管理案例研究[M].北京：中国人民大学出版社，2013.

确定案例教学目标是课程设计的第一步。“当代教育评价之父”“现代课程理论之父”泰勒在《课程与教学的基本原理》一书中开宗明义地指出，开发任何课程和教学计划都必须回答四个基本问题[1]：

（1）学校应该试图达到什么教育目标？

（2）提供什么教育经验最有可能达到这些目标？

（3）怎样有效组织这些教育经验？

（4）我们应该如何确定这些目标正在得以实现？

这四个基本问题可进一步归纳为“确定教育目标”“选择教育经验”“组织教育经验”“评价教育计划”，这就是“泰勒原理”的基本内容。即使后来遭到各方攻击，泰勒依然坚持认为，这四个基本问题是“合适的”“非常有用的”“没有理由改变”，因为它们经受住了历史的考验。现代课程开发的理论研究和实践探索可谓蔚为壮观，但都是围绕这四个基本问题建构起来的。这四个问题因而被称为课程开发的“永恒的分析范畴”。

由此可见，清晰而明确的课程目标对于案例教学的开展具有统揽全局的指导意义。国外学者巴赫提出，在案例教学中，一般要达到七个行为目标和三个过程目标：

行为目标 1：通过案例教学，学生要能针对某一情境做出具体的决定，并能将其应用到有关的实际情境中去。

行为目标 2：通过案例教学，学生要能表现出较强的思维能力，也就是说，思维要具有严密的逻辑性、清晰性和连贯一致性。

行为目标 3：通过案例教学，学生要能对问题情境做出有说服力的分析。

行为目标 4：通过案例教学，学生要能识别并确定那些与案例密切相关的基本要素和问题。

行为目标 5：通过案例教学，学生要能体现出应用定性与定量分析的愿望和能力。

行为目标 6：通过案例教学，学生要能超越具体的问题情境，要具有更为广阔的视野和多种多样的能力。

行为目标 7：通过案例教学，学生要能利用可能的资料对问题情境做出相当具体、深入的分析，并且能制订相当具体、完备的行动计划。它与上述目标的不同之处在于，不仅要做出一项决策或谈出自己对某一问题的认识，而且要有更多细节性的、具体的内容。

由于有些案例教学过程较长，并且随着案例教学过程的展开，学生逐渐会

[1] 泰勒．课程与教学的基本原理 [M]．罗康，张阅，译．北京：中国轻工业出版社，2008.

对自身的参与有更多的认识，因而案例教学的过程有时也会体现出这样的三个目标：

过程目标 1：学生必须要参与到案例教学的过程中去。

过程目标 2：学生必须切实做好课前准备，并且将自己作为教学过程的一个有机组成部分。

过程目标 3：学生在教学中能够口头表达出自己的思想与观点。

由此不难看出，巴赫的行为目标实质上就是结果目标，它和过程目标一起构成案例教学课程目标的总和。结果目标和过程目标同样重要，二者不可偏废。在实际的案例教学情境之中，要注意克服将二者关系人为割裂开来的两种不良倾向，即要么过分看重结果目标，忽视过程目标，只重视结果目标生成的意义，轻视学生个体的参与和意义建构；要么只讲过程目标，不注重结果目标，课堂表面上看起来气氛热烈，而实际上是教学漫无目的、收效甚微。这两种倾向的危害在于：前者极易导致学生参与意识和参与热情的丧失，久而久之，学生便会滋长学习上的依赖性和惰性，最终使案例教学又回到传统之路；后者虽能唤起学生的一时热情，但容易使得整个学习活动陷入无序和混乱状态，而且这种违背了学习本身固有规律的教学活动会使学生感到索然无味。

如何将案例教学的结果目标和过程目标有机地整合起来呢？认知心理学家加涅的学习结果分类和布卢姆的教育目标分类方法或许会给我们一些启示。加涅的五种学习结果分类已得到人们公认，他把学生学习的结果分为五类，即言语信息、智慧技能、认知策略、动作技能和态度。美国以布卢姆为首的一个委员会公布了认知领域、情感领域和心理动作技能领域的教育目标分类。其中，认知领域的教育目标由低到高共分六级：知识、领会、运用、分析、综合和评价；情感领域的教育目标由低到高分为五级：接受（注意）、反应、价值化、组织、价值与价值体系的性格化；心理动作技能领域的教育目标由低到高分为七级：知觉、定向、有指导的反应、机械动作、复杂的外显反应、适应和创新。

将加涅的学习结果分类与布卢姆的教育目标分类稍作比较可以发现，二者的分类框架基本是一致的。也就是说，加涅和布卢姆等都把学生的学习结果分为认知、情感和动作技能三个领域。

如果说将上述学习结果分类作为案例教学课程目标的设定过于宽泛、不便于实际操作的话，在案例课程目标评价时，还可以借鉴一下梅格的做法。梅格在谈到教学目标的制订时，提出了这样的一些方法：

第一，教学目标是关于教学意图的文字或符号描述的总和。

第二，教学目标描述的是学习者在达到他的学习成就时能做到什么，以及如何了解他是否达到了所要求的内容和程度。

第三，描述出学习者最终要达成的行为：对总体行为进行识别和命名；界定行为产生的重要条件；界定可接受的行为表现的标准。

第四，对每个行为标准都做出解释，解释得越多，自己的意图就越清楚。

第五，假如给每个学习者一份关于教学目标的解释和说明，那么自己可能必须要做的其他事情就不会太多。

朱迪斯·克兰菲尔德通过对一则案例的剖析，指出了案例教学的五个目标在于：

第一，用教学问题提供给学生替代性经验，帮助学生做好教学情感上的准备，而不仅是知识上的准备。

第二，使学生看到如何发现问题和生成问题。

第三，使学生模拟教学中的案例分析和探究过程。

第四，拓展学生教育策略中的各种教学技能。

第五，促进和形成反思性探究的习惯。

系统的案例教学课程目标就是要通过对一系列有机编排与组合的案例的教学，为学生在教育理论与实践之间搭起一座桥梁，将教育和教育心理学等理论运用课堂实践中去，使学生深切地感受丰富多彩的课堂情境，使新手教师思考专家教师熟悉课堂问题的组织方式和解决方式，忠实而又创造性地运用教育原理或教育心理学等原理去解决实际课堂问题，并在课堂激烈精彩、热情洋溢的对话中提高自己的教育智慧。

需要说明的是，以上关于案例教学课程目标评价的考察，只是为教师进行案例教学课程目标设计提供了基本的参照，除此之外，当然还会有其他评价标准。而且，更为重要的一点是：一切外在的评价目标和框架都不应也不能成为捆绑教师手脚的绳索。因为案例教学的生命力恰恰就存在于实施案例教学的广大一线教师的丰富的想象力、勇于探索的勇气和充满智慧的、永不枯竭的创造之中。

2. 对案例课程内容的评价

课程评价主要包括三个方面：课程本身、提供的教学以及实现的结果。鉴于下文将要谈到案例教学和学习结果的评价，这里主要论述对课程内容的评价，它包括两个方面：

（1）案例课程内容的教育意义。案例课程内容本身的教育意义是评价时要优先考虑的一个重点。如果某一教学案例不能引起学生对特定教育理论或原理的联系，案例与教育理论之间的相关程度不高，且案例本身不能激发学生结合具体的教育情境从多角度考虑案例中的问题，那这样的内容是肯定不能作为案例课程来安排的。就整个案例课程来说，其案例系列在编排上要保证课程内容的统一性、连贯性。这些问题都涉及案例的选择与组织教育案例，没有统一的标准模式。不同类型和风格的教育案例总是服务于不同的教学目的。朱迪斯·克兰菲尔德曾提出四种案例类型：两难问题案例；评价案例；两难问题与评价混合型案例；研究案例。在她的分类中，两难问题案例描述教学实践中的问题困境，为学生提供替代性经验，对这些案例的讨论有助于拓展学生考量两难问题的思维方式；相比之下，评价案例则呈现教师教授具体的教学主题或概念的例子，其目的是帮助学生发展对教学评价的能力；两难问题与评价混合型案例则呈现教师如何应对某一特定两难问题的情境。

教学案例的选择需依靠教师深邃的洞察力。教师在选择案例教学前，首先要对这些问题做到胸中有数：我要运用一般内容的案例还是特殊内容的案例？我所呈现的案例是否具有深刻的启发性，是否有助于启迪学生的思维？案例是否具有针对性？在理解和分析案例时，学生将可能与什么教育理论或原理联系起来？我要学生集中注意的一个问题是在一个案例还是在多个案例中表现出来？学生接近案例的渠道和方式是什么：课本、电影、视频、音频、多媒体还是超媒体？案例课程及案例的使用是在真实的情境下开展，还是用远程教育中所采取的异时方式进行？在这节课或整个这一学期，我将要教学的案例数目是多少？等等。若直接利用国外的教学案例，案例事件发生的地域、社会文化背景等也是人们在案例选择时需要考虑的问题。

一节课中讨论到的案例的数目要根据案例的内容、长度、复杂程度而定，一般不宜过多。经验告诉我们，在一节课上最好只教授一个案例。

（2）案例课程内容与学生经验背景的适切性。如果案例教学的课程内容与学生的生活脱节，学生的生活经验与课程内容之间不能产生联系，他们对课程内容就会感到生疏，不容易产生共鸣，因此，案例课程所提供的教育经验要尽量贴近学生的教学或实际生活的经验，这样才有利于学生反思性实践能力的形成与发展。在实际的案例教学中，教师可以对现成的案例教材内容进行筛选和甄别，选取那些与学生日常教学活动相类似的教学案例，这样学生在学习案例时就容易产生真情实感，在案例分析与讨论时便容易有感而发，产生替代性经验。

3. 对案例教学实施过程的评价

（1）案例教学实施准备阶段的评价。在实施案例教学之前，师生都要做好案例教学的准备工作。这一环节是成功实施案例教学的重要保证。从学生角度来说，要在课前合理安排时间，复习与案例有关的教育理论，认真阅读教师布置的教学案例，全面把握案例背景，真正使自己进入案例中的角色，对案例中呈现的各种因素进行一番梳理和分析。针对案例中暴露出的问题，要结合自己所学的教育理论知识，找出案例中的关键问题所在，初步提出问题解决方案。

然后把自己的问题和方案带到学习小组中去，与学习小组中的成员一起，进一步对案例进行探讨，相互之间交流各自的观点和意见，彼此取长补短，检验问题识别或教育理论的运用是否有误，共同分享集体的智慧和学习经验。学习小组成员之间不一定非要在问题和解决方案等方面达成一致，但彼此之间要进行开诚布公的交流，清楚分歧和问题的症结所在，以便大家继续对案例进行更加深入的思考和讨论。最后，准备好讨论题，列出尚存疑问的问题，最好写出发言提纲，以备案例讨论之用。

从教师角度来看，除了准备好下一次课的教学案例，并对学生的基本情况进行充分了解外，还要对学生在案例准备和课堂讨论时的反应做出适当的预测，应对课堂上可能出现的各种问题做出整体的规划，比如，学生有可能忽视案例中的哪些重要信息，他们提出的问题解决方法有什么明显的缺陷，学生可能会比较容易忽略解决方案的哪些后果，如何引导学生走向案例讨论的正确方向，如何进行归纳和总结，等等。

对案例教学实施准备阶段的评价，可以采取与师生访谈的方式进行，通过了解师生双方对教学案例的分析、学习时间分配、对案例问题的认识程度、学生学习小组的交流、自己的解决方案等情况，可以看出师生双方对教学案例的准备程度和重视程度，对案例教学实施准备阶段做出恰当的评价。

（2）案例教学的课堂教学实施评价。在具体的案例教学的实施过程中，案例教学对教师和学生都提出了不同的要求。就教师来说，要在课堂的前十分钟左右，尽量创设案例问题的情境，使学生能在课堂教学背景之中产生真实的问题情境，从而对案例进行再分析，促进学生积极地思考，在课堂上展开讨论。教师应做到随机应变，针对课堂中所发生的情况，适时引导和组织好学生对案例的讨论，如果确有必要，教师还要做好案例教学的归纳小结。而学生要集中注意力，把主动学习的心向化于认真听讲、主动参与、积极思考、大胆假设的实际行动中。在阐明自己的观点时，要在客观、全面分析的基础上实事求是，试图把握问题的主要矛盾与关键，不主观臆断，不过于狭隘与偏激，不固执己见，做到应用教育理论恰当，论述有理有据。同时学生还要善于聆听别人的意见和陈述，对同学和老师的观点做出取舍和自己的评价。

为此，评价者要浸入案例课堂教学中，领略案例教学的独特魅力，亲身感受案例教学的实际氛围，结合案例质量、案例教学的组织、课堂氛围、学生的体验与反映和教学目标的达成等情况做出对案例教学课堂教学的总体评价。当然，评价者也可以着重就案例教学中的关键环节进行评价，如对案例教学的重要环节——课堂案例讨论作出评价。表 3-1 中所列一些问题的回答可以作为评价时的参照和依据。

表 3-1　作为评价参考和依据的问题

问　题	是	否
经过讨论，大家对案例的认识是否有进一步的深化		
学生是否有效参与课堂讨论		
各讨论小组之间的对话或争论有无发生		
是否有不少学生明显表现出对案例讨论不感兴趣或很少参与讨论		
在小组间的讨论和交流中，教师在引导和组织教学、陈述自己的观点等方面表现是否适当		
小组讨论出现不同意见时，同学之间、师生之间的交流和启发使问题是否得到解决		
是否达到这堂课的教学目的		
课后学生是否还在饶有兴味地讨论这个案例		
大家讨论的热点是否一直与案例材料的核心问题密切相关		

（3）案例教学巩固阶段的评价。案例教学最终的目的是要“教会”学生学会教学，其中包含许多体验与领悟的成分，所以从某种意义上说，案例教学也是一种反思性实践活动。因此，案例教学的课后反思与巩固就显得十分必要。一般地，反思性实践包括五个步骤：论题，即感知案例中的问题、两难问题和存在的机遇，辨明案例情境的论题；观点，即考虑不同的观点，思量个人行动背后所隐含的价值；知识，唤醒来自学业准备、教育理论和实践经验的知识；行动，即运用知识和技能做出决定；结果，即评价决定和行动方案可能带来的后果。学生在课后自觉地对案例进行一番梳理，将自己原来对问题的认定和问题解决方案与同学和老师的观点和问题角度进行对比和对照，结合问题产生的背景以及方案实施可能带来的后果，发现各种方案之间的优势与不足，总结整理出较为理想的问题解决方案。由此，案例教学的成效才能最终得以巩固。

对这一阶段的评价可以通过评价学生在课后撰写的案例反思日记、案例分析报告等方式进行。这种反思日记或分析报告要能体现出学生在案例学习过程中的感受，写出自己对案例的新认识或新发现。

（三）对历史案例教学中教师的评价

对历史案例教学中的教师的评价可从三个角度进行，即学生对历史案例教师的评价，历史教师的自我评价和教育管理者对历史教师的评价。下面逐一对其进行分析。

1.学生对历史案例教师的评价

与其他教学形式一样，学生无疑最有资格对历史案例教师进行评价。学生是案例教学的直接参与者，是案例教学全过程的主角，理所当然，学生对案例教师的授课情况最有发言权。而且，一般来说，学生知识面较为宽广，思想也比较成熟，对人和事物的看法不会过于片面和偏激，因此，学生对历史教师的评价也较为客观。在案例教学中，学生对历史教师的评价除了涉及教师个人的师德水准、知识水平、教学态度外，更多地会集中于历史案例教学中教师所表现出来的组织能力、历史教学临场发挥、教师对历史案例教学内容的选择、教师个人的阅历和教育理论修养及教师完成历史案例教学课程的质量等层面。

在与学生平时的谈话中，历史教师可以收集一些学生对教师的评价意见，但这些个人化的评价意见往往显得比较凌乱、不系统。部分学生不能排除个人感情因素对教师评价的干扰和影响，且由于样本学生数量的限制，少数人的意见很难代表大多数人的评价意愿，得出的结论只能作为一种参照，因此仅靠单纯的问卷调查是不一定能得出可靠的结论的。

为了保证学生对教师评价的客观公正性，比较全面、正式的评价可以结合学生座谈、深入学生中间进行访谈和实际调查反馈的情况，再通过面向全体学生的问卷调查的方式来进行教师评价。这样既克服了问卷调查可能带来的问题，又避免了主观臆断的缺陷。单纯问卷调查得出的结论有可能反映的是数据统计中的假象，因为学生在回答问卷问题时，一般都会考虑问卷设计者的意图，并试图根据问卷设计的意图进行回答，因此其得出的结论不一定是真实的。

问卷的内容不只是局限于对学生对教师的直接感觉和印象，还可通过学生对课程的感受、学生本人和同学对课程的重视程度等问题，间接地反映出学生对教师的评价意见。通过这样的方式进行的教师评价应该说是较为全面、真实、客观的。

下面是一个学生对教师评价的问卷调查表（表3-2）。

表3-2　学生对教师评价的问卷调查表

内　容	选　项				
教师在多大范围上使该案例课程总体目标清晰	A	B	C	D	E
每节课 / 每个教学单元的教学目标教师表述有多清晰	A	B	C	D	E
他 / 她表述的教学目标在多大范围上得到了实现	A	B	C	D	E
教学案例的选择与所学的教育教学原理在多大范围上是匹配的	A	B	C	D	E

续表

内　容	选　项				
案例在多大范围上有助于增进你的学习经历	A	B	C	D	E
整个案例课程的教学案例在多大程度上是连贯一致的	A	B	C	D	E
案例教材或其他读物在多大范围内增进了你的学习经历	A	B	C	D	E
教师与同行教师或校外人士在多大程度上进行了合作	A	B	C	D	E
课堂讨论在多大范围上有助于丰富你的教育知识和学习经历	A	B	C	D	E
教师在多大范围上在课外给你 / 你们提供了帮助	A	B	C	D	E
案例报告在多大范围上有助于增进你的学习经历	A	B	C	D	E
所参与的课外活动（如电影、讲座、学术沙龙等）收效如何	A	B	C	D	E
案例课程在多大程度上对你的智力提出了挑战	A	B	C	D	E
教师组织案例讨论的水平整体感觉如何	A	B	C	D	E
你认为教师的观点在多大程度上是有价值的	A	B	C	D	E
教师在何种程度上给了你教育智慧的启迪与思考	A	B	C	D	E
你对该课程的重视程度如何	A	B	C	D	E
你认为同学对该课程的重视程度整体如何	A	B	C	D	E
你觉得从该案例课程的收获如何	A	B	C	D	E
你对该案例课程的总体评价如何	A	B	C	D	E
你对案例教师的总体评价如何	A	B	C	D	E
案例教学对你的历史课成绩帮助如何	A	B	C	D	E
你对历史课教学采用案例教学法观感如何	A	B	C	D	E

备注：

（1）表中的内容，你感到陌生的可以不回答。

（2）选项中的 A、B、C、D、E 五个等级分别对应于“在最大范围上、在很大范围上、在较大范围上、在一定范围上、在小范围上”或“非常好、较好、好、满意、尚可”。

2. 历史教师的自我评价

历史教师的自我评价主要是指教师在一节课或一门案例课程结束以后对案例教学做出的直接自我评价。当然也可以包括案例教师在观摩同行的教学后，将他们的教学行为与自己的教学行为相对照，从而对自己的教学做出的间接自我评价。教师的自我评价实际上是教师对自己课堂教学的一种有目的、有意识的主动反思行为，这种反思是一种实践取向的反思，表现为对实践反思，在实践中反思，为实践反思。这种主动的反思行为有助于教师在后续的教学行为中对前面的教学过程中出现的不适当的、甚至是错误的做法及时予以纠正；通过教师的自我反思与评价，总结成功教学的好方法，梳理和积累自己的教学经验，有助于不断改进教师案例教学的质量和效果。教师若能长期坚持不懈，养成课后及时反思的良好习惯，必将有助于案例教师或教师教育者的专业发展与成长。

教师做出自我评价时要考虑的相关因素可能很多，但无论如何都不能把失败的教学归咎于案例的质量或学生的某些过失，更不能怨天尤人，而应从自身的角度出发分析原因，找出问题的症结所在。教师可着手从以下问题进行思考，为自己进行自我评价提供线索：

（1）我在课堂上的讲话占了多长时间？有无必要讲这么长的时间？我的发言究竟以多长时间为宜？是否可以干脆在某一时段保持沉默？

（2）我引入了多少话题供学生讨论？我是将他们带入了正题的轨道还是领他们误入了歧途？

（3）我在课堂上的情绪表现是否恰当？我今天有无流露出影响学生的某种消极的情绪？如果以后上课时心情不好，应如何调整和控制情绪？

（4）包括内容、学生、教学组织与设计等在内，我的课前准备是否充分？

（5）如果采用百分制，这节课上，对我的教学行为，我应给自己打多少分？

（6）课堂上的案例讨论是否能达到交流辩论、集思广益、共同提高的目的？对这节课的教学效果，自己感到满意吗？学生们有没有真实的体验和收获？

（7）如果再给一次机会的话，自己会做得更好吗？准备从哪几个方面改进？

（8）在自己所有的同事中，哪些人可能会比我讲解得更精彩？为什么？

（9）对下一学年或下学期的案例教学是否充满信心？如果是，还有哪些方面有待进一步提高和改进？

（10）现在看来，我有无必要去观摩同行的教学？哪些同事的课堂教学是值得我观摩的？我应向他们学习什么？

（11）通过这节课或这学期的案例教学，我有哪些收获？

在进行自我评价的时候，教师能坦诚地面对自己，实事求是、冷静客观地分析自己教学中的得与失，在检查和反省各种因素以及这些因素交互作用的同时，着重对教学过程中的自己的教学行为做出诠释，才能得出真实的自我评价结论。

教师还可以针对表 3-3 中的十个项目内容进行回答，如果有 80% 以上的回答是肯定的，可大体说明其案例教学是非常成功的。

表 3-3　案例教学教师评价

序　号	项　目	是	否
1	教师在教学过程中注意激发学生的学习动机		
2	学生在学习过程中受到教师的充分关注与尊重		
3	教师上课准备充分		
4	案例真实，且对预定的课程设计和教学目标的达成至关重要		
5	教学氛围轻松自由		
6	教师的种种努力使课堂趣味盎然		
7	学生积极参与，认真思考		
8	教师的观点鲜明，对学生具有启发意义和参考价值		
9	教师态度从容，不盛气凌人		
10	学生对案例中的问题有自己独到的认识和判断		

作为新手教师，实施历史案例教学对他们来说可能是一个严峻的挑战，历史案例教学也对新手教师提出了一些基本的要求。运用历史案例进行教学，比较容易开展热烈而有趣的课堂讨论。这样的问题讨论能否产生真正的学习？或者说，这样的课堂讨论是否充其量只能算是漫无目的的课堂交谈？为了富有成效地开展历史案例教学，新手教师自己必须清楚：该案例能够教给学生什么？教师想让案例讨论达到什么样的目的？

索尔蒂斯对那些未曾用过案例进行教学的教师总结提出了以下五点建议，对案例教学的新手开展自我评价具有一定的参考意义：

（1）创设一个良好的课堂讨论氛围，在这个氛围里大家能坦诚地表达自己的观点并能对别人的观点提出挑战。

（2）要求学生阅读案例，并在课堂讨论之前考虑他们的反应。

（3）从多角度出发，使用相同的案例，帮助学生理解真实生活情境中的多向度性，帮助学生理解涉及多人利益、提出不同的疑问时的各种问题。

（4）结合关键问题，引入相关的理论知识，形成问题解决方案。

（5）在教师不说话的时候，学生能学到有价值的东西。

新手教师可以结合上述五点建议，对自己的教学进行主动反思和自我评价，以便有针对性地对教学中的缺陷和不足进行改正。

3.教育管理者对历史教师的评价

为了保证历史案例教学的质量与效果，教育管理者或教育行政部门也会对历史教师进行定期或不定期的评价。其中，除了听取学校的汇报、了解同行教师的评价意见、听取学生对教师的评价意见外，比较真实可靠的第一手评价资料需要教育管理者从案例教学的课堂一线获得，为此，教育管理者要深入实际的案例课堂，感受案例教学的真实氛围。教育管理者在对教师进行评价前，首先要对评价对象——参与评价的案例教师的大致情况进行一番了解，然后与案例教师举行至少一两次面谈，了解他们对上级教育主管部门和学校的要求和意见，了解教师对教育教学的态度和真实想法，聆听他们的心声。同时，在正式进入教室听课之前，还要征得教师对课堂听课的同意。教育管理者与案例教师建立和谐的人际关系有利于评价工作的顺利开展。

（四）对案例教学中学生的评价

学生是历史案例教学的主体，历史案例教学的成败与否最终取决于学生的收获。如何对学生进行恰如其分的评价，使他们在案例学习中发现问题并找出差距，将有助于提高他们的学习效果，为他们在教育实践中更好、更快地适应教育工作打下坚实的基础。

1.案例教师对学生的评价

学生的行为贯穿案例教学的始终，主要表现为讨论参与和书面作业。案例教师对学生无论如何评价，首先面临的一个迫切问题就是应确定评价的各项分值权重。比如，学生的讨论参与和书面作业各占多大比例？在学生具体的参与中，案例讨论和案例分析又各占多少权重？权重分配在不同的教师那里具有较大的差异，因此在对学生的行为进行评价与反馈时，教师应明白学生讨论参与和书面作业各占的权重，不同的教师可能对两者权重的分配不同。这两者的权重比一般来说是参与占 40% ～ 60% 不等，学生作业也在 40% ～ 60%。但也有些教师强调书面作业参与占 20%，书面作业占 80%；有些人则更看重学生的参与情况；还有的教师是根据教学的进程动态调整分值权重的比例。这很大程度上是依教师的个人偏爱而定。教师对学生行为的评价主要工作之一就是评价教学中学生讨论的质量、教学进展情况、学生在讨论中的参与情况等。参与情况的评价与反馈应以正面激励为主，对讨论中积极发言的同学应给予肯定；对有独到见解的同学应给予表扬，同时也要指出他们的不足；对平时发言不够积极的同学在此次讨论中暴露出来的一些典型思路应给予正确的评价，使学生从中受到启发，提高他们的思维能力。

（1）对课堂参与的评价。课堂参与在很大程度上反映了学习者的学习动机。从学习论和学习者的角度来说，案例教学可视为一种积极主动的学习方式，它是建构性的。学生必须学会与文本互动，在合作和交流中实现生生互动、师生互动，互相检验彼此的理解和观点。实施案例教学，如果没有学生的参与、讨论和互动是不可想象的。在案例教学中，如果学生缺席较多或成为教学的旁观者，他们就不能真正把握和领会案例教学的要义。因此，评价者要注重对学生课堂参与的评价。案例教学对学生的个人参与行为提出了一些要求：除了参与的量（以时间来衡量）以外，还要注意学生参与的质量和实效。

评价学生的课堂表现对教师构成了非常大的挑战。评价的基础是准确记录。在案例教学的课堂上，教师始终活跃在学生中间，不可能在学生发言后马上记录对其的评价，这不但会打断讨论的节奏，也会给学生造成不必要的压力，不利于学生将注意力集中在讨论的问题上。有案例教学经验的教师通常采用的做法是：教师在下课后立即回忆整个讨论过程，结合学生信息，对学生的发言次数和发言质量进行记录。只有做好了这个基础工作，才能让平时成绩的评分有坚实的证据基础。

一般说来，教师可以根据表 3–4 列出的 14 个项目评价学生的教学参与是否有意义。

表 3–4　学生对案例教学参与调查

序　号	项　目	是	否
1	案例分析较为全面、深刻，对理解问题是有帮助的、有意义的		
2	指出了案例中需进一步明确的某些方面		
3	能有意识地把学到的有关教育理论知识与案例整合起来		
4	教育理论与案例的整合符合认知的逻辑结构，得出的结论较为合理		
5	能对别人的观点（包括教师的观点）提出挑战		
6	对案例蕴涵的情境具有独特的认识		
7	提出的问题解决方案具有创新性		
8	确定了案例中的关键性假设		
9	提出了行动或实施计划的建设性意义		
10	能用图表等直观形式反映出案例中所涉及的数据或内容		
11	陈述过程中条理清晰，观点持之有据		

续表

序号	项目	是	否
12	对他人观点表现出较为得体的尊重		
13	运用定性分析，坦率地表露自己的倾向、立场和价值观		
14	做出有意义的总结		

至于课堂参与评价的具体形式，可以由教师自己独自决定，如可以将上述14个方面制作成一个量表，分别赋予不同的权重。在此之前，教师要向学生提出明确的课堂参与要求和评价手段，当然也可由教师和学生一起商定评价方案，使学生知道教师对课堂参与是高度重视的。一种简便的做法是：教师可以每节课设计一张较大的座位表，并在每个座位的名字旁边留有空白。教师在这些空白处记下简短的记录，内容主要包括学生的出勤或缺席情况、对案例的准备情况、课堂发言情况（主动的还是被动的、经常的还是偶尔的、意见是深刻的还是肤浅的）等。到整个学期结束时，结合学生课堂参与的综合表现给出总体的评价。

（2）对案例分析的评价。历史课堂教学环境中的案例分析可看作是合作学习的一种形式。为了取得历史案例教学的最大收益，学生必须成为主动的课堂参与者，开诚布公地表达自己的观点，不惧怕在决策时承担风险。历史案例教学为学生提供了相互学习的机会，因此，学生还要学会相互尊重，学会宽容，在班级中形成尊重同学、尊重观点的良好课堂氛围。

对学生案例分析进行评价，可以采取三种方法：一是平时性的评价，即教师平日在课堂上根据学生案例分析的表现做出评分记录；二是阶段性的评价，即教师结合学生案例分析报告内容的质量和学生反思水平的提高与否，对学生的进步、表现情况做出评判；三是终结性的评价，即在正式的期中与期末的测试中，教师依据学生对案例分析的卷面答题情况做出评价。实际的案例教学评价中，教师也可以根据三者所赋予的分值权重进行量化评价，把三种评价方法有机结合起来使用。

对学生的案例分析能力进行评价时，最多的还是结合案例测验、测试进行的。用案例对学生案例学习的情况进行测试，首先要选择一个适当的能测试出学生实际学习状况的案例，用以考核学生分析能力的案例是否适当，这取决于教师所要求学生掌握的概念、技能等。一般情况下，只用一个案例就检测出教师要求学生掌握的知识、技能，并不是一件容易的事情。因此，在测试时，教师往往应找出或编写出几个案例来对学生的行为进行检测。

在选出供测试的案例之后，教师要做的第二件事，就是确定案例测试的等级标准。虽然由于案例不同，难于为学生确定明确的等级要求，但一般说来，下列标准是需要注意并加以运用的❶：

第一，至少要辨别和分析出案例中的 80% 以上的主要问题。

第二，应鉴别出案例情境所隐含的主要假设。不同的学生以同样的材料为基础，可能会认识到不同的假设。

第三，必须要表明分析的方法是正确的。

第四，接受或反对某种备择方案的理由，应与案例的假设一致、与案例材料所给出的解释相一致。

在面临一个需要做出决策的教育情境的时候，个人往往会从以下若干行为中选择其一：忽略教育情境（无法做出决定）；本能地采取行动；让别人做出决定；对别人在相同或相似的教育情境之下做出的决定进行复制；运用专业知识做出决定。

在孤立的情境下，前四种行为中的任何一种可能都是有效的。与其他教师的不同之处在于：专家型教师是自觉运用专业知识解决问题。在面临教育问题时，专家型教师习惯于收集相关的信息，并将该信息与自己的专业知识整合起来，然后作种种可选择的决定（还充分考虑到偶然性），最后，根据当时的主要情况，做出最慎重的选择。尽管他们的决策不一定都是让人感到耳目一新的，但是具有预见性的，是充分考虑了行动的后果，因此一定是考虑较为周全的。据此，教师可以根据案例分析的程序与框架对学生案例分析做出评价。

2. 学生自我评价

自我评价是学生基于原有的自我认识，依据自身认可的评价指标和准则，对自身整体或某方面素质的发展做出的认识和判断。这里，学生对自身原有发展水平的认识是评价的基础、对照的起点，它的来源一般是上一次评价的结果；评价的指标和准则既可以由师生商讨制定，也可以由教师提出，但关键是必须为学生认可和接受。需要注意的是，这里的自我评价不仅指个性心理学中强调的“主我”对“客我”情意方面的认识和评价，还包括对客我理性认知方面的评价，是对自身全面发展、整体的评价。当然，这并不排斥教育过程中对某一单项素质的评价。

学生自我评价本身完全有可能提高学生对案例教学的重视程度。因为学生在自我评价时，总是会扪心自问，以某一标准为依据，对自己的发展进行纵向比较，也可能与周围的同学进行一番横向比较评价，反思和发现自己在学习态

❶ 郑金洲．案例教学指南 [M]. 上海：华东师范大学出版社，2000.

度和实际学习成效方面的差距，认清自己的不足，调整下一步的学习计划，从而争取在以后的学习中加以弥补和改进。

在学生进行自我评价前，历史教师可以对学生的自我评价提出指导意见，如要求他们客观、全面地进行自我评价，不必妄自菲薄，也不能夜郎自大。教师要提醒学生，除了进行纵向的比较以外，还不能忘记进行横向的比较，使每一个学生在看到差距的同时，都能在自我评价中切身感受到自身的进步，鼓起前进的信心和勇气。

学生自我评价并非没有标准的自我臆测。为了保证其相对准确以及实现评价对历史教学的导向作用，上文谈及的教师的评价是必需的。教师评价可以使学生客观清醒地认识自我，修正自我评价的主观性；自我评价则可以使教师评价变得更为丰满、真实，使教师更为完整、全面、具体地了解学生的进步状况。二者相互为用、相互补充、相得益彰。但教师评价只有为学生所接受并最终转化为学生的自我评价，才能真正成为促进学生发展的有效因素。

所谓教师评价与学生自我评价相互补充，并非指二者在评价中的使用次数或频率孰多孰少，而是要求从根本上转变陈旧的教育评价观，将教师的评价和教师对学生的要求与学生的自我评价及自我成长需要融为一体，使评价变为学生自己分内的事情，最终促进学生的成长与发展。

目前，国内对历史案例教学本身研究也并不充分，何况是对案例教学评价的研究。以上浅见只能算是抛砖引玉，关于历史案例教学评价还有许多问题没有真正得以解决。譬如，案例教学评价中的问卷调查项目或问题究竟应赋予多少分值才算科学合理？历史案例教学中学生的学习态度和动机对案例教学的成效具有直接的影响，如何通过问卷对学生的态度和动机得到真实的反映？但如果不通过问卷的形式，又能有什么更好的途径可以获得？另外，对历史案例教学本身的评价也存在一些问题是需要进一步澄清的。以上诸多问题都还有待进一步探索。

第四章　案例教学法在历史教学中的案例设计实例

第一节　案例设计之一《统一中国的第一个皇帝秦始皇》

《统一中国的第一个皇帝秦始皇》为高中历史选修（4）第一单元《古代中国的政治家》中的第1课。全课由“统一六国”“建立集权统一国家”“秦始皇的暴政”三个部分组成。教学课时安排为2课时，秦灭六国及其巩固统一的措施是本课的教学难点，专制主义中央集权制度的建立及其作用，以及客观全面地评价秦始皇一生功过是非是本课的教学重点。传统教学方法会根据教材内容设计出供教师使用的教学设计，然后由教师在多媒体的辅助下在课堂上开展教学；而采用案例教学则可以突出学生的主体性，使历史课变得更加生动。

在进行案例教学法之前，有必要重温一下传统的讲授式教学方法。通过两种教学方法的对比，可以发现案例教学法的特点，从而深入了解这种开放式教学模式的运行机制。

一、《统一中国的第一个皇帝秦始皇》的传统授课模式

（一）教学设计

教学目标：知识与能力：简述秦始皇兼并六国完成统一的主要史实；简述秦始皇建立专制主义中央集权制度的过程；辩证评析秦始皇的历史功过。过程和方法：使学生尝试从多角度分析秦始皇能够统一中国的原因；学会辩证地看待历史人物。情感态度价值观：感受秦始皇在统一国家的过程中所显示出的雄才伟略，体会中华民族的政治智慧。

教学重点：秦灭六国的原因和巩固统一国家所采取的措施。

教学难点：秦始皇建立专制主义中央集权制度的过程及该制度的历史作用，如何客观全面地对秦始皇一生进行评价。

教学过程如下。

1. 统一六国

（1）统一的背景（公元前770年—公元前221年）：

诸侯林立，七雄争霸，统一是大势所趋；战争频繁，百姓渴望，统一是民心所向；经济发展，各地区间交流加强，统一有社会基础；经过商鞅变法后，秦国实力强大；秦王嬴政个人雄才伟略。

（2）统一的战略方针：

远交近攻，各个击破。

（3）统一的经过：

先后兼并韩、赵、魏、楚、燕、齐六国。

（4）统一的影响：

结束分裂割据局面，国家走向统一，有利于百姓生活的安定，有利于民族交流融合，有利于社会经济的恢复与发展，具有划时代的历史意义。

2. 建立集权统一国家

政治上，秦建立专制主义中央集权制度。秦的专制主义是一种决策方式，主要体现在皇位终身制和世袭制上，特征是皇帝个人独裁专断，集国家最高权力于一身，从决策到行使军政财权都具有独断性和随意性；中央集权的特点是地方政府在政治、经济、军事等方面没有独立性，必须充分执行中央的政令，一切服从于中央。军事上，秦统一六国、开疆拓土，奠定了中国统一多民族中央集权国家的基本疆域，促进民族融合和统一多民族国家的发展。文化上，统一文字，有利于国家的统一和国内经济文化的交流；焚书坑儒；维护专制统治。经济上，统一货币；圆形方孔钱；统一度量衡，促进经济发展和商品贸易。法律上，颁布秦律，内容详细、刑罚严酷、体现地主阶级意志、对后世法律制定有深远影响。交通上，修筑驰道、直道、渠道，便于政令下达，也便于各地交流。

3. 秦始皇的暴政

（1）具体表现：

焚书坑儒，限制思想，摧残文化，维护专制统治；修筑长城，百姓徭役增加，导致民怨沸腾；大兴土木，修建阿房宫、骊山，挥霍无度。

（2）造成的影响：

激化阶级矛盾，加速秦的灭亡。

4. 对秦始皇的评价

（1）统一中国，结束诸侯割据的政治局面，开创了历史发展新纪元。

（2）封建统治功过参半：一方面，建立专制主义中央集权制度，促进统一多民族国家的形成；另一方面，实行暴政，秦短命而亡。

（3）秦始皇嬴政是封建社会初期地主阶级中的杰出政治家。

（二）教学反思

从以上所展示的教学设计中，我们可以看出教师对本课的教学目标把握明确，重难点掌握清晰明了，同时在教学过程中对教材内容做了极其细致的归纳整理，但是统观本篇教学设计却丝毫看不到学生的反应。如果按照这样的教学设计进行操作，那课堂就完全是教师一个人在发挥，学生的积极性和主观能动性被完全泯灭，其思维得不到任何训练，课上只是盲目听讲、记笔记；课后学生反复背诵记忆老师所讲内容和所归纳的笔记，然后进行大量的习题训练为考试做准备。这样的教学完全从高考出发，只着眼于学生短时间内成绩的提高却忽略了学生的长远发展。虽然本次新课改的出发点之一就是要改变目前历史教学中存在的这种灌输式教学方式，但不可否认的是，在我国的大多数学校里，这种教学方法依然被广泛使用。

（三）改进策略

与以上情况相反，某些教师在新课改后开始按照新课改的要求在教学方法上做出了一些全新的尝试，即通过补充材料，引导学生自己对教学内容进行探究式学习。这在教学设计中主要表现在对于课本知识的介绍，教师不再完全依赖课本内容，而是通过教师理解对课本内容进行理解消化，然后在归纳总结的基础上转述给学生，是针对课本内的某一问题，适当引用相关文献资料和图片、视频资料，并将这些资料呈献给学生。由学生通过阅读相关材料来回答教师精心设计的具有针对性的问题，使学生在思考问题、解决问题、最终形成答案的过程中，自己领悟课文的相关重难点。比如，同样是根据教材第一子目介绍秦始皇统一六国的背景，传统的教学方法是由教师总结好后显示在大屏幕上，由教师逐条进行讲解，而探究式教学则采用如下方式：

探究：秦统一六国

阅读下列材料，分析秦统一六国的历史条件。

材料一：春秋初期，郑庄公一度独揽大权。周郑双方反目，繻葛之战爆发。郑军打败周军，周桓王中箭负伤，史称“射中王肩”。从此，“王室之尊，与诸侯无异”。春秋战国时期，诸侯争霸、战争频繁，不少诸侯国内的卿大夫逐渐取代国君掌握了国政。“三家分晋”和“田氏代齐”就是其中的例子，形成了战国七雄争霸的格局。

材料二：西周时，耒、耜是主要农具，“一人跖（踏）耒而耕，不过十亩”。战国时，李悝说“今一夫挟五口，治田百亩，岁收亩一石半，为粟百五十石。”

材料三：今以众地者，公作（为公田劳作）则迟，有所匿其力也；分地则速，无所匿其力也。

材料四：（战争）春则废民耕稼树艺，秋则废民获敛……百姓饥寒冻馁而死者，不可胜数。——《墨子》

材料五：“争地以战，杀人盈野；争城以战，杀人盈城”——《孟子见梁襄王》

材料六：商鞅相孝公，为秦开帝业。——《论衡·书解》

材料七：当是时，商君佐之，内立法度，务耕织，修守战之具，外连衡而斗诸侯。于是秦人拱手而取西河之外。——贾谊《过秦论》

材料八：韩非者，韩之诸公子也。喜刑名法术之学……人或传其书至秦。秦王见孤愤、五蠹之书，曰：“嗟乎，寡人得见此人与之游，死不恨矣！”——《史记·老子韩非列传》

通过对以上材料的分析，我们可以看出秦朝统一的历史背景：材料一、四、五显示，春秋以后政治上，周天子势力衰微，诸侯战乱不休，百姓生活困苦；材料二、三则显示，经济上，井田制瓦解，私田兴起；材料六、七显示，秦国内部，通过商鞅变法，国力增强；材料八显示，秦始皇个人能不拘一格地任用人才。

作为新课改后被广泛使用的一种教学方法，这种探究式教学具有明显的优越性：它的呈现形式非常接近高考的材料题，教师在进行新课教学的过程中就能引导学生通过自主阅读来归纳答案，形成条理清晰、逻辑明了的知识体系，有助于学生尽可能地熟悉和适应高考题的大题出题模式和答题技巧，可谓一举双得。但这种教学方法同样也不可避免地存在以下诸多问题：

首先，这种教学方法要求教师具有非常广泛的书籍阅读量，这样教师才能根据教材内容于浩瀚的史籍记载中选取最贴切的教学材料，所以这种教学方法对于教师的要求是非常高的。由于教师个人素质的局限性以及其他种种情况，我们常常会发现针对于某一课的教学，几乎所有教学设计者用来用去就那么几则材料，长此以往，当材料失去新鲜感时，探究式教学也就失去了其探究基础。

其次，由于历史学科的时间性，特别是在涉及中国古代史的部分，教师在使用材料的过程中往往忽略了学生的阅读和理解能力，常常出现的情况是，教师满怀热情地期待学生能根据所列举的材料归纳出教师认为显而易见的知识点，但学生却一头雾水不知所措，究其原因是学生尤其是高一年级学生的古文阅读能力普遍不高，很多材料学生并没有读懂，而在课堂教学过程中就只能随声附和教师。这样教师原本预期的教学效果就会大打折扣甚至根本无法实现。

最后，教师在采用这种探究式的教学方法进行教学时常常使用“探究一”“探究二”等标题，而每个探究问题之间则缺少联系性，即使有些教师会在各探究问题结束后进行总结穿线，但是对于那些没有很好基础知识的同学而言，想要真正“探究”明白并形成相应的知识体系，还是比较困难的。

考虑到历史选修部分教材内容及设计上的特殊性，探究式教学方法虽然能调动学生学习积极性、锻炼学生思维的发展，但是该教学方法也不是最理想的教学方法。

二、《统一中国的第一个皇帝秦始皇》的案例教学法模式

（一）教学设计

学习目标：以选修 4 第 1 课《统一中国的第一个皇帝秦始皇》为线索及框架，回顾必修 1 第 2 课《秦朝中央集权制度的形成》、必修 2 第 3 课《古代商业的发展》、必修 3 第 1 课《“百家争鸣”和儒家思想的形成》所学知识，对秦始皇本人及秦朝的政治、经济、思想文化形成比较立体全面的认识。

辅助文献：

（1）司马迁，《史记》，中华书局点校本 2010 年版。

（2）班固，《汉书》，中华书局点校本 2009 年版。

（3）林剑鸣、赵宏，《秦汉简史》，福建人民出版社 1995 年版。

（4）《中外历史问题八人谈》，中共中央党校出版社 1998 年版。

（5）白钢，《中国古代政治制度史》，天津人民出版社 2001 年版。

（6）郭志坤，《秦始皇大传》，上海三联书店 1989 年版。

史实简介如下。

秦始皇（图 4-1），姓嬴名政。生于公元前 259 年，卒于公元前 210 年，秦庄襄王之子，13 岁即王位，39 岁称始皇帝，在位 37 年，灭六国统一天下。

平王东迁后，周天子势力大不如前。政治上，繻葛之战使周天子的威严一落千丈，之后周王室衰微，仅仅能控制都城附近的地区（京畿）。宗法制、分封制遭到破坏，各路诸侯不再听命于周天子。诸侯国实力大增，竞相争霸。经济上，随着生产力的发展，铁犁牛耕技术出现并得以推广，私有土地出现，社会关系发生激烈变化，新旧阶级之间，各阶级、阶层内部之间开始了复杂而又激烈的斗争。各诸侯国为了在战争中赢得优势，纷纷开始变法。思想文化方面，社会上早已产生了各种思想流派，这些学派代表各阶级、各阶层，各派政治力量建言立说。他们试图按照本阶级或本集团的利益和要求对世界变迁和社会发展做出解释，并提出相应的政治主张。如法、道、儒、墨等学派，他们著书讲

学，互相论战，出现了学术上的繁荣景象，后世称为“百家争鸣”。而在这诸多学派里，以李斯、韩非子为代表的法家学派强调“君权”“法治”“严刑峻罚”，这一主张后来得到了嬴政的重视，并且成为秦国日后的主要治国思想。

图 4-1　秦始皇

贾谊在他的《过秦论》中说嬴政“奋六世之余烈，振长策而御宇内，吞二周而王诸侯”，最终一统天下。虽然这只是文学家对于嬴政统一天下的文学化描述，但事实上却透露出一个信息，那就是秦最终能完成统一并非单纯依靠秦始皇一人的努力，而是在历代先祖的奋斗基础上得来的。而在秦国崛起的过程中我们不能忽略的一个人就是商鞅。春秋时期诸子百家兴起，商鞅属于百家中的法家。早在秦孝公时期就任用商鞅改革变法，到嬴政时秦国已经是一个非常强大的诸侯国了。特别值得一提的是，商鞅在变法的过程中率先废除井田制，并且以法律的形式确立了封建土地私有制；另一方面，为了禁止农民弃农从商，商鞅在变法时首次提出“重农抑商”政策。

嬴政继位后采取远交近攻、各个击破的战略方针，先后灭掉了韩、赵、魏、楚、燕、齐六国。而嬴政“每破诸侯，写放其宫室，作之咸阳北阪上”，一时之间声势浩大，但建造宫殿需要征调大量百姓充当劳力，可谓是一项劳民伤财的工程。

灭掉六国后，嬴政觉得自己“功过三皇，德兼五帝”，诏令群臣给自己想一个更加有气派的名号，最后在综合大臣意见的基础上，嬴政给自己取了个“皇帝”的名号，并自称“始皇帝”，后代子孙为秦二世、秦三世以至万世。与此同时，嬴政采纳李斯的建议废除分封制，在地方实行郡县制。为了巩固统治，在官僚体系方面，秦始皇创立起一整套从中央到地方的官僚管理体制。由于统一前六国各自拥有本国的货币及文字，因此秦始皇下令统一全国文字，一律使用小篆，同时颁布秦律。后人评价秦始皇这些功绩，认为“明法度，定律令，皆以始皇起”。但是，秦始皇采用严刑峻法统治百姓，过于严苛的律法也造成了“赭衣塞路、囹圄成市”的现象。同时为了维护专制统治压制和愚弄百姓，公元前213年，丞相李斯建议秦始皇“非秦纪皆烧之。非博士官所职，天下敢有藏《诗》《书》、百家语者，悉烧之。有敢偶语《诗》《书》者弃市。以古非今者族……令下三十日不烧，黥为城旦。所不去者医药卜筮种树之书。若欲有学法令，以吏为师”，而后秦始皇采纳李斯的建议下令烧毁诗书，这也就是我们今天所说的“焚书”事件（图4-2）。与之相应的“坑儒”事件则发生在“焚书”后的第二年。

图4-2　焚书

同时，秦始皇信任方士，积极寻找长生不老的方法。秦始皇非常迷信，为了能长生不老花费了大量人力物力财力，曾派遣徐福率五百童男童女出海寻找仙人。多次被方士哄骗的秦始皇仍旧不死心，在死前还在不遗余力地寻找所谓的不死药。

其实，秦始皇想要达到的目的不过两个：一是巩固统治，二是长生不老，但是后来的历史告诉我们秦始皇的这两个目标都没有实现。公元前210年，秦始皇在东巡途中病死于沙丘，宦官赵高、丞相李斯矫诏害死长子扶苏、将军蒙恬，拥立胡亥为帝。此后，秦帝昏庸，内部争权，李斯死于赵高之手，赵高权倾朝野。随着暴政加剧，民不聊生，百姓揭竿而起。同时，秦朝内部矛盾重重，秦二世胡亥、赵高先后被杀。秦王子婴投降后，仍被项羽所杀。秦始皇一手建立的大秦帝国仅仅存在了15年，就于公元前207年在浩浩荡荡的农民起义中灰飞烟灭（图4-3）。

图4-3 陈胜吴广起义

秦朝的强势崛起和突然崩溃给后人留下了无尽的思考，通过必修课程的学习，大家对秦朝以及秦始皇本人不再陌生，然后根据所学和小组共同完成以下问题吧。

问题探究：

（1）秦始皇能统一六国的主观和客观原因有哪些？

（2）秦朝统一对我国古代经济的发展产生了那些影响？

（3）商鞅变法使秦走上强国之路，请探讨商鞅变法能够成功的原因？

（4）简要说明秦朝专制主义中央集权的具体内容。

（5）强大的秦帝国短命而亡，除了秦始皇的暴政外，你认为还有哪些原因？

（6）对于改革家商鞅和中国第一位皇帝秦始皇，你如何评价？

思路指引如下。

（1）在回答关于主观原因的问题时要从事件发起者、参与者或事件内在经济、政治、思想因素等方面考虑；至于客观原因则要考虑到自然、社会环境等外部因素。

（2）对于历史上“变法”成败原因的分析，需要注意四点：一是看改革或变法是否符合当时历史发展的潮流和趋势；二是看改革的政策与措施本身是否正确、彻底，是否行之有效，是否被贯彻；三看新旧势力的力量对比，即改革势力和守旧势力的对比；四看改革者本人的素质如何，以此为基础再进行分析、评价。

（3）分析社会经济发展的原因，一般可以从生产力因素入手，包括生产工具和生产技术的改进、水利的兴修、天文历法的进步、劳动力的投入等，另一方面需要注意生产关系因素，包括新的生产方式的确立、土地政策的调整、农民起义对地主阶级的打击；其次是上层建筑的因素，包括中央集权制度，重农抑商政策的保护与鼓励，宗教、文化制度对经济发展的反作用等；再次是看对外关系与民族关系是否有利于经济的发展；最后则看社会环境因素，即国家是否统一与安定等因素。

（4）对于历史人物的评价，首先，要全面把握该人物的历史活动。其次，要按一定的标准和原则把这些活动分为积极（或进步、功绩）和消极（或反动、过错）两方面，并且加以辨别，在分清功过的同时，判断功过比例。对于有些历史人物，其活动明显地呈现出阶段性特征，所以还要分阶段进行评价。最后，对于历史人物的评价标准和原则有：第一，生产力的标准，即是否促进了生产力的发展；第二，人民群众和英雄人物对历史发展的不同作用的唯物主义原则，不要夸大英雄人物的作用；第三，阶级的观点，即属于反动阶级还是人民大众；第四，时代的观点，即要把历史人物放到特定的历史条件下评价，符合时代发展要求的，则肯定，反之则否定，同时注意不要用现代人的标准评价古人；第五，不要以偏概全，看到人物身上缺点的同时也要看到优点；第六，客观公正，不要带感情色彩；第七，注意两点论和重点论的统一。

（二）案例设计

通过以上案例的演示可知，“案例”是案例教学法实施的基础和关键环节，但是目前高中历史教学领域里依然明显缺乏完备的案例，这就要求教师在教学中结合自己的教学目标、教学任务和教学特点来选取史料设计案例。那么普通教师在史料的选取和案例的设计过程中应该遵循哪些原则又注意哪些问题呢？笔者认为，历史教师在史料选取和案例设计中应当遵循的原则与注意的问题如下。

1. 史料选取应当遵循的原则

无论是应用哪种教学方法开展历史教学，史料无疑是历史教学的灵魂，没有史料的支持，所有教学都不过是对学界研究结果的宣传，对复杂理论的复述。这样的历史课堂是缺乏活力和生机的，这样的教师不但自身没有领会历史的真正内核之所在而且还大有扭曲历史学科特性之嫌。因此，要将案例教学法应用到高中历史教学，史料无疑是组成案例的最重要部分。而如何对浩如烟海的史料进行有效选取，不仅是对教师基本功的考验，也是对教师教育理念的考验。针对案例教学法的特点，笔者认为，教师在选取史料编制案例的过程中应遵循以下原则：

（1）史料选取应有目的性。在选择史料时教师务必要对自己的教学目标有一个清晰的认识，有了这样的认识，教师才能选出具有针对性、代表性的内容。以本案例为例，由于教学目标并不仅仅是单纯地使学生了解课文中所列的关于秦始皇“统一六国”“建立集权统一国家”及其“暴政”这些被截取的不完整片段，而是希望通过学生应用已有知识在案例内容的引导以及教师的启发下，对于秦始皇及其所处时代有一个更加全面和宏观的认识。基于此，笔者在选取史料时考虑到本课内容在必修1第1课《秦朝中央集权制度的形成》和必修2第4课《古代的经济政策》以及必修3第1课《“百家争鸣”和儒家思想的形成》中都有所涉及，因而在选择史料时以本课教学内容为立足点的同时，还搜集了更多相关史料来加深学生对于本课的理解。

（2）史料选取应有客观性。历史是一门求真的学问，它不同于文学可以为了达到特定的教学目的而虚构出一些时间和人物，历史学科要求它的讲授者和学习者都能有一颗追求真实的心，而非为了特定目的去伪造、篡改。在浩如烟海的史料中，我们肯定会发现许多记载并不一致甚至相反的史料，正确选择这些史料就需要教师充分应用自己过硬的专业基本功，但是在这个过程中最忌讳的就是教师以自己的教学目标为依据对史料进行选择。在选取史料时，有些教师为了使教学能更加轻松、简单、明了，往往会抛弃一些不能支持自己论调的史料，殊不知这种做法好比饮鸩止渴，不但不能有效启发学生思维，还会给自己日后的教学留下隐患。因此，教师在史料选择时不妨大胆选择与彼此观点或立场完全相反的史料，以此来激发学生兴趣，鼓励学生思考和探究真相。

（3）史料选取应有多样性。实际教学中，有的教师在选择史料时所选史料往往形式单一，内容晦涩难懂，不注意史料的趣味性和多样性。单一、晦涩的史料不但不能吸引学生学习的兴趣，反而会增加学生学习的难度，使学生容易产生畏难情绪而对历史失去兴趣。另一方面，单一、晦涩的史料缺乏引导学生发散思考的空间，使学生在阅读史料的过程中，不能很好地应用自己已有知识展开思考和评价。

（4）史料选取应有启发性。古语有云“授之以鱼不如授之以渔”，专业素养再好的教师如果只在每天四十五分钟的课堂上教给学生具体的知识，那么不管学生学习多努力多刻苦，他所获得的总是有限的知识，离开教师他依然不能自主学习。因此，真正的教师应是能在传授具体知识的同时给予学生学习方法指导的人。案例教学法就是这样一种通过教师辅助由学生自主完成新知学习的教学方法。而高中历史教学中使用此法教学，教师就不得不在史料选择过程中格外注意史料本身以及史料组合到一起之后是否具有足够的启发性。在阅读的过程中，学生通过仔细体味然后由教师给予相应指导，再自己理清知识内涵与知识脉络。这样案例教学法的功效才算发挥出来，教师的教学才算真正成功。

2. 案例设计需要注意的问题

无论我们对于高中历史教学改革怀有多么美好的憧憬和企望，不可改变的事实是高考依然摆在每一个普通高中历史教师面前，所以一切抛开高考谈教学的论调都是虚无的。笔者认为，相较于其他教学方法，案例教学法的一个突出优点就是它可以兼顾高考和学生的长远发展。当然，要达到这样的目标就需要教师在案例设计中注意以下问题：

（1）案例设计要多涵盖教材内容。高中历史教材是诸多专家学者在反复思考研究后才设计成书的。教材中每一单元的编排、每一课的设计、每课中每一小子目的组织都经过反复考量和斟酌，是针对高中学生认知能力和知识基础而设计出来的。所以使用案例教学法并不意味着完全放弃教材，由教师自编自创全新的“课文”，而是希望教师能在充分理解和把握教材的基础上对必修和选修教材进行合理的整合和编排，使选修课教学能更好地以必修知识为基础展开，同时也希望通过选修课的教学来促进学生对于必修部分所学内容的理解和应用。基于此，教师在案例设计过程中要紧紧把握教材，努力使自己的案例更多地涵盖教材内容，使教材内容成为案例的重要组成部分，从而使历史教材发挥其应有的作用。

（2）案例中要设置有争议性的问题。案例教学法的一大特点便是让学生在争论中形成自己对问题的理解和认识。而在高中历史课堂上应用案例教学法，就要求教师能根据教学重难点设置一些比较有争议的问题来激发学生思考和讨论的热情。要做到这一点，就需要教师在设计案例的过程中适时设置一些有争议的问题，当然考虑到高中历史教学的特点，笔者不建议在案例中过多地设置那些目前学术界还没有定论的问题，而是建议教师可以根据教学重难点尤其是教学难点设计一些争议性问题。比如，在设计必修 1 第 4 课《明清君主专制的加强》一课的案例时，教师完全可以以本课教学难点“宰相和内阁首辅的区别”为出发点，在案例中同时给出两段观点相反的史料，通过看似互相矛盾冲突的史料记载给学生设置疑问，由他们根据所学内容及教师的案例介绍来解决问题。

（3）案例设计中要注意历史与现实的联系。很多教师在设计案例的过程中认为高中历史不同于政治，不需要联系现实，因而在案例设计过程中常常就历史论“历史”，却忽略了历史与现实的联系，这也就意味着教师完全忽略了历史教育的一个最主要功用——鉴诫未来。唐太宗说过“以史为鉴可以知兴替”，今天之所以在中学开设历史学科，一方面是想学生了解中华民族所走过的光辉和屈辱旅程，另一方面则是希望学生通过学习能够以全球性的目光来审视人类社会的发展历程，使学生了解到只有把握住历史变迁中所暗含的机遇，国家才能富强，民族才能兴旺，否则只能成为历史长河中被欺凌和蹂躏的对象。只有这样，才能使学生从少年时代就树立比较开阔的国际视野，长大成为更加优秀的建设祖国的人才。

虽然新课改重点提出了“知识与能力”“过程与方法”“情感态度价值观”三维教学目标，但反思我们今日的中学历史教育，一切目的和出发点都只是为了高考，对于历史教学最重要的教学目标——情感态度价值观却置之不理或者只略作提示。这完全背离了新课改的方向，更背离了历史教学最初的主旨。因此，笔者认为在使用案例教学过程中教师应注意将历史事件与现实生活中的某些问题联系起来。

例如，在设计必修 2 第 2 课《古代手工业的进步》一课的案例时，教师应在指出古代中国手工业发达享誉海内外的同时，在案例中告诉学生们当今我国炼钢领域中还依然沿用由两汉时期“高炉炼铁”原理改良而成的技术炼钢，而目前世界上工业比较发达的国家通常都采用电炉炼钢技术。另一方面，在案例中教师也应告诉学生古代中国的瓷器是世界各国尤其是使欧洲各国趋之若骛的珍宝，是西方人炫耀身份地位的奢侈品。可是时至今日中国瓷器却成了国际市场上廉价瓷器的代名词。通过这些介绍使学生了解到，如果只沉迷于祖先所留传下来的生产技术，而不思创新进取，最终必然会被时代淘汰。

（三）案例分析和讨论

1. 教师课前分组发放案例

目前我国大多数高中都采用大班制教学，一个班多由五六十人组成，为了避免在案例教学过程中教师精力偏移到那些比较活跃的学生身上，而忽略或无法顾及比较内向的学生的现象发生，课前教师应针对学生自身的特点进行重新编组，每组都选出小组长，但不固定小组长人选，而是由组员轮流担任，然后以组为单位展开教学。在传统的案例教学法中，大多数情况下教师是在课堂上当堂给学生展示案例，并由学生当堂讨论解决问题。

考虑到高中历史教学课时有限且每堂课只有短短的 40 或 45 分钟，教师应提前把印好的案例发放到学生手里，使学生能够有充足的时间了解案例。同时，案例中还要附带问题以及对于学生的预习建议。需要注意的是，案例中的问题不宜过于简单，三言两语或通过“念课文内容”就可以解决的问题，再让大家共同讨论就没有什么必要，同时也要注意难度要大众化，过难容易冷场或导致只有少数人真正参与分析讨论，过易会使学生无需进行深层次思考。应使学生在阅读案例的基础上根据案例的指导去复习以前学过的相关知识，思考案例提出的问题，从而保证师生双方尤其是学生在课堂上有效且高效地使用案例。

当然，所谓提前并不是说只是在课前发放案例就可以了，而是要求教师根据本班学生特点，选择最佳的案例发放时间，一般认为提前一天发放案例是比较好的选择。这样既可避免由于时间间隔太久学生对于案例内容生疏，又可避免时间间隔太短学生不能充分复习旧有知识，从而不能很好地理解案例内容的情况出现。

2. 学生分组预习，组长督促检查

案例教学法是一种以学生为主体，教师从旁辅助的教学方法，因此该教学法能否达到预期的教学目标，教学效果是否理想在很大程度上取决于学生有没有积极主动地投入案例教学的各个环节中。而我们也知道，高中生还处于比较贪玩好动的阶段，大多数同学的学习主动性和积极性并不高，因此为了保证课堂上有效教学的展开，教师在课前进行分组且由各组小组长组织或监督各位同学完成案例规定的各项任务是很有必要的。

3. 课上学生分析和讨论案例

由于学生在课前已经对案例有了一定程度的了解，教师可以先给学生 3 ～ 4 分钟的时间回忆案例，然后以小组为单位展开讨论，时间大概为 5 ～ 7 分钟。在这个过程中，教师应要求每组的组员“自己学会如何分析和处理不同的情况，进行最佳的决策选择，而非知识点本身”，也就是要求学生对于案例提出的问题尽可能多地提出自己的看法。

使用案例教学法进行历史教学，学生学到的不仅是简单的历史知识本身，还有对历史现象的分析判断能力。讨论开始后其他人员暂时不要对别人的观点发表意见，教师应鼓励学生说出更多的想法，而且应从多个角度来对问题进行阐释。同时，教师也要鼓励学生在别人观点的基础上对自己的想法进行改进或再创造。在此过程中，教师需要特别注意各组组员的参与度，只有让所有人都参与进来并且能够畅所欲言，案例教学的教学目标才能达到，教学效果才能更好。

4. 教师适时总结

在课堂教学进行的过程中，各组成员要对案例上所列出的问题进行概括，形成一个比较成型的看法。在这一过程中，教师应扮演旁观者的角色，但是当学生对于某个问题的讨论达到一定高度或讨论开始偏离教师对于问题的预设时，教师应当及时出现并且对于学生的讨论和尚未成型的观点进行适当的补充或纠正。

在讨论进行到最后时，教师应请各组同学就本组的分析讨论情况进行总结性发言，然后在各组发言结束后做适时总结。教师的总结应集中在点评学生看法的不足之处和闪光点，之后提出更科学和合理的方法，同时也可对不同学生的方案进行分析对比，在鼓励思考、培养创新能力的基础上寻找最佳方案，使学生逐步在使用案例的过程中积累实践经验，同时注意引导学生围绕案例从各个不同侧面去思考问题，要将学生经过讨论所形成的粗浅见解上升到理论高度。当然，如果各组学生的总结已经非常成熟，教师则不必再重复总结。

5. 灵活使用习题考察学生学习效果

在每堂课的最后，教师应当留出 5 ～ 6 分钟的时间，提供相关试题，尤其是高考试题让学生来解答，使学生能在掌握知识的第一时间迅速将所学知识应用于实践，这样做的好处是：一方面可以使学生及时有效地应用所学知识，从而加深对所学知识的理解和记忆；另一方面，教师可以通过对学生做题情况的总结，第一时间了解教学过程中可能存在的问题和学生学习的薄弱环节，并且针对这些教学过程中可能的疏漏或是学生学习中存在的问题进行强化训练，务必使学生能真正理解、掌握、应用知识。在此环节中，教师在选用试题的过程中应尽量以高考题、大题为主，因为案例教学法所教给学生的主要还是如何阅读材料、分析材料以及针对材料问题做出判断和解答的能力，而非具体的细碎的知识点。

（四）案例评价

但凡涉及教学，就离不开一个评价问题。案例教学中教师又该如何评价学生呢？教师能否合理地运用评价机制一定程度上决定了案例教学法的教学效果能否在课堂上最大化实现。

结合案例教学法的特点，教师在对学生的学习表现进行评价时，应改变传统的以学生考试成绩为主或为唯一途径的评价的方式，改为从学习准备、学习过程和学习结果三个方面来进行评价。这就要求教师既要在课前及时检查学生对案例的阅读情况，了解学生的课前准备情况，根据学生课前对于案例的了解及理解程度做出初步的评价，又要在课堂教学过程中，即在学生对案例的分析、研讨过程中仔细观察每个小组成员的表现，根据每位成员的课堂表现给出平时成绩。以每一堂课的平时成绩相加，以月为单位，每月统计每个学生的平时成绩，及时表扬成绩高的学生；对于成绩低的学生，教师应想办法调动其学习积极性。同时也可以根据每个学生不同的学习水平设立帮扶小组，从而实现共同进步的目的。与此同时，教师在教学评价环节中应改变以往完全由教师一人说了算的局面，在每次案例教学结束后由各组组员评选出本组表现最佳的两名成员，由全班调动学生参与教学的积极性，即每次教学结束后由学生根据课堂表现评选出本场表现最佳的组，而教师则制订具体的奖励政策，对于该组组员实行加分政策。这样做一方面保证了教学评价的公平性，另一方面也能使学生参与其中，由学生自己公平选举，锻炼其合理行使自己权利的能力，也调动其学习积极性以及上进心，使教学效果达到最优化。

案例教学法是一种全新的教学方法，对于使用该教学法的教学评价，我们希望教师能够大胆采用灵活多样的形式，当然考虑到现实需要，案例教学效果的评价必须参考每次由学校组织的闭卷考试成绩，否则不管我们的评价方式多么新颖有效，多么吸引眼球，对于大多数学生、家长乃至教育界专家而言，这种评价都是不足以取信的。因此，学校组织的考试是案例教学评价环节中的重要组成部分，教师不可轻视。

应以教师评价，组间和组内评价加上最终学校的考试成绩作为对于学生学习效果以及教师教学效果的的最后评价。当然由于这种比较感性的评价方法掺杂了学生自己以及教师个人的主观评价，所以在实施的过程中可能会遭到学生及其家长的质疑，或者很多人只会在乎考试成绩而忽略其他评价部分，这就需要教师通过自身努力逐渐改变学生和家长受传统教学评价机制而形成的错误观念，使案例教学法独特的评价方式能真正被学生家长以及社会各界所认可。

通过以上案例的演示可知，“案例”是案例教学法实施的基础和关键环节，但是目前高中历史教学领域里依然明显缺乏完备的案例，这就要求教师在教学中结合自己的教学目标、教学任务和教学特点来选取史料设计案例。在设计案例时，要查阅大量历史资料，保证史实的真实性，同时尽量避免那些晦涩难懂、似是而非、前后矛盾的资料，尽量使学生比较容易地接受。所有与案例相关的教学活动都要围绕教学目标进行，突出反映教学的核心意图，通过对案例的分析、讨论，最终达到期望的教学效果，实现教学目标。

第二节　案例设计之二《罗斯福新政》

一、教师的准备

由于“罗斯福新政”在世界史上的独特地位以及所记载的书籍较多，因此决定用案例教学法来上这一课。看完教材后就研究了一下高中历史课标，在这一课需要学生掌握：罗斯福新政实施的背景；从罗斯福新政的内容来了解它的特点以及罗斯福新政在资本主义自我调节机制形成中的作用。在教材和课标相结合的情况下，教师进行了史料的筛选。

（一）史料的准备

案例教学法是紧紧围绕案例来展开，所以在选择史料时便需要阅读大量关于新政的书籍和期刊。在网上查了《罗斯福新政》的资料，真是浩如烟海，但是所介绍的基本上都是罗斯福新政表面的东西，几乎没有史料。在这种情况下，只能去图书馆查阅与新政有关的书籍。在图书馆，关于这方面的书籍也挺多，应选择比较权威的书籍。首先看的是吴于廑、齐世荣主编的《世界史·现代史编·上卷》，这本书籍主要是从积极角度概括性地描绘了罗斯福新政的来龙去脉，可使学生在最短的时间内了解新政的背景、措施及影响。

接下来选择生活在那个年代的作者写的书籍，一本书是威廉·爱·洛克腾堡写的《罗斯福与新政（1932—1940）》，作者从冷静、理智甚至批判的角度来分析新政，使用了大量的原始资料如手稿、报刊、日记和回忆录等来描绘新政；另一本书是富兰克林·D.罗斯福（图 4-4）自己写的《向前看·在路上》，主要汇集了罗斯福在 1933 年 3 月 1 日前所写的众多文章和讲话，书中描述了自己对于新政的规划和看法，表明自己对美国克服大萧条所带来的负面影响充满信心，且书中还有许多一手资料。

图 4-4　富兰克林·D. 罗斯福

看了前面的几本书，读者一定会觉得很疑惑：为什么民众对于新政的描述都是正面的，难道新政的施行就没有带来任何负面的影响吗？带着这个疑问去网上查阅，发现网上关于新政的资料几乎也是正面的，和教材的内容相差不大。如果可以找到关于新政负面记载的书籍，和教材形成鲜明的对比，然后在课堂上呈现给学生，就可用这两者所呈现的正反两面的阐述对学生产生更大的启发。

基于此，笔者便开始在网上、图书馆查阅资料和书籍，希望可以找到揭露新政不足的书籍。在一次偶然和教师的交谈中，一位历史教师谈到了“谢克特案”。了解了大概情况后豁然开朗，这不就是自己所需要的“反面”教材吗？之后便开始收集“谢克特案”的资料。阿米蒂·什莱斯所写的《新政 VS 大萧条：被遗忘的人和事》这本书则详细地描绘了“谢克特案”的来龙去脉，书中还有其他的案件，揭示的都是被人遗忘的匪夷所思的历史事实。笔者在了解了众多资料、书籍后，决定用“谢克特案”作为新政教学的案例。之后还查阅了一下刘绪贻、李存训写的《美国通史第 5 卷》，发现新政期间罗斯福和美国邦联最高法院之间是存在争斗的。

（二）案例问题的设置

罗斯福新政涉及经济学和政治学的相关原理，故此笔者询问政治教师是否教授关于经济学的内容，得到了肯定的回答，明确了学生具有相关的知识基础，那理解“谢克特案”就会更加简单。“谢克特案”围绕的是新政措施《工业复兴法》来讲的，所以问题的设置也会围绕新政措施来展开，以及结合案例主人翁谢克特兄弟后来的生活使学生谈一谈罗斯福新政的影响。但是对于具体问题的设置也是经过一番思考的，问题过于简单，学生会觉得太没有成就感，过于难又会挫败他们的积极性，两者都不利于下一次案例教学的进行。基于学情和所收集到的史料，在结合案例，设置了以下三个问题：

（1）《全国工业复兴法》被判违宪，最高法院为什么要站在新政的对立面？

（2）从“谢克特案”可以得出罗斯福新政怎样的特点？

（3）从“谢克特案”谈谈罗斯福新政有什么影响？

（三）布置任务

教师自己准备的同时，也提前通知学生《罗斯福新政》这一课将采取案例教学法，并且布置好学生需要做的准备：

（1）自己先在课前理解教材，并且查阅罗斯福的生平事迹、“犹太饮食律法”，再看看《档案》等影视纪录片或电影《铁拳男人》。

（2）依据情况把班级分为六组，每组七个人，课下学生自己选择小组长，并且分配好任务，如到时候谁代表小组发言，谁在讨论过程中记录笔记等。

（3）列出部分书目供学生课下阅读，其中有一本必须看的是美国学者阿米蒂·什莱斯写的《新政 VS 大萧条：被遗忘的人和事》第 170 ～ 196 页，其余的可以依情况而定，不过至少要阅读两本。

（四）列出书目

（1）（美）威廉·曼彻斯特. 光荣与梦想：1932—1972 美国叙事史 . 北京：中信出版社，2015.

（2）（美）威廉·爱·洛克腾堡. 罗斯福与新政，1932—1940. 北京：商务印书馆，1993.

（3）吴于廑，齐世荣. 世界史·现代史编（上卷）. 北京：高等教育出版社，2011.

（4）（美）阿米蒂·什莱斯. 新政 VS 大萧条：被遗忘的人和事. 北京：中信出版社，2010.

（5）（美）富兰克林·D. 罗斯福. 向前看·在路上. 武汉：华中科技大学出版社，2011.

（6）张建华. 世界现代史资料汇编（上辑）. 北京：北京师范大学出版社，2009.

二、学生的准备

（一）个人准备

因为是高中生，对于教师布置的课外预习作业都会比较自觉地完成。比如，小明回家后先去网上查阅罗斯福的生平简介，从罗斯福的生平事迹可感受到他是一个意志坚强的人，同时用小本子进行记录。在了解了罗斯福后，又在网上查询了一下“犹太饮食律法”，发现犹太人对于饮食的要求可以说是对宗教的信仰。然后再好好预习一遍教科书，自己概括出罗斯福新政的背景、措施和影响。周六晚上，小明观看了历史老师推荐的电影《铁拳男人》，发现这部电影虽然讲的是拳击手的励志故事，但处处显示出 20 世纪 30 年代的时代背景，其中包括新政的政策，如救急法。周日，小明看了一部分历史老师要求看的书，并且花时间去理清“谢克特案”的来龙去脉。如此，小明便完成了老师布置的课外作业，而且对于罗斯福新政也有了一定的了解。

（二）团体准备

教师依学生学习情况的差异，将不同学习能力的学生组合在一起，把班级分为六个小组，每个小组七个人。依据平时的交流，推荐出实行不同任务的成员，例如，小Q擅长总结东西，便让他记录小组成员在课堂讨论中的主要想法。这样在课前及课中的任务分配、学生个人及团体都可准备就绪。

三、案例教学法在《罗斯福新政》的实际操作

在《罗斯福新政》案例教学法的课堂实际操作这一环节，笔者以具体的案例教学法在《罗斯福新政》一课的教学再现来向读者展示案例教学法在高中历史教学中的具体操作过程，希望可以更好地讨论案例教学法在历史教学中的实际应用。上课前，历史教师先布置好学生的座位，在教室放六张中型的圆桌，同学以小组为单位坐在圆桌前，圆桌围绕投影仪形成不规则的圆形。同时教师播放《兄弟，能给我一角钱》的音乐，让学生从音乐中感受当时美国民众生活的艰辛并给学生发放上课需要用到的表格和史料。

四、呈现案例

鸡与鹰之争

谢克特兄弟是来自波兰的犹太人，在纽约布鲁克林区从事的工作是收购家禽对其进行宰杀再卖出的中间商。企业在运营期间严格遵守犹太饮食律法，雇佣的都是教士和“仪式屠夫”，屠宰程序按照犹太教教义和习俗。正因为如此，他们的生意才能在非犹太供应商便宜产品的激烈竞争下存活下来。

20世纪30年代，对于犹太人谢克特兄弟来说，是一段艰难的岁月。家畜行业自从1929年股市暴跌以来一路下滑；到1933年，在纽约地区这个行业几乎一半工作岗位蒸发。虽然他们的公司存活了下来，但是业绩并不理想。

1933年政府成立了国家全国工业复兴总署（NRA），美其名曰帮助人们就业，复兴工业，但其颁布的部分法律却违背了市场规律。其中，国家全国工业复兴总署的《纽约市都市区和周围地区生畜行业公平竞争法规》规定，为限制市场非常竞争，实行“价格管制”，规定客户可以选择买下一窝或半窝鸡，但是无权挑选鸡，这就是“直接屠杀”。总署的规定明显危害了谢克特兄弟的名义，因为在犹太人看来，挑选家禽就是保障卫生的前提。谢克特兄弟严格遵守法律，阻止客户挑选家禽，但这就破坏了和客户之间的关系，客户见其并没有遵守犹太饮食律法，便不去他们店里，导致谢克特企业的生意越来越差。但更为糟糕的是，他们还要时不时地接受政府调查，这使他们心中堆积起大量的不满。直到有一次，政府派来的调查员和店里客户争执并且辱骂客户“我就是法律，我有权想做什么就做什么，如果你不喜欢就滚蛋”，无法再忍的谢克特兄弟最终提出了抗议。随之而来的是1934年秋，他们被总署告上了法庭并且出具

多达60多项的罪名，在谢克恃兄弟看来最主要的罪名是他们出售了病鸡。政府并不了解在犹太人的观念里，说犹太人的鸡不卫生等于是宣布其不是好犹太人，涉及的是宗教和民族情感，这在谢克特兄弟看来是无法接受的。谢克特兄弟为了维护自身的尊严，决定战斗到底，以证明自己的清白。

谢克特兄弟请了同样是犹太人的约瑟夫·赫勒律师为自己辩护。在纽约东区的法庭上，律师努为为谢克特兄弟辩护，但还是败诉了。1934年11月，法官对谢克特兄弟的判决是罚款7 425美元和短期监禁，罪名由60多条减为10多条，其中包括违反跨州贸易等。《纽约时报》报道说，国家全国工业复兴总署赢了第一个重罪案。事情到了这一步，谢克特兄弟也不怕失去什么了，在法庭上第一次输掉官司的那天，他们决定，他们这些小鸡们将要反击蓝鹰，他们要战斗到底。那年冬天，巡回法庭拒绝了谢克特兄弟的上诉。但他们决定继续奋战，最终上诉到最高法院。谢克特兄弟的辩护律师将“直接屠杀”等法规数落了一番，在审判过程中，大法官出于对“直接屠杀”的好奇，导致询问的问题引起了法庭的哄堂大笑。1935年5月27日下午最高法院判决：被告出售的家禽活动不属于州际商务。虽然法院赞同特殊时刻可采取特殊措施，国会授权给政府可以制定法规，但是宪法所赋予政府的权力是有限的，不可以超越合理的范围。最终以九比零一致裁定，全国工业复兴总署通过不符宪法的立法手段，对谢克特公司及其他公司滥用了职权。表明《全国工业复兴法》违宪，谢克特兄弟无罪。

事后谢克特兄弟向媒体反复说到“九比零”，他们向媒体发表的一项申明提到：“我们一直都在指责，监管当局打算把我们变成“替罪羊”。”同一时间，报纸报道，约500起指控人们违犯了总署法规的诉讼案将被撤销[1]。

设计意图：让学生从“谢克特案”的视角下辩证地分析罗斯福新政。问题：

（1）《全国工业复兴法》被判违宪，最高法院为什么要站在新政的对立面？

（2）从“谢克特案”可以得出罗斯福新政怎样的特点？

（3）从“谢克特案”，谈谈罗斯福新政的影响。

师：课外你们都有看这个案例，对案例的背景和发展状况都已经有所了解。首先，把同学们所理解的“谢克特案”和教材中所描写的罗斯福新政进行对比，谈谈你们的认识。

生：两者所描写的角度不同。教材中的新政是积极正面的，而“谢克特案”是消极负面的。这让我很疑惑：罗斯福新政到底是好还是不好？

[1] 阿米蒂·什莱斯．新政VS大萧条：被遗忘的人和事[M]．北京：中信出版社，2010.

师：这个疑惑很好，说明你有在认真的观察谢克特兄弟们的经历。这也是我们这节课要解开的疑惑。今天，我们就以“谢克特案”来体会罗斯福新政（板书）。

设计意图：让学生在对比中形成疑惑，从而导入新课来解释疑惑。

“谢克特案”背景（板书）

师：“谢克特案”是发生在1934—1935年的普通老百姓的故事，那大的社会背景是什么呢？我们来看三则材料，同学们依材料及所学知识总结罗斯福新政的背景。

史料一：到1932年，失业人数上升到1 300万……盐湖城的赈济专员透露：有几十个人在慢慢地饿死，因为政府和私人救济都不够，几百名儿童不上学，因为没有衣服穿[1]。

史料二：一个人花1.1美元把羊送到市场，最终得到的回报还不到1美元。在蒙大拿州，一个农场主通过借贷买了子弹，花了两个小时宰杀了牲畜，却只把它们丢在峡谷里任其腐烂。喂养牲畜花费的钱是赚不回来的[2]。

史料三：面对严重的经济危机和群众的反抗斗争，当时的美国总统赫伯特·胡佛一筹莫展……在他执政期间，危机更趋严重，社会混乱，人心惶惶，很大一部分人对现有制度丧失了信心[3]。

生：材料一中失业现象严重，救济缺乏；材料二中商品价格低于生产成本；材料三中民众对赫伯特·胡佛政府失去信心，怀疑现行制度。

师：同学们回答得很到位。结合上节课知识，我们知道1929—1933年美国正经历着经济危机。在材料一，我们可看到当时失业人数多，在“谢克特案”里也有描述到失业的现象“家畜行业自从1929年股市暴跌以来一路下滑；到1933年，在纽约地区这个行业几乎一半工作岗位蒸发”，这就说明当时经济危机严重，至于有个专门形容它的名词——大萧条（板书）。大萧条发生的原因是多方面的，同学们来思考一个问题：经济危机产生的经济制度上的原因是什么？

生：（思考）自由放任的市场经济……

师：美国能在第二次工业革命中迅速发展起来有一部分原因就是因为自由放任的市场经济制度。在自由政策下，美国发展成为世界经济强国，但好景不长，随之而来的是弊端的出现，结果在1929—1933爆发了经济危机。

---

[1] 洛克滕堡．罗斯福与新政 1932—1940[M]．朱鸿恩，刘绪贻，译．北京：商务印书馆，1993：7-9.

[2] 威廉·曼彻斯特．光荣与梦想：1932—1972年美国叙事史[M]．北京：中信出版社，2015.

[3] 吴于廑，齐世荣．世界史：现代史编上[M]．北京：高等教育出版社，2011.

设计意图：以小人物的经历来展现时代大背景。设计问题，让学生深入探讨 20 世纪 30 年代经济危机出现的经济因素。

师：那面对这种情况，罗斯福全面加强对经济的干预，在金融、工农业和社会福利等各方面施行改革，历史称它为“罗斯福新政”。书中的新政措施你们在课下也已经预习了，先自己独立把老师刚刚发的表格（表 4–1）填写完整。

表 4–1　罗斯福新政的措施（板书）

项　目	主要内容
整顿财政金融体系	
调整农业	
复兴工业	
救济和公共工程	
劳工权益	
社会保障体系	

学生在填表格时，教师围绕教室行走，发现学生几乎都可以自己进行填写，甚至有一部分学生是用自己的话表达出来的。

设计意图：以表格的形式来检查学生预习情况的好坏。

师：刚刚看了一下你们填的表格，发现你们填的不错，在这里就不一一讲解。在“谢克特案”里也涉及了新政的一个措施——《全国工业复兴法》，那我们来了解复兴法的相关史料：

史料四：全国工业复兴法的主旨在于：……就是由国家对处于“自我毁灭化竞争”状态的企业界、极度贫困的劳工以及矛盾异常尖锐的劳资关系进行一定程度的干预。

《全国工业复兴法》分两部分：第一部分是成立国家复兴管理局，来监督各行业法规的制定……各行业法规都需要由总统批准……经总统批准的法规，具有法律效力；第二部分授权总统建立公共工程局，拨款……举办公共工程[1]。

师：经济危机波及范围之广、持续时间之长，市场是无法再自行调节了，这时人们就希望政府实行强有力的政策来调节经济发展方向。在这样的紧急情

[1] 刘绪贻，李存训 . 美国通史 第 5 卷 富兰克林・D・罗斯福时代 1929—1945[M]. 北京：人民出版社，2008.

形下，罗斯福上台，新政出台。请同学们回归课本和刚刚的表格，归纳罗斯福新政实施的切入点。

生：（看书及表格思考）整顿银行，恢复工农业，办救济和公共工程，保护劳工权利，建社保体系……

师：那在这几个中，哪个是重点？

生：（思考）工业……

师：为什么是工业？

生：因为工业是兴国之要，美国还是工业强国……

师：对，美国是工业国家，那我们下面就围绕这个工业措施来展开学习。在“谢克特案”中，未解决工业上的危机，罗斯福政府成立了全国工业复兴总署颁布了《全国工业复兴》，那这部法律颁布的目的是什么呢？

生：（思考）解决生产过剩、产品供需不平衡……

师：很好，抓到了核心。结合史料四，我们可以分析出颁布《全国工业复兴法》的实质就是政府法律的形式干预市场，以此来促进经济的恢复和发展。这样总统的权力就得到了无限膨胀，威胁美国的政治秩序。从“谢克特案”可以看出，NRA 制定的很多行业竞争的法律法规，使本是小人物的谢克特兄弟最终无法忍受行业竞争的法规，两者之间的冲突爆发。

设计意图：用两段史料来推理出罗斯福政府颁布《全国工业复兴法》大大加大了政府的权力，为学生讨论“罗斯福新政特点”这个问题埋下伏笔。

师：那接下来就由你们小组就老师提出的问题进行讨论，讨论要紧紧围绕那个时代的特点以及老师所给的材料。

五、小组讨论

史料五：到 1935 年初，国家复兴管理局共批准 557 个基本法规，208 个补充法规……到 1933 年后期，不满之声四起，消费者抱怨物价猛涨……1935 年 5 月 27 日，联邦最高法院……宣布全国工业复兴法违宪[1]。

刚开始的几分钟，学生非常安静，老师心想：不对啊，平时我营造的教学气氛还是比较活跃的，学生在上课时都会积极发言，刚刚还挺配合的，为什么现在那么安静？老师刚想说几句，巡视了一下教室，原来学生几乎都在独立地思考问题或看教材。这时教师才想到，原来学生这会都在独立地思考，都怪自己还没有转换。

[1] 刘绪贻，李存训．美国通史 第 5 卷 富兰克林 · D. 罗斯福时代 1929—1945[M]. 北京：人民出版社，2008.

五分钟过去了，学生思考到某些东西后，便开始阐述自己的观点，教室又开始活跃起来了。第一组的小红说到第一个问题：最高法院之所以站在新政对立面就是因为新政的《全国工业复兴法》大部分是由总统签订实行的，它没有经过法院的准许。

后面小玲来一句：说到这里我就想到了上个学期我们所学的《美国 1787 年宪法》，该法明确地表现了美国的立法、行政以及司法三个权力机构是相互制约的关系，任何一方的权力都不可以越界。

小力：但是总统的权力在这个时候权力扩大了。

小黑：这就说明权力与制衡的链条已经打破，所以最高法院要开始制约政府的权力了……

师：同学们第一个问题几乎已经讨论得差不多了，马上就要讨论第二个，在这之前，老师准备了一些史料，是历史学者对新政性质的争论，希望对同学们接下来的讨论有所帮助。

史料六：尽管新政侵犯了传统的商业特权，但它仍然是“资本主义的救星”……罗斯福的意识标志着他是一个具有根深蒂固的保守主义品格的人。

尽管有了新政，三分之一吃不饱、住宅条件恶劣的人，以及三分之二被疏远的和绝望的人仍然存在。新政解决了几个问题，改善了更多一点的问题，模糊了很多的问题，并且引起了新的问题。

师：从史料里同学们可以分析出怎么样的态度？

生：有肯定，有否定……

师：对于新政的性质，史学界具有不同的观点。赞同的意见认为新政大体上是美国改良运动的延伸，但是对于改革多还是保守且存在着不同的意见；不赞同的意见认为新政太激烈，也有人认为新政过于保守，从而反对它。现在的学者对于新政期间工人运动、劳工立法相关问题也存在不同的见解，如陆境生认为，新政这方面的措施发展了美国传统的价值观；刘绪贻则认为新政期间，美国国家为挽救垄断资本主义制度，以总资本家的身份，来维持资本家和工人之间的利益，这也是历史学界存在的争议问题。这就说明不同的人对同一事物具有不同的见解，这就需要我们用自己的智慧去辩证思考相关的问题。希望对你们接下来讨论的问题有所帮助，好，你们继续讨论。

第二组小艾说到了第二个问题：上一节课老师讲到了大萧条，在大萧条时期，胡佛政府依旧施行自由放任的经济政策，这使本就崩溃的经济市场更加萧条。

小米：为什么会加剧萧条呢？

小莉：因为那个时候市场经济本来就处于混乱的状态，你想想，如果现在我们班里出现打架的现象，需要什么？

小米：有权威的人去管。

小莉：对啊，大萧条时期也是这样，经济本来就处于混乱的状态，需要政府实行强有力的政策去管理，那你看，胡佛政府依旧用自由放任的政策，符合当时的情景吗？

小米：对哦，这个时候就是需要政府积极去干预市场，管理市场，但胡佛总统并没有过多的干预，这使本来就混乱的市场更加萎靡。

小艾：对，那胡佛的政府不行，于是选举出了要施行新政口号的罗斯福为总统，总统面临着这样的一个烂摊子也是一头雾水啊。罗斯福就召集当时的智慧人员，组成“智囊团”，就如何解决经济危机提出办法。罗斯福为了稳定民心，开创了与民众交流的独特方式——“炉边谈话”。

小D解释道：所谓的“炉边谈话”就是罗斯福通过广播来讲话，罗斯福应用通俗易懂的语言，将自己接下来的计划告知民众。因为是冬天人们围在炉边听罗斯福的讲话，所以这种方式叫作“炉边谈话”。这种谈话方式是一种比较轻松的方式，在谈话鼓励大众信心的同时，也向民众解释了罗斯福进行社会改革的相关事项，因此其受到老百姓的爱戴。

小米：哎呀，不错嘛，看来课前有做功课呀！

小艾：我们小组成员就应该这样，积极地参与到讨论中，有疑问就问出来，知道的就解答，这样才不会辜负这一节课。接下来我继续说，不对的地方你们一定要纠正。“炉边谈话”的开展使民众对罗斯福的新政多了一份了解也多了一份支持。谢克特兄弟被起诉是因为他们违反了《全国工业复兴法》的相关条例，但我们刚刚讨论的第一题，《全国工业复兴法》加大了总统的权力，但是这个权力跨越了三权分立的界限，因此联邦最高法院判《全国工业复兴》违宪，这就说明罗斯福新政一个特点就是加大了总统的权力，那总统拥有的是行政权，这就大大加强了政府的权力，使国会和法院的权力减小……

教师：同学们在小组间谈论了将近20分钟，现在将谢克特兄弟的去向用PPT放映。同学们，老师转了一圈发现你们差不多谈论到第三个问题了，你们可以看看PPT，结合谢克特兄弟胜诉后的政治动态来回答第三个问题。

谢克特兄弟胜诉之后又重操就业。因他们是犹太人，20世纪30年代，他们在政治上密切关注反犹太主义的事态，他们很可能赞成罗斯福四届连任。

第三组小明正在说：“谢克特案”虽然胜诉了，但是我们不能因此就否认罗斯福新政的成果，就如老师刚刚讲到的新政的性质尚置还存在着争议，我们需要用辩证的眼光看待它。我们可以看到教材的118页写道：新政对美国度过经济危机起到了重大作用……国民生产总值从1933年的425亿美元，上升到1935年的571亿美元……[1] 从这里就可以看出罗斯福新政使美国度过了经济危机。

小网：是的，罗斯福新政虽然在实施过程中产生了矛盾，具有消极影响，但是并不能因此否认它的积极方面。在新政期间还建立了社会保障体系，而据我们所知，美国现在的社会保障体系已经到了较完善的阶段，这还得归功于罗斯福新政初步建立的社会保障体系……

六、课堂发言

在这个阶段，学生将小组讨论的观点记录下来，选派语言表达能力较强或在新政这方面了解比较多的组员发表言论。第一、第二问，学生在课堂上的发言没有什么异议，进行的还不错，但是到第三问，学生的想法就各不相同，每个人都开始谈论自己的看法：

小艾：我觉得通过“谢克特案”，发现新政并没有我们教材所描述的那么积极，那么正面，在它施行的过程中会无法保障所有人的利益，但是它最终达到了它的终极目标——复兴美国，使美国度过了经济危机。

小红：在“谢克特案”最终结果来看，虽然《全国工业复兴法》被废除了，但是新政的其他政策还保障了就业率，解决了民众的燃眉之急。虽然谢克特兄弟胜诉了，但是他们还是支持罗斯福的……

教师：不知道同学们观看谢克特兄弟胜诉后的政治动态时，有没有注意到一句话“主要关注反犹主义”，不知道同学们看到“反犹主义”有没有什么想法？想想在罗斯福施行新政的同时大洋的彼岸正发生着怎样的事件？对罗斯福新政的认识是不是可以从国内看到国际上？

小明：犹太人受迫害，就是德国的纳粹党，也就是法西斯，和第二次世界大战有关……

七、总结案例

教师：刚刚同学们都非常积极地参与到了案例的讨论当中，还有你们同学当中有疑惑的会马上向老师求助，这是我要表扬的，今天你们的表现很好……

教师：今天我们学习的是《罗斯福新政》一课，老师采取的是案例教学的方法。这种方法对你们的要求比较高，因此，我让你们在课外自己去掌握教材的基本知识，在课堂上老师就不再去复述这些，直接给你们“谢克特案”，让

---

[1] 朱汉国．普通高中课程标准实验教科书 历史必修 第2册[M]．北京：人民出版社，2011．

你们以小组为单位去讨论问题。“谢克特案”表面上是20世纪30年代小人物的经历，但是却在宏观上体现了新政的发展历程，从刚刚开始新政得到民众的支持，到后来所取得的政绩固然不错，但在这期间也侵犯了不少人的利益，其中就包括谢克特兄弟。罗斯福新政是资本主义体系的自我调节和完善最典型的案例，而“谢克特案”的起因、结果都说明在新政的实施过程中还存在很多利益的争夺，并且这些利益争夺也在不断地寻找平衡点。对于案例后面的问题，同学们几乎都答到了点上，老师在这里就不复述了。对于最后一个问题，同学们的回答让我很吃惊，你们可以联系我们所处的社会面临的问题，借鉴罗斯福新政的措施提出自己的见解，希望你们以后学习历史的过程中也可以史为鉴，把学到的历史知识转化为自己真正需要的。

八、对《罗斯福新政》使用案例教学法的评价

（一）学生学业评价

1.教师的评价

对于这次的教学效果，是出乎我意料的。课堂上，学生积极地谈论，参与度高，面临自己不懂的问题时，第一时间会想到向老师或小组的成员请教，这是在平时的教学当中不常见的。之后的小测成绩也是很理想，我觉得这一节课，最主要的是看学生在课堂参与，如小明、小红和小艾等，他们在小组当中所发挥的榜样作用是不可小觑的。所以对于这一次的教学，我对学生的评价是满意，给每一个小组都加一分。

2.学生自评——以小明的评价为例

（1）自评：我对于《罗斯福新政》这一课对自己的表现打良好。老师给予了我较高的评价，但是我觉得我还可以做得更好，如在小组讨论时，我只顾将自己的想法表达出米，没有太多地去顾及其他学生的想法，觉得自己说的就是对的，别人的想法都要围绕我的想法开展，在这一点上太过于霸道了，希望下次可以改进。

（2）互评：小明这次的组织能力非常好，在课外他就把每个小组成员应负责的领域分得很明确。但是这样会限制成员的全面发展，可能成员就安于自己的责任，对其他环节都不闻不问，希望下次可以全组一起想出一个方法来解决这个问题。

（二）教师教学评价

1.教师自评

在这次的教学中，个人觉得历史准备的还比较充分，但是在经济学方面还

需要加强一下。案例很符合教学目标，在案例呈现前所营造的课堂氛围相对来说也比较轻松，这有利于学生在课堂上的讨论。但是有一点没有做好，也是最重要的一点，就是在引导学生方面没有起到很好的作用，这一点下次需要加强。

2. 他人评价

（1）学生的评价：历史老师这次采取新的教学方法进行授课，我很喜欢，课堂上轻松的教学氛围，使同学们可以大胆地说出自己对罗斯福新政的见解，使我们分析问题的能力得到提高，而且培养了我们的历史思维能力。

（2）其他教师的评价：这次用案例教学法进行教学可以说是成功的尝试，无论是学生的反映还是教师自己的自我感觉都是不错的，但是这个案例教学法花费了教师和学生较多的时间、精力，我们现在的教学考核的主要标准是高考，如果成绩下滑，这些尝试会遭到学生、家长及社会的质疑，所以针对教材及教学情况，不建议频繁使用。

第五章　案例教学法在历史教学中的常见问题与应对策略

第一节　历史案例教学中的常见问题

在历史教学实践中，案例教学法经常会遇到一些常见问题。这些问题主要是由案例教学自身固有的属性决定的。任何教学法都无法做到尽善尽美，案例教学法自身存在的优点和缺点也不可忽视。认清案例教学法的优点和缺点，是解决这些问题的前提。

一、历史案例教学法的优点

简而言之，历史案例教学法就是将案例教学法与历史学科二者融合，形成的一种改良的教学方法。相较于某些传统教学法，历史案例教学法具有无可比拟的优点，主要表现在以下方面。

（一）历史案例教学法有助于加深学生对历史知识的理解，养成科学的历史观

在教学过程中，教师选取直观典型形象的历史案例，兼顾学生感受创设合适的历史情境，帮助学生深化感性认识，引导其开动大脑深入思考和探究，改变以往的满堂灌和空洞说教，将枯燥的历史学习变得生动，激发学生学习的兴趣，帮助学生将抽象的历史知识内化，加深对历史概念的认识，形成唯物史观。

（二）历史案例教学法有助于提高学生的综合能力

在历史案例教学中，学生成为教学活动的另一个主体，教师实际上成为教学的组织者和课堂的引导者，在调动学生积极性的同时也能使学生有机会展示自己并体验成功的喜悦。对历史案例的分析，能够锻炼学生阅读材料、提炼材料信息、整合知识、口头表达和辩论的综合能力，有助于学生养成探究问题、

解决问题的能力，锻炼其表达能力、提高其讨论技巧以及培养学生学会分享、尊重他人不同意见的胸襟，提高学生的综合素质。

（三）历史案例教学法有助于缩短教学与现实生活之间的距离

案例教学法侧重于教学生如何学以致用，以构建理论与实践的桥梁，而从历史陈迹中学会生存之道。在案例教学中，学生能亲身感受历史，身处特殊的历史场景，感受历史事件和历史人物可能遇到的种种困难，并从自身实际出发探索解决问题的方法。这样他们能更好地感知历史，以史为鉴，用理论更好地指导实践，把所学知识真正运用到现实生活中。

（四）历史案例教学法有助于更好地实现教学相长

作为教师来说，以历史案例为手段来开展教学，就需教师以组织者和引导者的身份适当地控制案例学习的进程，并给予提示和鼓励，对学生的言论观点及时做出有效评价。通过设置不同层次的问题，循序渐进地引导学生深入学习并找到最佳答案。教师应从黑板前到学生中去，通过处理案例讨论中遇到的各种问题，就会有更多的反思自己教学的机会，以便日后改进。学生是学习的主体，但社会和成人出于现实的考虑会将自身的价值观强加于学生，使学生养成学习的惰性，造成教师教什么、学生就学什么的困境。历史案例教学法实质上是启发式教学法，它主张给学生更多的主动权和课堂参与权，激发学生学习的兴趣和积极性，变“要我学”为“我要学”。一旦学生的思维活跃起来，他们在某些问题上的认识程度可能会超过教师，对教师形成一定的挑战，使师生间的相互学习出现了可能。

二、历史案例教学法的缺点和常见问题

任何一种教学方法都不是万能的，以前没有，现在没有，将来也不会有。历史案例教学法也并不是完美的，它也有自身无法克服的缺点。总的说来，案例教学存在以下自身难以克服的缺陷。

（一）案例教学耗时太多，有时显得效率较低

历史教学案例的创作成本高、耗时多，却有可能成效较低。历史案例教学法对教师的教学水平和学生的参与程度要求很高。在课堂上教师要循循善诱、要感情充沛，创设理想的历史情境，设置适合各层次学生认知水平的问题。案例的编写和实施需要很长时间，不能立竿见影。案例教学是以学生的积极参与为前提的，以教师的有效组织为保证，以典型的能说明问题的材料为案例。然而，要将学生、教师、案例三者完美地结合却具备一定的难度，有时会产生费时却收效甚微的结果。

在没有特别途径的情况下，优秀教学案例的形成过程往往花费较大，必要时还要进行现场核对，这期间要消耗较多时间。案例教学还需要教师的有效组织、学生的积极参与，同时以精选出来的能说明问题的案例为材料，而要做到这些方面的有机结合往往较为困难。案例的好坏直接影响教学效果。比如，在高中历史教学中，有些历史事件记载模糊，语焉不详，史料不全。教师所能找到的案例不具备典型性，没有说服力，学生讨论无法深入，会出现缺乏论据、论证困难的尴尬局面。这不但打击了教师的教学热情，还挫伤了学生的积极性，反而达不到预期的教学效果。

总之，从案例的准备到结论的最终形成，都要求师生花费大量的时间和精力做好充足的准备。可以说，每一次案例教学，都需要教师和学生进行充分准备。然而一般每门课程的课时安排有限，这造成了课时不够与耗时太多的矛盾。排除收集案例及熟悉案例所需的时间，仅考虑课堂讨论所需时间，也无法满足每部分内容都进行案例分析的要求。这些都容易导致教师对案例进行精简，压缩案例篇幅，甚至减少案例数量，选择其中一些案例来分析，这使案例教学不可能尽善尽美。此外，我国现行的学校教育每节课程都有其固定的教学目标（图 5–1），如果案例教学法过多、过度地进行，会挤压学生大量的时间，学校教育无法保证及时按规定达到教育部的教学目标，容易影响学生正常学习进度的有序开展。

图 5–1　我国现行的学校教育每节课程都有其固定的教学目标

（二）案例教学在课堂教学中很难形成一个完整的体系

在一定程度上，学生通过历史案例学到的知识缺乏完整性。案例叙述的是某一历史事件或历史人物，案例与案例之间在叙述上通常是不连续的，这样学生所获得的知识就难以形成一个整体。由于案例叙述的多为极富戏剧性的内容，又以较精小的材料涵盖较多的知识内容，时间跨度比较大，使知识储备有限的学生很难将内容与时间协调，既要让学生参与案例讨论的过程，又要学生掌握案例所讲知识，两者是很难兼顾的。且由于案例具有典型性，容易被学习者过度地泛化它的作用。

一般来说，案例往往都是针对某一事件的特定情形而设定的，由于受背景限制，一个案例只能从某一角度、某一方面或某一层次反映知识或规律，并且案例与案例之间在事件的叙述上常常不是连续的，缺乏完整的结构，不可能像根据教材讲授的传统教学那样有较严密的逻辑性，难以循序渐进地把相关理论进行串联。我们所采用的案例教学实际上是根据事例来穿插理论。即使教师在编写、选择案例时尽量考虑了他们之间的递进关系，但仍然不可能从根本上解决理论知识的系统性和完整性问题，这样学生所获得的知识、技能等也就难以融入整体的框架内。因此，对于学生来说，案例教学缺乏对概念、原理等概括化知识的批判性分析能力的培养，因为案例中的事件叙述往往是远离那些抽象的概念和知识的。

（三）历史案例教学对教学环境有严格要求

案例教学是一种开放式的教学方法，允许不同的思想观点存在。案例教学法要在一种民主、自由、开放、平等的环境下才能顺利开展，教师要保持中立，不能带入自己的主观情绪，或给学生暗示，导致学生找出教师期待的答案而不是自己认为对的答案，这样案例教学就失去了其价值和意义。一般认为，座位的安排以半圆形或者马蹄形较有利于案例教学法的实施。这对“秧田式”或按照几何图形排列的传统教学环境（主要指教室）是一个挑战。

（四）历史案例教学对教师的要求较高

采用案例教学要求教师在上课前必须花费大量的时间备课，从案例的选择到预先设计都要占用很多时间。他们既要考虑到专业需求，又要注意学生的兴趣和社会的热点，还要查找相关资料，了解案例的背景，熟悉相关的专业知识，有时还需与有关部门取得联系，征求实际应用部门的意见。

案例具有政治性、政策性、专业性和研究性等特点，对教师的才识素养有着很高的要求。这种要求主要涵盖思想政治素质、专业知识素养、专门业务能力、调研分析能力以及文字表述能力等内容，涉及面比较广泛，一般可以从思想政治素质、政策水平、求实精神、行为规范等方面进行分析。

1.思想政治素质

（1）理论素养。教师应具备较高的马克思主义理论水平，具备坚定的政治立场、鲜明的政治观点；要求学会运用辩证唯物主义与历史唯物主义的基本立场、观点和方法去分析认识问题。

（2）思想敏锐。教师要有较强的洞察力，善于观察捕捉倾向性、潜在性问题，有一定的趋势预测、评估和危机临界判断能力。教师要善于驾驭课堂讨论，引导学生积极参与课堂教学，但又不能代替学生自己的独立思考，而要全面地把学生推向案例情境当中，使学生自己从案例中得出结论。在案例教学结束前，教师要善于总结，能从案例中提炼出教育理论，同时又要综合考虑学生的各个方面并予以评价。

2.政策水平

教师应具有较高的政策水平，熟悉有关法律法规，了解事件处置的一般原则、方法和程序以及相关工作要求。案例的编写应与时代同步，避免与时代脱节甚至与之相悖的内容。案例教学过程应在良好的氛围下进行，杜绝负面倾向。同时案例讨论的总结应是正向的、积极的。

3.求实精神

教师应不唯书、不唯上，坚持原则，求真务实；具有较强的学习与批判精神，善于运用科学理论释疑解惑和指导实践，注重创新。

4.行为规范

教师应具有良好的品行和职业道德，有较强的公共意识和公共服务观念，工作严谨，遵守教育部门和学校的纪律。

此外，教师在采用案例教学时，要跨学科、跨层次地选择案例、准备教学，不断完善自己的知识结构，以应付案例对专业知识的综合需求。这些都对教师的素质提出了较高的要求，若没有经过系统的案例教学培训，教师往往会难以胜任案例教学工作。

（五）案例教学对学生的要求较高

案例教学法中应用的案例往往是不连续的，是知识碎片形式的。对于学生来说，没有完整的框架，没有足够的知识体系保障，在进行案例教学时存在一定的风险，就容易出现问题。比如，学生很难对未知或知之甚少的基本概念、专业理论等概括性的知识点进行宏观上的理解，很容易混淆历史事件，出现常识性的错误。当学生没有达到案例教学所需要具备的基本素质时，强行采用此法不但实现不了案例教学的教学效果，还会引发学生学习困难，难以理解，甚至产生排斥心理，降低历史课学习热情。

除了基本概念和专业理论外，学生还应具备一定的社会实践经验，这样才能较好地分析和理解案例情境，对案例所给的事实提出合理的看法和见解，从而取得较好的教学效果。概括地说，学生需要具备以下基本能力：能使自己高屋建瓴地把握和分析问题的能力；在面对复杂多变的情况下能把关键问题和次要问题区别开来的能力；能在缺乏足够信息的情况下做出正确判断的能力；较强的阅读和分析能力。这些都对学生的素质提出了较高的要求。由于教学对象自身存在的问题，案例教学往往难以充分发挥作用。

（六）案例选择较为困难

案例教学的质量与所选案例自身品质的优劣紧密相关。案例教学要求案例内容真实可靠，并且具有一定的新颖性，然而在案例编选过程中常常不可避免地加入一些主观因素，且某些案例反复使用后没有及时更新，也难以激发学生的兴趣。此外，如何处理案例编选过程中面临的问题及资金上的困难？选择哪些主题的事件作为教学案例？如何处理它们涉及的各类敏感问题？这些都是案例教学必须处理好的难题。案例选择困难，主要体现在以下几个方面。

1.经典案例严重不足[1]

在历史教学过程中，有些使用的案例是从报纸、杂志以及互联网上直接照搬的原始材料，这些材料内容并未经过教师的加工处理就放到课堂上充当案例，缺乏相应的专业性和系统性。很多材料与教学目标相去甚远，甚至根本就是南辕北辙。但一些教师为了“充实”案例教学知识体系，仍将这些材料加入教学活动当中。并非是教师应付了事，只是很多经典案例严重不足制约了教师对案例材料收集的能力。

还有的教师直接套用国外案例，有些内容过于陈旧，有些内容因社会背景和文化差异等原因，学生无法进行有效的深入学习和科学合理的案例分析，这也是案例教学中需要注意的地方。

2.定位不准确，案例教学变成举例教学

由于理解上的偏差，有些教师在案例选择上，单纯追求吸引学生兴趣、提高理论说服力而引入案例。他们采用传统教学方法将案例介绍给学生，只是进行了一些简单的分析总结，就认为是进行了案例教学。殊不知，这样的做法混淆了案例教学与举例教学的概念。

实际上，案例教学和举例教学具有本质上的区别：

（1）概念不同。举例教学是教师在教学活动中为了解释某个专业术语、某

[1] 王影．浅谈案例教学法及常见问题与对策[J]. 科技资讯，2007（8）：151.

种定义式的论述，从理论联系实际的角度出发，针对性地列举出一些典型事件作为佐证进行讲解，从而引发学生的学习兴趣，并使学生容易接受这些理论。因此，从概念上看，举例教学仍属于传统教学方式范畴。

（2）师生的主体地位不同。师生的主体地位不同是举例教学和案例教学的最根本区别。在举例教学中，虽然也有案例材料作为连接教学活动的纽带，但这种教学关系仍无法脱离传统的给予和被给予的关系。举例教学的教学过程中，仍是以教师为主、学生为辅，学生始终是被动地接受知识，与教师之间的互动较少。

但在案例教学中，学生牢牢占据着主体地位。教师在教学活动中只起到辅助的作用，以“启发式”教学模式替代了传统的“注入式”教学模式。整个教学活动完全是双向的、互动的，是一种研究性的学习，学生的主动性和创造力在教学过程中得以充分发挥。

（3）使用案例的要求不同。举例教学在传统教学活动中只是辅助的教学方法，所用事例处于次要地位，与案例教学中案例的核心地位有着天壤之别。案例的地位不同，也决定了使用案例的要求不同。在案例教学中，教学目标是通过众多案例中挖掘普遍规律来实现的，所以案例要全面详细，既要有共性案例为导向，又要有合适的个性案例充实内容，这些案例都是系统化的精选案例。而举例教学采用的事例只是对理论的说明或补充，所举事例也不一定要求那么系统化、专业化，可以选择事例的一个方面进行相对“片面”的解读，不似案例教学那般严格。同时，相比于案例教学中围绕案例进行研究的教学模式，举例教学在事例使用上往往采取一种穿插式的运用手法，在事例的选择上也相对独立，显得“就事论事”，缺乏连贯性。

（4）实施环境的要求不同。通常情况下，案例教学对实施环境相对比较严苛，而举例教学的实施环境则较为轻松。在举例教学过程中，教师完全占据主导地位，学生讨论显得可有可无，并不重要。而案例教学作为一种全新的交互式教学方法，教师不仅要在教学活动开展之前做好充分的准备，而且要在教学过程中留给学生充足的讨论时间。学生讨论是案例教学的核心环节，是交互式的探究过程，关系到案例教学的教学效果。

（七）案例的特殊性与真实情境的复杂性之间不尽一致

总的来说，传统教学多采取演绎的思路，由一般原理出发再到具体事实，这往往会造成由于理论的过度概括而与实践之间的脱节。案例教学则采取了归纳的思路，从几个具体事实中归纳出一般原理。尽管它提供了更多丰富的事实细节，可是由于案例分析存在样本小、代表性不足等问题，它依然无法最终解决理论与实践之间不一致的问题。

由于课堂上的案例分析都是对特定时间的研究，而这些案例都受特定的时间、地点等背景因素的影响，所以学生在分析时并没有根据一般理论去分析案例中的普遍性问题，而是根据案例所提供的具体背景资料，加上自己的理解后对案例进行了取舍，比较注重从特殊的背景中发现个案的特殊性，甚至有些学生抓住某一细节不放，过分强调这一细节对案例事件的影响。

由于事件情境的变化，同类条件在不同事件中具有不同的主次、轻重关系。这种案例情境的局限性经常会给学生造成错觉。更重要的是，学生在个别案例上形成的理论性认识，也许远不能说明事件整体，这也同样出现了一种理论的过度概括现象。

（八）案例教学中教学重点和教学难点难以区分

在历史课案例教学中，历史教学重点更多地表现为历史事件的内容、史实层面的东西，某种意义上表现更多的记忆要求。而历史教学难点更多侧重于对历史事件的分析、理解、凝练与总结，更突出学生在学习后的思考。后者对于学生的能力要求更高一些。教学重点知识教材上基本都有体现，学生通过自主学习结合课堂讲解基本上能够完成教学目标，但是教学难点一般来说需要学生在课堂上个人理解，即知识的重新生成。由于案例教学具有开放式的特征，学生在学习时很难有效把握案例核心脉络，往往无法区分哪里是重点，哪里是难点，容易偏离教学目标。因此，在案例教学中，如果不能认清教学重点和教学难点的区别，很容易出现“捡了芝麻，丢了西瓜”的现象。

（九）历史案例教学有其适用对象的局限

案例阐述的是抽象原理的知识，因此不适合年龄太小的学生。案例教学法的对象应是具备逻辑思维能力的掌握一定理论基础知识的高年级学生。案例教学法的核心是讨论，从教学范围上看，它更适合于小班教学，不太合适大班教学。学生人数以 30 人左右为适宜，因为人数太多无法保证每个学生都有参与讨论发言的机会，无法将自己的观点与教师、同学进行交流。这样便会挫败一部分学生的积极性，反而不利于案例教学目标的实现。

除了案例教学自身的局限性外，教师在实施案例教学的过程中还会遇到许多障碍。为了取得理想的教学效果，我们必须重视这些问题，同时采取有效措施予以弥补。一般来说，教师在进行案例教学时，常常会有这样一些顾虑：案例教学需要花费大量的时间；案例教学会使学生产生急功近利的思想；案例教学要求教师善于表演，感情充沛；对学生参与讨论情况的评价较为主观；重复使用某些案例会使学生产生厌烦心理；案例教学一般只适用于知识面广、阅历丰富的学生；只有大量使用案例才能收到案例教学预期的效果；只有亲自编写案例，才能真正掌握案例。

第二节　案例教学中常见问题的应对策略

鉴于案例教学的局限性，教师在进行案例教学时，应有意识地采取一些措施避免或弥补它的不足。概而言之，我们应该注意以下几个方面。

一、重视案例选编工作

完备的案例汇编是案例教学的前提，这是案例教学的基础工作。没有一定数量的符合培养目标要求的教学案例，案例教学就无法得到普遍运用。教师已经意识到案例教学的优越性，并在一些学科，如法学、医学、管理学等学科的教学中推广这种方法。与此同时，教师对于案例选编工作的重视程度，也在不断提高（图 5–2）。

图 5–2　国外案例教学非常重视案例的选编

合格的教学案例数量不足且零散，这就需要教师共同努力来收集和编写案例。就目前的情况看，我们可以从以下途径获取案例资料：进行实地调查，根据教学目标有针对性地收集资料；借鉴外文资料或教科书中的优秀教学案例；利用网络、报纸以及杂志等媒体信息渠道收集编写教学案例。

（一）案例编写的程序

对于我国教育界而言，案例的库存有限，且每个案例都有特定的适用范围，因此自行编写案例是十分必要的。无论对于教师或学生，案例的编写是最花费时间和精力的。虽然案例有书面、音像、网络等多样的表现形式，但其编写过程和内容仍有一些共同的方法、步骤可以遵守。

1. 制订编写目标

编写者在确定编写目标时，应考虑案例的目的、案例的内容以及教学目标，在这一环节，作者需要拟定案例的纲要，包括人物、时间、情节和困境等因素，同时还应考虑案例是供何人使用和这些人的特性。另外，写作案例所需资料在何处寻找、案例何时完成等问题都应在这一阶段加以考虑。

2. 整合案例资料

根据案例所要完成的教学目标的引导，对案例材料进行收集，明确所有可能用到的资料的来源，依据案例的纲要进行资料搜集。资料来源是多元的，主要有文献资料、人物访谈等。在搜集资料前，都要做好规划和准备，以期获得更丰富、更有用的资料。搜集好可能用到的资料后，编写工作就进入筛选资料的部分。搜集回来的资料有些很有用且生动，有些却是不必要的。太多与主题无关的信息会误导学生，使其过多的精力和时间都用到了细枝末节上。因此，编写者必须对所搜集的资料加以取舍，以保证资料的准确性和有效性。

3. 草拟案例

经过前面一系列的准备工作，到此阶段，编写者便可开始动笔编写案例。在写作的过程中，编写者要再次确定所选材料与原定主题之间是否具有严格的逻辑性，一再检查资料是否可用。编写案例时，应将衡量一个好案例的标准贯穿始终，以保证内容的正确性。在这一环节，需要特别注意案例的真实性问题。在历史学科中使用的案例，可以在一定程度上由编写者进行合理的虚构，因为出于对历史人物的尊重，涉及一些机密或敏感之处，需要加以伪装或修改。案例所描述的事件应该有真实的依据，不能是完全虚构，而为了教学目标或当事人的隐私，大可不必对真实事件进行完整的描述。

4. 试用并定稿

案例的草拟完成后，案例的编写工作却并没有完成，它还需经过试用和修改后才能定稿。案例的草拟是在理想的状态下完成的，只有在具体的教学情境中试用才能对所编写的案例进行检测。一经试用，案例是否具有典型性、是否具有完整性、课堂教学中可能出现的各种状况是否一一得以考虑等问题就可一目了然。根据检测的结果和专家的评价，编写者可以对案例进行有效的修正，以保证案例可以实现教学目标。

应该注意的是，案例编写不等于论文写作，同时也有别于撰写一般的工作总结、实验研究报告。撰写教学案例，讲述的教学故事要体现典型、具体、生动、形象、直观等特点，给人以身临其境的感觉，这就要求教师就必须将有关教学事实形成逼真的表象，为此也需要进行认真的观察。尽管案例需要叙述故事，但必须弄清楚自己所述问题的理论背景和逻辑，明确研究和讨论问题的理论框架。同时案例应该融科学性、文学性为一体。在科学性方面，应注重使用图表、数据来进行分析，适当运用注解，使用必要的附录来丰富案例内容；在文学性方面，要注意语言的简洁明快、生动形象，注重情感渗透，这会使案例更具可读性。

教师应注意到，不是所有真实、生动、典型、有针对性的案例都可以进入课堂，必须从教学性上严格把关，认真筛选，或做文字修改，或做图像补充，使其符合教材的知识结构和学生的认知规律，满足教学需要。在选编案例时，教师要注意案例内容的编排次序，由简单到复杂，按教学进度排序，构成相互之间的密切关系，并符合教材知识系统框架。

案例教学离不开案例，案例选编恰当与否，决定了案例教学的成败。案例的选择和编写中，应结合具体的教学目标组织教学内容，设计教学形式。选编案例就是要选择一个适合课堂教学的素材。什么是一个好的案例呢？首先，一个优秀的案例应具备案例的特点，能吸引学生投入到案例教学情境中，真实地感受案例；其次，一个好的案例应设置合适的问题链，案例的问题应在学生理解的冲突上设置问题，并且通过学生的努力思考找到解决问题的办法；最后，一个好的案例还应具备情境性、典型性、真实性。案例必须是一个真实的情境，包含一个完整的情节；能够反映事物的本质特征，还要难易适中；较难的案例学生不易理解，不利于课堂教学的展开；太容易的案例没有讨论的价值，无法激发学习的欲望，这样的案例都是失败的案例。一个好的案例有助于教学的展开，学生可以展开对案例中的问题进行讨论探究；案例中问题的设置应层层递进，能引导学生的思维不断深化。总之，一个好的案例应展现完整的历史情境，具有一个有意义的主题，长短合适，学生阅读没有困难，使课堂教学能顺利开展。同时一个好的案例还应有利于情感态度价值观的提升，有利于发挥历史的“育人”功能，最终促进学生历史学科核心素养目标的养成。

（二）案例编写的标准

案例作为一种特殊的教学手段，有其自身特有的一些规范和标准。

1. 编写前先借鉴其他案例

作为没有编写案例经验的新手教师，阅读很多优秀案例是学习案例编写的好方法。通过分析其他案例的构建形式，探索案例编写者的写作历程和心路历程，以此为借鉴，作为自己编写的起点。

2. 叙述采用过去时态

作为教学使用的案例，不能完全将事件发生的真实情境完整叙述，它需要对部分问题做出回避和保护。所以，案例在叙述的时候采用过去时态，在一定程度上可以保护提供案例的单位组织或个人，防止造成不必要的影响。使用过去时态，能给编写者灵活处理案例中涉及的人和事的权利，使学习者能集中关心案例的中心议题而不是分心在其他无谓的细节上。

3. 内容要求完整全面

案例的编写要从学生的实际接受能力出发，应当将既有的和将来会遇到的情况统统加以考虑，搜集得到的全部有用信息都应包括其中，使学生对案例做到心中有数。案例内容需具有完整的情节性，时间、地点、人物等事件内容都要得以反映，使学生对案例内容有清晰的把握。需要特别注意的是，在案例内容中，编写者不应加入个人色彩和主观情绪，即便是别人的观点看法也需要特别注明，避免误导学生。在有些案例内容中，可以给出当事人实际所采取的措施、决策，给学生反思和检测自己的机会，帮助学生理清思路，从而找出最合适的解决办法。

4. 核对并注明资料的出处

为了保证案例的准确性，需要对案例所列举的材料、数据等进行仔细核对。为了核对方便，在写作过程中需要对资料的出处进行注明。这种注明应尽可能地详细，以便查阅。

5. 案例具有戏剧性

根据调查，与其他学科相比，学生对历史课的学习兴趣较高，然而现实并不总是美好的。由于当下教育的功利性，学校、教师、家长期望的是孩子考试的高分数，这大大打击了学生学习历史的积极性。历史课堂教学仍是老一套满堂灌，课堂死气沉沉，学生只是被动地接受过往的陈迹。因此，为了活跃课堂，激发学生学习的积极性和主动性，在案例的编写过程中需要设置悬念，加强戏剧性，激发学生的兴趣，使其投身案例，在不知不觉中掌握课本知识。教师应充分利用学生对历史课的兴趣，在案例教学中加入更多的具有戏剧性的情节，以吸引学生的注意和参与，从而有效开展教学。

（三）编写的格式

不同的人、不同的教学目标，对案例的格式有不同的见解，大致可以分为三类：实录式，即将实际发生的事件完整地记录下来并提出问题；条列式，即将案例涉及的各个方面以条列的形式排列起来；简明式，即案例中未将背景、问题等内容清楚地加以反映，这种案例多由自述和评论两部分组成。尽管分类有所不同，但综合观之，仍有一定共性可循。

1. 标题

一个好的标题意味着案例成功地迈出了第一步。一个好的标题要具有创意和趣味，要能引发学生读下去的兴趣。标题的确定并不容易，需要经过一番思考才能定夺，因此一般是在案例草拟完成后进行标题的选择。在确定标题时，要避免对案例内容的暗示，或先入为主地做出价值判断。因为这样会对学生进行错误的导向，限制学生思维的深度。另外，如果案例内容过长，为了避免晦涩难懂，也可附加副标题。

2. 正文

正文是一个案例的核心，这是案例编写的关键部分也是案例得以实施的保障。而对于案例的正文应包括的内容到目前并没有一个定论，美国学者舒尔曼认为案例的内容应该包括事件的时间地点、人物的意图、引起学习者反省的情节。在总结前人的基础上，本书认为一个完整的案例应包括背景、情节、困境三方面。

（1）背景。在这一阶段，编写者需交代清楚案例发生的时间、地点和人物，它可以提供给学习者案例的大概情况。一般在案例的标题后是对案例背景的描述，其信息量较大，记录了别人的言行举止和想法，这对案例学习者较为重要。需要注意的是，案例编写者要使用恰当的背景材料对案例环境以及事件的来龙去脉进行说明，帮助学生理解当事人的想法和意图。

（2）情节。案例的情节是最能吸引和打动读者的部分。为了避免平淡无奇的叙述，在编写案例时，必须配合特定的教学任务给案例安排故事情节，娓娓道来。一定程度上，案例具有一定的真实性，会带入编写者的个人经历和生活实际。由于案例来源于实际，并不是凭空想象，所以必定会存在争议和问题。越是这样就越能充满戏剧性和悬念，丰富案例的情节，更大程度上调动学习者阅读的兴趣，并触动其感情。同时也会有更多的机会使学生参与到课堂讨论中来。

（3）困境。每一个案例都应包含一个两难困境，通过探索怎样解决困境为学生搭起构建理论与实务的桥梁。因为当一个人面临困境时，除了会有所回避外，还会给学习者提供反思和重新思考的机会。当预期目标不能得以实现或遭遇失败时，人们就会重新反省自身的行为并重新思考该怎么做才能走出失败的困境。因此，在案例中应包括一些冲突、争议，提供一些意外和变化，使学习者面对困境，以期驱动其讨论案例。

3. 附录

附录并不是每一个案例都有的，但出于其完整性的考虑，本书认为附录是应有的。舒尔曼和柯伯特更是将案例讨论的问题放在了附录部分，由此可见附录对于一个案例的重要性。一个完备的附录应该包括案例讨论的问题和评价。

（1）案例讨论的问题。在案例后面提供一些供学习者思考的问题，是编写案例的重要环节。在这些问题的选择上，首先要把握案例所反映的核心议题，并针对此提出相应的问题，如此案例问题才具有关键性。至于其他问题，可以根据教学时间的长短、教师的能力以及教学目标的完成进程加以列举。在研究问题的排列上，要从学生的认知能力和知识储备出发，由简到繁、由易到难逐渐深入，最终帮助学生实现知识的迁移并在现实生活中得以运用。案例教学接受多种答案存在的可能，因此在构建问题时要能鼓励学生主动思考。问题的语气不能过于强硬，语意要明确，要避免过于抽象和太具有引导性。

（2）评价。纵观关于案例是否应该包含评论的问题，本书答案是肯定的。正如美国学者舒尔曼所主张，评论应可作为案例的一部分，如此可以对案例的审查提供附加的观点和透视。评论可以是作者自己对案例的重新审视或专家学者围绕案例进行的讨论，它可以深化人们对案例的认识和理解，给学习者和编写者提供反省和审查的机会，这对案例学习是必需的。一般评论都放置在案例的最后或另取一篇，这样做是为了避免学习者先阅读了别人的评论产生先入为主的观点，不利于案例讨论的深入，同时也降低了产生更多创新思维的机会。评论应包括多元的观点，从不同的角度和利益出发，同一个议题可能会提出不同的视野。如此好处有三：一是给学习者更多反思的机会，博采众家之长不断完善自己的认识；二是将案例与研究融合，评论一方面会对案例的某些问题做出具体的分析，一方面可进一步指出案例存在的问题和需要研究的方向；三是不同的评论者会对案例所反映的问题做出不同的决策，学习者可以集思广益寻找更多的解决问题的方法。

二、运用灵活多样的方法进行案例教学

案例教学的学习方式多种多样，如小型的分析讨论、代表发言、现场分析、角色扮演等，教师在进行案例教学过程中应灵活运用这些方法来实现教学目的。在使用这些方法时，教师应把握以下两个原则。

（一）根据教学需要选择案例

要根据教学内容选择案例，考虑案例涉及的知识与学生已有的知识基础，通过案例分析达到温故知新的目的；也要考虑学生的具体情况，选用难易适当、繁简相宜的案例，不可不切实际地贪全求深、好大喜功。

（二）根据案例内容确定教学形式

如在一次课程或新的一章学习的开始，可适当增加教师分析讲解的成分，通过复习已学过的知识，再提出新问题，把学生思路引导到新内容上，从而对学生的学习起到导向作用。如果是一个章节或单元结束之后，多采用案例讨论

课的方式，通过学术讨论、教师归纳使学生头脑中形成更系统、更清晰的知识框架，同时也可使抽象枯燥的概念变得生动形象。若要处理的是综合性强、难下定论的案例，可以采用专题讨论的形式，通过师生的共同讨论形成一个大家都可接受的观点，同时也可锻炼学生分析和解决问题的能力。

三、创造适合案例教学的时间与空间环境

案例教学要达到预期效果，首先要有与其相适应的教学环境。在班级规模上，案例教学提倡小班教学。尽管西方的案例教学人数不尽相同，少的有十余人，多的可达百余人，但班级人数应尽量控制在 25 人之下，使师生之间充分交换意见，以便对解决问题的方案进行充分讨论。在教学时间方面，要保证学生必要的预习和准备时间，以便使其对问题进行深入而细致的思考，还应保证课堂上足够的讨论时间，避免草草收场，使效果不够理想。在时间分配上，通常精心选择 4 ~ 5 个非常有代表性的案例在课堂上公开讨论，其余部分作为课外作业完成。这样既加深了学生对课程知识点的理解，使其掌握了案例讨论的基本方法，又节约了每门课程进行案例分析时所占用的课堂时间。课外案例分析的形式可以在课余时间进行分组讨论，形成几种解决方案，也可以使学生形成自己的观点，以作业的形式交给教师评阅，这样可以适当解决时间不足的问题。

四、提高采用案例教学的教师自身素质

案例教学不单纯是一种教学方法，它不仅以教学内容的转变为前提，还要求教师的教学思想和学生的学习方式有相应的转变。在案例教学过程中，提高教师素质是极为重要的。一个合格的案例教学教师必须具备比较广博的文化基础知识与较为深厚的专业理论知识，同时还应有平等互动的精神，鼓励和支持学生的思考和探索。

学校要尽可能配备最擅长案例教学的教师从事教学工作，尤其是在采用案例教学的初级阶段。学生刚开始接触案例教学时，是学生对案例教学形成正确认识的关键时期，在这一期间成功地实施案例教学，无论对学生还是后续任课教师的意义都非常重大。学校还可以采取课前的教案检查和课后的教学评估等方式，督促教师改进自己的案例教学。同时也要开展多种方式的教师培训项目，通过经验介绍、公开评课等途径提高教师的教学水平。

五、正确对待案例教学中的评价

案例教学的主要目的不是为了找出某个问题的正确答案，而是要通过案例

分析提高学生的各种能力，且不同的学生分析问题的角度也不相同，因此切忌制订统一答案来限制学生的思维。一般来说，评价一个案例的讨论结果是需要遵循一定的标准来进行的，但是同一问题可能具有多种可行的解决方法，因此答案标准也只能用作参考。案例教学由其自身特点决定了它重点考察学生的理解、分析、创造、表达等多方面素质，因此要对案例教学进行多方面评价，评价过程也应关注学生在整个案例分析、讨论过程中的综合表现。

六、建立科学的教学效果考核机制

为了保证案例教学的顺利开展，教师在案例教学活动前，必须制订科学、合理的案例教学考核标准。考核的目的在于避免有些学生不积极参与案例分析和讨论仍滥竽充数、蒙混过关的现象。在对教学效果进行考核时，应做到班组考核与个人考核的有效结合。考核务必追求全面、客观和真实，班组考核定方向，个人考核定成绩，以保证案例教学的教学效果质量。

七、建立案例资源库

教学管理者应组织具有丰富教学实践经验的教师进行案例编写。教师应结合历史课程实际需要，深入实践、科学选题、合理加工，创作或修订符合历史教学要求的最新案例。在此基础上，通过案例资源的累积最终建立系统化的案例教学资源库，并及时进行更新。有关案例教学资源库构建的内容，笔者会在第六章中进行着重讲解。

八、适当结合信息技术手段进行教学

在某些学科领域中，由于所选案例大都是已有结论的事件，学生在分析时往往是对既定事实的总结或反思，且因为学生没有真正置身案例之中，他们对案例的分析或提出的解决方案也并不需承担由此带来的后果和风险，因此学生缺乏一种负责任的态度。在这些学科领域中进行案例教学时，可以和计算机模拟、网络技术等结合运用。这样可以使学生置身于一个动态的、富有挑战性的环境中，使他们看到自己所做的各种决策所产生的后果，并承担由此带来的风险与责任。这样既丰富了案例的信息背景，又使学生全方位地投身于案例情境中，增强了学生的责任心和使命感。

第六章　案例教学资源库的构建

案例是案例教学中的核心要素，也是最基础的要素。在案例教学体系中，案例库又是案例教学中的基本条件。在案例教学法使用中，教师面临的一个重要问题就是案例稀有、缺失以及没有建立案例库的现状。尤其是在历史教学领域中，这一问题是比较常见的。由于缺乏有效的案例库资源，许多教师在教学过程中只能自己一边讲课，一边动手设计案例。因为时间仓促，很多案例都比较粗糙。偶尔有较好的案例，也由于没有很好的管理平台无法实现案例资源共享。因此在当前背景下调动教师积极设计、撰写案例的同时，还应以年级、学校、学校之间为单位组织好案例库的建设管理工作，在提高案例整体质量的同时，实现积累优秀案例及案例共享的日标。在我国，各种各样的教育资源库的建设现在已经启动。相对而言，案例教学资源库的建设还是比较薄弱的。由于案例教学在我国尚处于起始阶段，许多学校对案例教学资源库的建设还知之甚少。因此，为了适应时代发展的趋势和案例教学的需要，探索案例教学资源库的建设就显得十分必要。

第一节　案例教学资源库概况

一、案例教学资源库

20 世纪 70 年代后，案例教学开始运用于教育学界，特别是师资培训中。然而师资培训尚缺乏这样的案例中心，教师在实施案例教学时常常难以找到合适的案例。由此可见，构建案例教学资源库是案例教学实施的重要保障。

高质量的教学案例库是进行案例教学的重要条件。对于绝大多数的教师而言，都不可能全部采用自己开发的教学案例。因此，若没有案例库的支持，案例教学将不具有现实可操作性。哈佛商学院的案例教学之所以能成功推行，与哈佛案例库的建设有密不可分的关系。哈佛案例涵盖的范围非常广泛，几乎每一门课程都能在案例库中找到合适的案例，而且案例库正在以很快的速度进行更新升级。哈佛商学院的教师每年都会建设大约250个新案例，每个案例都有详细的教学建议，其中最有价值的是对课堂讨论的具体设计，包括案例可分成几个部分来讨论？各部分要学生思考的具体问题有哪些？非常重要的是，对于每一个问题，教学建议中都给出了明确的答案，极大地提高了案例的适用性。

在界定什么是“案例教学资源库”前，笔者认为首先需要弄清“案例教学资源”这一概念。案例教学资源是以教学案例为主体的直接或间接服务于案例教学的各种资料。具体说来，案例教学资源包括以下几个方面。

（一）典型的案例资源

案例教学资源中最主要、最典型的案例教学资源就是教学案例。正如前文所说，所谓教学案例，就是根据一定的教学目的和教学实践的需要编制而成的一个个描述真实事件和情景的故事，学习者经过认真的研究和分析后会从中有所收获。换言之，凡是为案例教学编制的案例，都可称之为教学案例。教学案例是案例教学资源中最能直接运用于案例教学的重要资源。

（二）素材性案例资源

案例素材是指形成案例的最初的原始材料。这些素材可以是教学日记、私人信件、学生作业、录像带、观察者的记录等。未成形的教学案例也可看作是案例教学的素材性资源。一般情况下，素材性案例资源在经过整理、加工、改造之后可以变成教学案例。如学生的习作、典型的考试题等都可经过加工后进入课堂案例教学，然后成为教学案例的重要资源。

（三）案例教学相关资源

案例教学相关资源主要是指能支持案例教学的其他相关资源。具体包括以下几类。

1. 案例报告

这是以第一人称的形式写就的叙述自己经历、活动和说明的报告，作者就是案例中所叙述事件的主人公。案例报告可以看作是教师叙事研究的一种。

2. 案例研究报告

这是以第三人称形式出现的叙述某人、某事的研究报告。它是教师或研究者对研究对象（教师或学生等）的发展经历或所做事情的说明与研究，也称为个案研究报告。

3. 案例教材

这是基于特定的教学目标选择、组织、汇总起来的案例报告、案例研究或案例教学。

4. 案例为本的课程

这是围绕案例或案例教材的运用而组织起来的课程或全部学习计划，其中既包括不同类型、风格的案例教学的陈述，也包括教学方式、方法的说明等。

除此之外，还有一些其他的与案例教学或案例教学相关的资源，如有关案例教学的理论书籍，有关案例与教师专业发展的书籍报刊等。

关于什么是案例教学资源库，案例教学资源库到底应该是个什么样子，目前还没有一个统一的概念。一般认为，案例教学资源库是为了便于查询和使用，根据一定的标准所汇集起来的案例教学资源的总和。学校案例教学资源库就是以学校为基本单位的案例教学资源的汇集。鉴于我国案例教学资源库建设不是十分理想的现状，本章所探讨的案例教学资源库主要是以学校为单位的案例教学资源库，可以说是校本案例教学资源库，旨在从力所能及的范围内做起，为中国案例资源中心的建成尽绵薄之力。因为在现代社会，即使是校本案例教学资源库，也并不排斥校际之间的共建与共享。

二、案例教学资源库的构成要素

案例教学资源库至少应该包括以下四个要素：一是丰富的案例资源，二是适当的存储方式，三是完善的系统功能，四是不断更新的案例资源。

（一）丰富的案例资源

丰富的案例资源是案例教学资源库构成和存在的必要条件。所谓丰富，一是指数量众多。如果案例教学资源库里空空如也，那它的存在是没有意义的，如果存储的案例资源非常少，也很难说它是一个“库”。二是指多种类型、多种学科、多种内容的案例资源都包含其中。丰富的案例资源可满足多种用途的需要，满足不同教师教学与学生发展的需要。

（二）适当的存储方式

存储方式至少包括三方面的内容：一是存储空间，即存储于什么地方；二是存储载体，即以什么为媒介存储；三是以何种方式存储。传统的以物质空间为存储空间、以书本等为存储载体、以系统分类方式存在的存储方式，仍然有其继续存在的价值。但在信息化时代已经到来的今天，我们更倾向于采用网络空间内以超文本为主要载体的存储方式。我国著名教育技术专家南国农教授说，“没有万能的媒体”，即任何一种媒体都各有其长处和短处。因此，在选择案例教学资源存储方式的时候，不妨充分利用各种媒体，将现代媒体和传统媒体有机结合起来，取长补短。

（三）完善的功能系统

大量的案例教学资源杂乱地堆积在一起是不能算作一个好的案例教学资源库的，这样的案例教学资源库也是难以发挥其应有的功能和作用的。一个好的案例教学资源库应具备完善的功能系统。例如，管理系统，应有专人对资源库进行完善的管理，以保证资源库的正常运转；检索系统，资源库应有不同类型的检索方式，可供不同人在不同情况下进行快速有效的资源检索等。

（四）不断更新的案例资源

保持资源不断更新是构成案例教学资源库的重要要素，是保持其生命力的重要措施。案例的使用有一定的保鲜期。在教学中使用的每一个案例，都应以关注今天所面临的疑难为着眼点。支撑案例的管理、决策以及教学的原理，可能是稳定的、恒常的，但展示的事实材料应是与整个时代相应的。贝内特等人认为，一个好的案例描述的应是近五年发生的事情。国外长期从事案例教学的专家认为，如果每年能更新三分之一左右的案例，就可以保证所教的课程相当不错地反映教育教学的实际；如果五年都不更新案例，那么学生就只能接触五年前的情况，处理五年前的问题。可见，保持案例及案例资源的时代性和新鲜度是非常必要的，因此必须不断对库内资源进行更新。此外，资源库的承载方式等也应根据发展趋势不断更新。

三、案例教学资源库建设的指导原则

如何建立一个优秀的案例教学资源库呢？参考国内外高校案例教学资源库建设的经验可知，建设案例教学资源库首先要设计好一整套科学合理的指导原则。这套体系既要能客观评价案例教学资源库质量，又要能结合历史学科特点且兼顾其他学科共性，能与不同的学科案例教学资源库间进行借鉴与比较。学校案例教学资源库的构建必须以一定量的案例教学资源为前提，而且在资源库初具规模和建成之后，仍需要源源不断地补充新的案例教学资源。

为确保案例教学资源库持续发展，更有效地服务于教育教学，案例教学资源库的建设应遵循以下四个原则。

（一）设计标准化的原则

应根据历史学科特点来组织和建设案例教学资源库，对于案例教学资源库的整体设计提出具体的标准化要求。这就包括对案例教学资源库的结构，即案例教学资源库的个案数量、案例提交格式做出规范性要求；对案例教学资源库内容，即案例涉及的知识与课本教材知识的关联性及适切性提出具体要求；对案例教学资源库个案内容提出要求。具体操作过程中，就需要案例教学资源库的组织建设者结合学期教学任务根据教材编撰内容，确定案例教学资源库中应包含案例的数量，从而组织建立相应的案例教学资源库。

对于组成案例教学资源库的个案的格式也要形成定式，要确保教师在撰写个案时格式的统一和完整。具体来说就是要求个案编写由以下四部分组成。

1. 案例标题

案例撰写者应以简要的语言概括出案例的基本内容。

2. 案例想要达到的教学目标

在案例正文前端，案例撰写者应明确罗列出使用该案例的具体要求和一些引导学生阅读案例完成学习的前导性问题。

3. 案例的核心——正文部分

在这一部分撰写者应客观地描述历史人物或历史事件，为学习者提供相关的背景资料，辅助学生理解案例内容。

4. 案例结尾的思考问题

通过设计有针对性的问题，来调动学生积极讨论与思考，使学生在学习案例后获得学习上的帮助。

（二）全员参与的原则

学校要想构建案例教学资源库，首先必须表明对建设案例教学资源库的重视，确实把它作为学校的一项任务来抓。只有学校充分重视它，并真正下决心把它当成一件事情来抓，教师才能有足够的信心投入到这一工作中来。建设案例教学资源库，必须发动全体教师参与进来。为此，学校应在案例教学资源库建设初期，从理念、思想、功用、意义等方面向全体教师做出动员。不仅要从学校层面上，更要从教师专业发展和个人发展的层面上，使教师明白构建学校案例教学资源库的重要意义，从而有效地激发起教师的工作热情。我们强调全体教师都参与到案例教学资源库的建设中来，这首先是因为案例教学资源库的建设与每位教师都有关，没有教师会被排斥在外，每位教师的经验与实践都是案例教学的资源或潜在资源；其次，案例教学资源库的建设是促进每位教师专业发展的工作，对每位教师的发展都是有利的；最后，案例教学资源库的建设需要教师们的共同协作。在日常教学工作中，学校需通过多种活动、多种途径，对教师的工作进行指导、激励、评价等，以使这一工作能长期持续健康地发展下去。

（三）收编结合的原则

只有拥有广泛的案例资源，才能构建高质量的案例教学资源库。为了扩大案例的来源，可以采用资源收集与教师自己编写相结合的方式，为构建案例教学资源库拓宽基础。资源收集是指教师从书籍、报刊、杂志、教学软件等材料中收集多种多样的案例教学资源。这些案例教学资源或原封不动或经过改造后可以充实进案例教学资源库，为扩大库存丰富案例资源作贡献。

案例可由研究者开发、编写，也可由教师编写。近年来，由于“倾听教师自己的声音”的呼声越来越高，人们更倾向于引导教师自己编写教学案例。在学校案例教学资源库建设中，不仅需要教师参与案例编写，而且需要教师从自己的教学实践中撰写教学经验、教学心得等，为资源库的建设提供案例素材。在学校案例教学资源库的构建中，我们强调通过教师自己编写教学案例促进教师的专业发展。因此，教师自己编写教学案例是学校案例教学资源库建设的重要方面。

（四）适当奖励的原则

对于在案例收集和编写以及案例教学资源库的建设等方面表现突出或作出突出贡献者，学校要给予适当的物质或精神奖励，以使这些行为能保持下去，同时激励其他教师加倍努力。定期（如每学年一次）并适当的奖励是使学校案例教学资源库建设持续发展下去的有效策略，学校应重视并做好这件事情。

案例教学资源库的建设是一个动态的、需要长期累积的过程，绝非一劳永逸、一朝一夕就可以完成的。要建立一个优秀的案例教学资源库，需要的绝不仅是几名教师认真撰写几篇简单的文字。一个案例教学资源库能否被建设成功并且朝着健康持续发展，需要学校领导对这项工作的不断关注，需要资金上的大力支持，需要组织者提供大量丰富的史料以供研究筛选、采用，需要对教师和相关人员的不断鼓励，也需要全体教师不断的努力和及时的沟通与借鉴。学校案例教学资源库的建设必须要注意持续发展，只有持续发展，才能保证资源库的正常运行，才能发挥其最大的作用。这就需要不断进行资源更新，从而跟上时代和社会发展的需求，如果资源库不能及时进行更新，那么它的作用将越来越趋于减小，甚至可能会成为死库。

目前我国案例教学资源库建设前景仍不明朗，很多高校管理学的教师手中仍在使用由国外编撰的案例进行教学，各大高等院校案例教学资源库建设仍跟不上教学需要，更何况中学历史学科教学。因此，想要在我国中学开展案例教学工作，组织建设案例教学资源库应是当务之急。各个学校可以将案例编撰和教师工资或者职称评定等环节挂钩，积极鼓励教师投身于案例编撰工作中。另一方面，学校领导应重视案例教学资源库建设工作，无论是政策上还是资金上都应给予大力保障，以此来促进案例教学资源库的建设工作。

第二节　案例教学资源库的功能与作用

随着信息时代的到来，人们正在构建各种各样的资源库，这种大背景为学校构建案例教学资源库提供了借鉴经验。学校案例教学资源库的建设，对于促进案例教学的良好发展、开展以校为本的教师教育、提高教师的专业化水平等都具有重要的意义。

一、促进案例教学自身的良好发展

20世纪以来，案例教学的思想使西方教师教育受益不少，特别是80年代以来，案例教学再度进入兴盛期。随着新的教师知识观、反思性教学观的出现，案例法在教师教育领域中日益得到重视，尽管目前尚无足够的证据表明案例法是一种比其他方法更为有效的方法，但它至少可被视为教师教育中一种有前途的方法[1]。在20世纪90年代，案例教学法发挥了重大作用，并越来越受到人们的重视。随着教师教育的发展，也随着行动研究、校本培训等的日益凸显，案例教学这种培训教师的新方式正越来越引起大家的广泛关注……在某种程度上，案例教学正在成为教育理论和实践界在世纪之交共同的“新宠”[2]。但是在我国，案例教学还刚刚起步，还有待成熟，在实践方面有成效的也还很少见。造成这种状况的原因是多方面的，其中可供使用的教学案例资源严重缺乏不能不说是制约案例教学发展的一个“瓶颈”。为了适应案例教学迅速发展的趋势，也为了推动案例教学的发展，构建案例教学资源库就成为一项迫切的工作。

借鉴其他领域案例教学发展的情况来看，教育领域也非常有必要构建自己的案例教学资源库。如医学院学生研究医学案例，法学院学生研究司法案例，商学院学生研究商业案例，建筑学院学生研究建筑案例，军事学院的学生研究战争案例……上述领域大都建设有自己的案例教学资源库。教育领域与它们相似，也是理论性与实践性都非常强的领域，也非常适合案例教学的实施。教育领域内案例教学的实施当然也需要自己的案例教学资源库的支持。

---

[1] 王少非．案例法的历史及其对教学案例开发的启示[J]．教育发展研究，2000（10）：42-45.

[2] 郑金洲．案例教学指南[M]．上海：华东师范大学出版社，2000.

在我国，随着社会时代的进步和学术交流的发展，案例教学已被引入到教育教学领域和师资培训等方面，并且开始受到越来越多的重视。无论是在理论研究还是教学实践上，人们都在进行着各种各样的案例教学探索。在我国，一些案例教学方面的著作已经问世，如郑金洲编著的《案例教学指南》；一些国外案例教学方面的著作也被引入，如李忠如译的《实施初中数学课程标准的教学案例》；中小学教师继续教育方面的案例教材也已经出现，如傅道春编著的《教学优秀案例分析：教师行为研究》。甚至有些学校已经开始尝试构建自己的案例教学资源库，如江苏无锡市江南中学。另外，一些教师案例集及其相关的案例教学论文也已面世。因此，为了促进案例教学和案例研究的深入开展，构建学校案例教学库是十分必要的。

二、开展以校为本教师教育的良好途径

当今西方在沟通教师教育的理论以及实践方面的努力，主要体现在两个方面：一是案例教学，二是校本教师教育。我国的教师教育工作正在与国际教育新理念接轨。教师的在职教育、教师教育的校本化培训等正在逐渐成为我国教师教育关注的热点，通过校本培训促进在职教师的专业发展开始成为我国教师专业发展的重要途径。从学校的角度看，学校教学案例教学资源库的构建正是把案例教学与校本教师教育结合起来的有效方式，是实施以校为本的教师教育的良好契机与途径。

就构建学校案例教学资源库本身来说，学校应在多方面给予教师以校为本的培训。在培训内容上主要包括如下方面：一是关于案例教学的培训，即培训教师运用案例在课堂教学中进行案例教学；二是关于案例撰写的培训，即教师如何把自己的案例教学写下来，以便为自己的提高和他人的学习服务；三是关于案例教学资源库的建设、使用、管理等方面的培训。在培训方式上，也可有多种主要形式；一是专家指导，即学校聘请案例教学方面的专家对教师进行案例教学、案例撰写、案例教学资源库建设、案例管理等方面的培训；二是内部互训，学校可定期或不定期地进行案例教学的经验交流、案例撰写的交流等。与学校案例教学资源库相关的校本培训，不仅体现在应集中对教师进行培训，更主要的是它应渗透在教师的日常工作中。总之，以学校案例教学库的建设为契机，通过专家指导、同事商讨、自我反思等方式，促进教师专业水平与能力的提高，是教师校本培训的重要途径。

三、提高教师专业化水平

学校案例教学库的建设必然离不开学校每位教师的参与和支持，需要学校

教师直接参与案例的撰写和收集。对教师而言，积极撰写案例，参与学校案例资源库的建设，是迅速提高自己专业水平与专业能力的一种重要方式。正如舒尔曼所总结的那样，实践者们更喜欢阅读由其他实践者所写的案例。因此研究者与教师合作，由教师来写作案例教学，成为美英等国教师教育中案例教学开发的主导途径。

撰写教学案例为教师提供了一个反思自己教学的机会，使教师可以“从经验中学习”。案例撰写的过程可以使教师对“教师知道什么”和“教师需要知道什么”思考得更清楚，并能在特殊的情境中抓住教学中复杂问题的根本之所在。案例撰写可以使教师关注、分析、判断、选择、重新评价当前的问题，使其更深刻地体会到他们的经验是非常有帮助的，认识到撰写教学案例可使他们把自己的经验以文字的形式物化存在。教师参与案例编写，特别是对新手教师的专业成长具有积极的促进作用。通过撰写工作中所面临困境的案例，新手教师可发展诸如建立社团关系、明确有力而简洁地表达教育问题、界定疑难问题和潜在解决办法等技能。所有这些技能，短期内会支持教师的工作，长期看则会提高教师的专业成长潜能。

教师撰写案例能促进教师多种能力的发展。教师撰写教学案例的过程是将来自外部的教育理论与指导自己教学实践的内在教学理论相互转化的过程，可为新教师和在职教师的教学提供比较丰富的实际情境，有利于教学中理论联系实际，培养分析问题和解决问题的能力。教师要在教育教学中形成注意观察的习惯，要学会分析情境，选择并决定什么是与案例故事有关的，什么是无关的。案例撰写使教师更及时地进入案例情境，并且使教师跳出案例寻找更一般的规律认识，这些更一般的规律对教师的教育教学具有积极的指导意义。它还可以使教师对自己的教学进行深思熟虑，从而更清楚地明白自己的优势与不足。案例编写使教师用口头或书面语言简洁明了地把案例故事表述出来，这对教师理清自己的思维、认清自己的行为、掌握理论与规律都是非常有帮助的。

案例撰写不仅可促进教师个体的发展，也可促进教师团队的发展。广大教师长期在第一线进行教育教学的实践，在他们身上有许多默会知识。这些默会知识可促进教师同事之间的理解，但并不能充分满足专业理解的需要。教师用清晰准确的形式写下工作中的问题或困境（同事们往往感到自己也存在同样的问题与困境），然后与同事们分享这些案例，这被认为是专业发展的一步。通过交谈，教师们可以了解他们做了些什么，他们知道些什么，认识到自己所从事工作的复杂性与所面临问题的多样性和歧义性，并且他们原有的、潜移默化的知识被提取出来，他们的那些只可意会不可言传的或不证自明的知识、态度、价值观等，也可通过讨论和批判性分析提升到意识阈中来。在这样的同事互动过程中，教师团队的能力与水平也就逐渐得到了提高。

综上所述，学校应充分认识到学校案例教学资源库的价值与意义，动员全体教师积极参与到建立学校案例教学资源库的工作中来。这对提高教师个人专业发展能力和水平、提高学校的教育教学质量等方面具有较为现实和长远的意义。

第三节　丰富案例教学资源的基本途径

案例教学资源的积累在学校案例教学资源库的构建中具有十分重要的地位。学校必须采取多种措施积累各种各样的案例教学资源，以构建、充实、发展案例教学资源库。

一、广泛收集案例教学资源

学校案例教学资源库的资源不可能全部来自本校教师的教学实践，外来案例教学资源对教师的提高和在教学中的运用同样非常重要。它们在案例教学资源库中也会占有相当大的比重，特别是在建库初期，更需要广泛学习并借鉴外来案例教学资源。因此，构建学校案例教学库必须要广采博取，多途径收集案例教学资源。收集案例教学资源的途径如下：一是从众多的中外教育类报刊、著作以及综合性报刊、著作中收集；二是外校教师自己编写的教学案例；三是兄弟院校或一些公司开发的计算机辅助教学（CAI）光盘；四是从网络上获取案例教学资源。案例教学资源一般采集文字资料，有条件的应注意采集实物、图片、录音、录像等视听资料。教学案例的收集以影响大、典型的教学案例为首选；成功的、失败的、令人效仿的、令人警醒反思的教学案例也应采集。采集的过程大致为：搜寻案例教学资源的信息、查找案例教学资源的源头、理清案例教学资源的来龙去脉，进一步整理、编写、制作等。

教师收集案例教学资源时要注意以下几点：其一，处处留心，及时收集。案例教学资源的收集不可能是突击性的，基本上是靠日常积累。因此，教师在平常的读书学习过程中，应养成处处留心的习惯，发现好的教学案例就及时收集起来。如果不能及时收集，过后再想收集可能会难以查找。教师可建立自己的收集册，把收集到的案例教学资源归类后存入。要做到处处留心，及时收集，必须要有持之以恒的信念，坚持不懈。其二，注明出处，以备查阅。对收集到的案例要特别注意及时注明出处。从为学的角度讲，注明出处可备日后使用或别人使用时查阅、核对；也是对原作者著作权的尊重，是使用他人劳动成果应尽的义务。其三，适当整理，以备使用。所收集到的案例，大多是原始形态。在从各种途径获取案例教学资源后，需要将它们进行重新分类与整理。由于案例可从多种角度加以处理使用，因此，在收集到案例后，可根据使用的意图做出或简或详的分析，附在所收集的案例后，以备使用。例如，可分别注明案例的可能用途，即在哪些类型的课程或专题领域里可以考虑使用该案例。这样在今后使用时，就会比较方便。整理编写后的文字应该尽量简洁。考虑到计算机网络和多媒体技术的日益普及，在有条件的情况下，可制作图片、动画、录像等形式。

二、撰写教学反思日记

案例素材包括日记、私人信件、学生的作业、录像带、观察者的记录等。这些案例素材的累积需要教师在日常的工作中加以收集，此不多述。这里重点谈教师撰写的教学反思日记。

诺丁斯和恩瑞特认为："改进教育实践的最好的希望是，把教师提升为自主的和反思的人[1]。"反思性教学观的出现使人们更加注重教师的教学反思。反思性教学是"教学主体借助行动研究，不断探究与解决自身的教学目的，以及教学工具等方面的问题，将'学会教学'与'学会学习'结合起来，努力提升教学实践合理性，使自己成为学者型教师的过程[2]。"可见，教学反思对教师成长具有重要的作用。教师教学反思的一种重要形式就是撰写教学反思日记。教学反思日记不仅是帮助教师成长的重要方式，在学校案例教学资源库的构建中，它也是积累案例教学资源的重要途径之一。

教学反思日记是指教师在课堂教学后对自己或学生的教学或学习行为所做的反思性记录。教师可每天记录教学中发生的那些使自己兴奋的、发怒的、震惊的或劳力费神的关键事件。这些事件从某一角度反映了自己的教学假定，揭示了自己在现实中所依附的价值观。记录这些事件，可帮助教师了解自己的情感和认识规律，了解自己是怎样选择教学内容以及如何组织教学的；也使教师

---

❶ William F, Pinar. Understanding Curriculum: An Introduction to the Study of Historical and Contemporary Curriculum Discourses[M].New York: Peter Lang Publishing, 1995.

❷ 熊川武．反思性教学[M]. 上海：华东师范大学出版社，1999.

反思自己是怎样处理这些事件的，是否还有更好的处理方式。教学反思日记是日记体，并无严格的形式限制，可以是教学心得，也可以是教学后记等形式。表 6-1 是教学日记的一种格式，供教师参考。

表 6-1 教学日记格式

请举出今日教学所遇到的或所看到的成功及不成功的教学事件			
成功的教学事件	不成功的教学事件	心得与体会	给自己评分以及理由
（一）事件描述 （二）为什么它是成功的 （三）哪些因素促成这种结果 （四）事件中包含的道德或伦理课题 （五）如何使这类事件持续	（一）事件描述 （二）为什么它是不成功的 （三）哪些因素促成这种结果 （四）事件中包含的道德或伦理课题 （五）如何改进		

三、教师直接撰写教学案例

教学案例的编写可分为两个层次：一是个人层次的案例编写，主要是教师或教学管理人员等为提高自身工作的水平而将日常工作中典型事件作为研究对象；二是学校层次的案例编写，主要指学校将教师或管理人员在教学与管理中的典型事件收集进来汇编成册，进行研究，以提高本校教师或管理人员教育专业技能，使其树立良好的教育、教学理念。学校层次的案例编写必须以教师个人的案例编写、研究为基础，而学校层次的案例编写又为教师个人的案例研究提供了广泛的素材[1]。

在教师校本培训和学校案例教学资源库的建设中，除了收集他人的案例教学外，教师撰写案例教学也占有十分重要的地位，学校应把它作为一项重点工作来落实。教师层次的案例编写是学校案例教学资源库建设的重要基础，也是教师自我提高、专业发展的重要方式。教师的教学案例撰写是教师对自己的教学故事进行的整理加工。在撰写教学案例前，教师应首先对案例教学的相关知识有所掌握，并且应阅读一定数量的教学案例，为自己的写作树立榜样。教师还可借助录音、录像等方式对课堂教学进行实录，然后在此基础上进行案例撰

[1] 杜萍．中小学教学与管理案例分析[M]．北京：教育科学出版社，2001．

写。在撰写时需要注意的是，案例的描述要引人入胜，要反映教育中存在的普遍而具体的问题，教学注释则要反映案例作者或研究者对教育教学基本问题的看法。因此，并不是所有的教学案例都能成为一个案例。教学案例基于真实的教师和事件，但又不是课堂教学实录，而是为了产生一个可作为研究基础的教学模式，对课堂进行剪裁加工，瓦解了几节课或加强了一节课的某个方面。案例来源于实践，但又不等同于实践的复制品。

在案例内容的写作方面，理查特认为："在选择写什么时，案例撰写者需要决定案例的中心、选择这个中心的理由，以及另一个反思实践的必要技巧。他必须考虑并决定什么是与这个故事有关的，什么是无关的；什么样的背景因素应该包括进去；什么样的角色和行为是必需的；为了理解这一案例，什么样的上下文信息是必须的；对话的哪一部分应该包括进来。案例的撰写需要方方面面人员的配合，编写人员又包括执编者、资料收集者和指导者。案例撰写特别需要教师与教学研究人员紧密结合，需要研究者对教育教学问题的洞察力，更加需要教师对课堂教学中师生双方（外显的和内隐的）活动的清晰感知。教师可以写出能激发兴趣的、适合教学所用的、良好的案例，但这只有在教师们与研究者和其他案例写作者的相互作用中得到持续的支持和指导才有可能。当然，最理想的情况是学校教师集各项功能于一身，兼做案例编写的执编者、资料收集者和指导者❶。

这样一来，教师在案例撰写过程中的收获会更大，体验和认识会更深刻。教师在使用案例时，也会更加得心应手。案例教学资源积累的途径当然还有许多，各学校应根据实际情况有针对性地采取有效策略，积累丰富的案例教学资源，为构建富有学校特色的案例教学资源库而不断努力。

第四节　构建案例教学资源库的保障措施

案例教学资源库的建设不可能一蹴而就，要走滚雪球式的可持续发展的道路。学校在具体建立资源库的过程中，要统筹规划、分步实施、逐步到位，要有一系列相关的保障措施，才有可能使资源库的建设工作走上良性发展的道路。

一、制订相关制度和政策

学校案例教学资源库的构建一定要有相关制度和政策作为保障。如果没有

❶ 杜萍．中小学教学与管理案例分析[M]．北京：教育科学出版社，2001.

制度和政策保障，朝令夕改，就会在一定程度上影响资源库的建设。建立健全案例教学资源库开发、建设、利用、管理等各方面的制度，才会使整个案例教学资源库的建设、使用、管理、发展等形成良好的机制，为充分发挥案例教学资源库的功能打下坚实的基础。制定相关制度和政策是为了保障案例教学资源库的构建，也是为了建立激励机制。学校案例教学资源库的建设是学校的事，但其具体实施是每个人的事。因此，必须对学校人员进行相关培训，通过培训使它能在更大的时空里使个体、群体和组织获得利益并满足需要，最大限度地调动和发挥个体、群体和组织的整体积极性和潜在力量❶。制订相关制度和政策才能有效地鼓励教师积极搜集和创造案例教学资源、积极利用好各种资源，探索新的教学模式；鼓励教育技术人员积极研究网络案例教学资源库建设的有关理论和技术。

与案例教学资源库相关的制度应包括案例教学资源的开发制度、案例教学资源库的使用制度、案例教学资源库的管理制度、案例教学资源库的安全制度、对教师和教育技术人员的奖励制度等。相关制度和政策的制定一定要在公开和谐的基础上进行，要避免学校领导一手制定然后向下压给教师的强制性做法。学校领导、教师、管理人员、教育技术人员、相关专家等共同参与，通过充分合理的论证、公平对话协商制定制度，才能保证制度的科学合理性、和谐开放性，才能使其真正起到保障和激励的作用。制度不仅仅是一种静态的表述，其关键在于形成与制度要求相符合的运行机制，因此在制定相关制度之后要切实使制度落实下去，运行起来。

二、培养一支建库队伍

学校案例教学资源库的建设是学校的事，其具体实施也是每个人的事。因此，必须对学校人员进行相关培训，通过培训培养一支既有专业技术人员，又有广大教师的案例教学资源制作、研究、开发、建设和应用的队伍，这是构建案例教学资源库的重要保障措施。

首先，要培养一支精于计算机技术和网络教学的教育技术人员。这是学校校园网建设和案例教学资源库建设的当务之急。以多媒体计算机和网络技术为代表的现代教育技术，为构建新型教学模式提供了依据，为教学环境和学习环境的优化创造了条件，但这都需要有一支精于计算机网络技术的教育技术人员队伍。通过他们才可以构建网络案例教学资源库，维持它的运作、更新等。其

❶ 黄志成，程晋宽．教育管理论 第2版[M]．上海：上海教育出版社，2001.

次，要对教师队伍进行培训。通过对教师的培训提高他们在多媒体制作、网页设计、课件制作、网络教学等方面的理论和技术，使教师在备课时能根据学科特点，利用资源库，精心组织，收集素材；上课时，能充分利用资源库，营造出积极主动获取知识的氛围，使学生能够主动探索学习，建立人机交互、多向互动的“网络教学”新模式。再次，要对教学管理人员进行培训。他们是学校案例教学资源库建设的重要力量。案例教学资源库的构建，要有专人负责资源库的信息管理、收集工作，要及时搜集资源库所用的信息资料并迅速输入到资源库中，丰富资源库的内容。最后，还应对学生进行相关培训，使他们能主动接受案例教学，并学会通过案例教学资源库进行自我学习。

三、完善案例教学资源库的功能

在完善功能方面，案例教学资源库要强化多媒体功能。从建构主义的角度来看，强大的多媒体功能有利于激发学生的学习兴趣，帮助学生形成学习动机。案例教学资源包含文字、声音、音乐、图形、动画、视频等丰富的多媒体资料，教育资源库必须对各种媒体都能有良好的支持。完善案例教学资源库的功能，还应构造一个信息化的学习交流环境。例如，创设智能试题库、网络自习中心、交互实验室等教学环境，鼓励学生思考、提问、讨论和交流，培养学生发现问题和解决问题的能力。同时，教学资源平台还应为教师们提供协作的机会和条件，使其利用平台互相交流，共同备课，共享资源，增进了解，激发灵感。在结构方面，案例教学资源库的构建可采用模块结构，每个模块可以相对独立、完整，这样便于模块的管理、移动和应用，并且对某个模块内结构进行修改或增删时不会影响其他模块。

四、优化案例教学资源库的管理

结合我国历史教学现状以及各学校教学资源的不同，为了方便各个学校进行有效的案例教学资源库建设和管理以及案例使用，案例教学资源库中的案例应以纸质文本、电子文本和幻灯片三种形式相结合的方式出现。在案例使用中，有条件的地方，教师可以根据自己的需要引用电子版案例并结合幻灯片播放来开展教学，而没有条件的地方则可以由教师打印纸质案例，发放给学生阅读学习。

当案例教学资源库的建设达到一定程度后，关于如何管理和由谁来管理案例教学资源库的问题就需相关管理部门高度重视。就目前我国中学教育的现状而言，想要建设能实现跨地区资源共享的案例教学资源库是不太现实的，但是通过努力来建设校内案例教学资源库，并在此基础上建立可以多校共建、多校共享的案例教学资源库则是有可能的。要实现这一目标，就需要每个学校先在各个年级相关专业安排案例编撰工作，然后以年级组为单位形成小的学科案例教学资源库，再由学校组织将全校各年级案例进行汇总编排，并进行统一保管，有条件的学校还可以专门建立相关网络数据库方便教师及时查找使用案例。为了保证案例教学资源库的质量，笔者建议针对每一课的具体内容，学校可以倡导教师从多个角度撰写案例，这样在实践操作中，教师就可以根据本班学生的具体学情来有针对性地选择使用案例，进而保证案例教学效果实现最大化。在做好本校案例教学资源库建设的同时，同一地区各学校之间还可以通过网络的形式来组建更大规模的案例教学资源库，进而实现案例教学资源库资源的共享。当然，考虑到同一地区各个学校间可能存在的相互竞争关系，所以地区间案例教学资源库的跨校共享目前还只能处于设想阶段。

对于案例教学资源库的管理，各校可以根据自身具体情况进行安排，但是在这个过程中，应该注意案例的主要使用者是学生和教师，所以案例教学资源库建成后不能完全控制在学校几个主要领导人或计算机专业的个别教师手中，使案例教学资源库成为摆设。为了方便一线教师和学生有效使用案例，笔者建议在案例教学资源库的管理中，学校应将管理权下放到各个年级组的各专业教师手中，每个年级选派一名教师负责管理本年级案例的纸质组成部分，同时还应适当引入学生进行案例管理，提高案例教学资源库的利用效率。当然最好的方式是，学校能建立网络案例教学资源库，给予每个师生相关登录账号，这样师生双方都能根据学习需求随时使用案例教学资源库内的案例。

五、创建研究型教研组

20 世纪 60 年代，终身教育作为一种新的教育思潮兴起，然后学习化社会、终身学习等也成为一种新的教育思潮而兴起，其中学习型组织的构建越来越受到人们重视。学习型组织和团队学习的方式应在学校中形成运用，学校案例教学资源库的构建需要分工协作。分工协作不仅是不同学科的教育资源建设的需要，也存在同一学科中，因为低水平的重复建设往往发生在同一学科。就同一学科而言，如果大家都各自为政，必然导致重复建设，形成一些不良局面。一方面，各单位都感到建设任务重，需要投入的精力多，还有许多资源等待自己去建设；另一方面，又发现通过自己艰苦努力获得的一些资源早已被别人建成，或者质量还不如现在。在案例教学资源库建设时，应极力避免这种情况，因此同一学科更应统筹规划，加强协作，使有限的人力和资金发挥出更大的效益。

现在人们越来越注意团队的作用与力量，团队是学习的最佳单位。研究型教研组作为一个有机的团队，应有自己的团队目标，有自己的组织领导，有一定的活动机会。研究型教研组是一个典型的学习型组织。海森堡认为，合作学习具有令人吃惊的潜能；集体可以做到比个人更有洞察力、更为聪明。团队智力高于个人智力。彼得·圣吉也说："当团队真正在学习的时候，不仅团队整体产生出色的成果，个别成员成长的速度也比其他的学习方式为快[1]。"创建研究型教研组，正是借助团队的教研活动把每一个教师都团结进来，大家齐心协力共同进行案例教学的研究。"教育者必须挑战传统的心智模式和塑造愿景及组建团队的方式，如果他们希望创造有意义的改变的话[2]。"

世界上著名的贝尔实验室聚集着大批一流的科学家，他们的智商并不比别人高，但他们有非常融洽的工作心理氛围，这是他们合作愉快、工作成功的重要原因。教研组内成员之间进行相互激励也是创建科研型教研组的重要策略。每位成员都应虚心向他人学习，对他人的进步要多予以鼓励、肯定，要避免文人相轻、业务封锁、内部斗争等不良习气。良好的科研氛围永远是研究型教研组所需要的，而这种氛围的出现与维持却是每位成员都应努力去争取的。

总之，研究型教研组的建立，为案例教学资源的收集、案例教学的研究等提供了重要的条件，也是促进教师专业发展的重要途径。因此，学校积极创建研究型教研组是构建案例教学资源库的重要保障措施。

六、强化校科研室功能

校科研室在学校教育科研中应起到重要的指导、推动作用。但是目前许多学校可能还没有科研室，即使有些学校设有科研室，它的功能也没有得到很好的发挥。在构建学校案例教学资源库的过程中，应该强化校科研室的功能，使之在案例教学资源库的建设中作出自己的贡献。

为了强化校科研室在学校案例教学资源库构建中的功能，可以适当增加其人员组成，如增加专门的管理人员、增加教育技术专业人员等。因此，校科研室的功能也应相应有所扩展，如案例教学资源库的管理、后台维护等工作，可以由它来负责。校科研室功能强化后，就能成为学校案例教学资源库建设的重要力量：不仅会在案例教学资源积累方面起到重要作用，而且在整个学校案例教学资源库构建中也将发挥积极作用。

---

[1] 彼得·圣吉.第五项修炼 学习型组织的艺术与实务[M].郭进隆,译.上海:上海三联书店,1997.

[2] Nancy Isaacson, Jerry Hamburg. Can Schools Become Learning Organizations?[J]. Educational Leadership, 1992, 50(3): 42-44.

校科研室在学校案例教学资源库构建中的工作可从以下方面来考虑：一是组织好老师的案例编写、指导等工作。二是选择有研究价值和意义的课题进行案例研究。在学科各学科中都可选择有价值、有意义的案例研究课题。例如，把教师的案例教学实践、案例教学研究、教学案例撰写等纳入校科研计划中来，也可以把案例教学资源库建设本身作为研究项目纳入校科研计划中来，把它们作为一项科研任务来抓。围绕这些课题的研究会产生许多案例素材，在案例素材的基础上可更进一步撰写教学案例。三是对教师的案例教学进行评价鉴定。校科研室可以在学期末或年终进行案例教学的评奖活动，以激发大家的案例研究活动。四是组织案例教学研究的多种活动。例如，案例研讨会、优秀案例教学的展示、教师案例研究的个人经验交流会等。这些活动会在一定程度上激发教师的积极性，推动案例教学资源库的建设。

在构建学校案例教学资源库时，学校要根据原有基础和经济能力分步实施，分期建设，逐步扩充，切忌“一步到位”。建库时一定要考虑对今后的发展，要留有一定的发展空间，不能设计得过满、过死。如果有些类别暂时没有相关资源，应为其留出位置以便以后随时添加，避免到时候打乱已有的结构，再重新进行设计。另外，在案例教学资源库的构建过程中，还要加强理论研究。这些理论研究涉及案例教学资源库的建设、管理、应用等方面，同时也涉及案例撰写、案例教学等方面。

第七章　案例教学主导与调控

案例教学中的主导与调控，指的是围绕某个特定教学目标而对教学活动的主题和方向进行引领、把握和有效驾驭。这样做的目的是引导学生正确分析认识案例问题，适时修正案例教学中出现的偏差，并调整控制好整个教学过程，使案例教学朝着教师期望的方向和既定的教学目标发展。主导与调控是相互关联的两个方面，既是组织案例教学的基本要素，也是教师在案例教学活动中的一项主要任务。在案例教学过程中，教师的主导与调控能力在全班讨论时效果最为明显。

第一节　案例教学主导与调控的要求

主导与调控的总体要求是明确任务、摆正位置，积极主动、顺势而为，讲究方法、注重实效。具体表现在以下几个方面。

一、具有目的性

（一）目标要明确

主导与调控要有明确的任务和目标，并始终围绕教学的总任务和总目标来把握案例讨论的主题、方向和程度，同时教师应把主导与调控作为教学活动中的主要任务和实现教学目标的重要手段。

（二）服务和服从于教学目标和教学效果

主导与调控的方法和手段应有助于实现既定教学目标，有利于引领对案例问题讨论，有益于提高教学讨论实际效果。

（三）注重需求

要根据教学实际情况和不同问题的影响程度进行随机调节，灵活应变，做到因势利导、因时利导、因情而异。

二、正确定位

定位，是为了正确认识教师的作用及其所处位置，也是处理主导与主体关系的基础。

（一）主导不是主讲

要从传统教学观念和教学模式中摆脱出来，重新调整位置，尤其要处理好教师主导与学生主体的关系，甘做幕后导演。切忌上演独角戏，或搞自拉自唱、自评自说。主导应是一种潜移默化的方式，在不知不觉中以“润物细无声”的方式引导学生并进行改变。如果主导变成了主讲，教师主体痕迹过于明显，显然就违背了案例教学法以学生为主体的初衷。

（二）使学生真正成为主角

学生不仅是案例问题的主要分析者，也是解决案例问题的主要决策者，要充分依靠学生，并给予其足够的才智施展空间。教师尤其要认真倾听和尊重学生意见，力求使学生发现和提出问题，自我解决问题，而不应越俎代庖，充当案例问题的解说员、观点意见的评论员和是非曲直的评判员。

（三）处理好放开讨论与主导调控的关系

教师既要充分激励和调动学生的参与积极性，鼓励学生提出各种建设性意见和开展百家争鸣，又要注意防止场面失控，避免出现学员自我主导、偏离主题、盲目争议的现象。

三、全程介入

全程介入，就是要求教师融入整个教学过程，全面掌握教学讨论情况，是始终贯穿教学主导的基本原则。许多教师正以新理念创新课堂教学，但由于教师理念和行为的偏差，使课堂教学走入误区，出现了一些偏离或背离教育初衷的现象，如过分地迁就学生，盲目开放，高估学生的自主性，把自主当作自动等不负责任的做法。刻意拔高学生主体地位的形式上的教学创新，其实是教师对自身责任的一种变相逃避。因此，在课堂教学中，教师绝不能置身事外，要保持全程介入的状态。

（一）准备充分

要理清教学思路，预见性地做好教学准备，制订相应的主导与调控方案。教师要在教学活动开展前就做好相应的准备工作，充分考虑到教学中容易出现的问题，并针对这些问题进行补救措施。如果准备得足够充分，很多问题都会被消弭于萌芽中。且教师对课堂的主导与调控应是游刃有余的，而不是遇事慌乱，不知所措。

（二）融入其中

在实践案例教学法的过程中，很多教师往往会刻意营造一种宽松的氛围，极力削弱教师的职能。其实这种做法是错误的，不能因教学的研究性和讨论氛围的宽松性，而忽视教师的教学责任，甚至将教师排除在外；也不能因强调把握主要环节和主要问题，而忽略对其他方面的关注，失去对关键情况的掌握控制；更不能因分组讨论由学生组织，而放弃对一些重要问题的引导和纠正，甚至放任自流，使案例讨论偏离教学目标。教师应努力融入其中，积极发挥教师职能，使课堂上的自由度始终保持在一定的可控范围之内。

（三）力求主动

教师要胸有全局，积极主动，正确把握和引导发展趋势，并贯穿整个讨论过程，不能被动跟进或“守株待免”式地等待时机。教学进程的主动权应牢牢掌握在教师的手中，学生可以参与，但是不能决定或改变已设定好的教学目标。课堂教学应由教师引导方向，所有的讨论都要围绕并服务于教学目标本身，而不是使教学目标去迁就学生的讨论而频繁改动，导致教育教学的失败。

（四）适时适度

要处理好计划与变化的关系，适时、适度和不间断地进行修正，力求以落叶无声的方式和实现阶段性的、有限的教学目标来达到最终的主导与调控目的。要充分考虑学生的接受能力和理解能力，不要搞“急刹车”和“大转折”，也不要为了达成全部的教学目标而导致教学强度超出学生所能承受的极限，要尊重学生的个人情感，以一种可以令人接受的方式来适时适度达成教学目标。

四、有所为和有所不为

有所为，就是要抓大放小，着力于体现主要思想，把握主要趋向，抓住主要环节，调控主要偏差，把注意力放在讨论的主题、进程和方向上，而不是去主导具体的讨论结果。

有所不为，就是在案例讨论中不进行主导性分析，不参与具体问题的研究；在归纳点评学生观点时，不表露个人倾向性意见，不做是非的评判者；在主导与调控的指导思想上，不强求过程的面面俱到，不追求观点意见的一致性和结果的完美，在问题的处理上保持一定的理智。

五、制订行为规则

行为规则，主要起到明确事项、维护秩序和保护学生积极性的作用，是主导与调控的重要手段，应根据教学需要提前拟定。

教师在案例讨论前务必将讨论内容、时间安排、组织方式和要求等事项进行明确告知，在讨论中除特殊情况经过允许外，所有参与人员都必须自觉遵守，教师应以裁判员的身份公正“执法”，维护好讨论的基本秩序。

内容主要包括讨论规则和教师守则两个方面，可根据组织实施的具体形式进行制订。

（一）讨论规则

讨论规则是相对于学生而言的，一般包括发言时间、发言顺序、语言要求、辩论注意事项以及课堂纪律等。需要注意的是不允许发表较低水准的讨论，如讨论内容缺乏争议性，不足以支撑起正反两方的讨论；不允许重复对某一观点的讨论，若发表类似的观点则需有足够新颖的解读；不允许发表涉及敏感内容的讨论，讨论内容仅限于课堂教学活动；不允许讨论偏离主旨，频繁转移话题，逃避失败。

（二）教师守则

教师守则是教师要遵守的规则：一是讨论中不随意否定学生的观点意见；二是不妄下定论、封杀言路；三是除范例型案例外，一般不提供所谓的标准“答案”，即使对有明确结论的案例问题，也应采取引而不发的方式进行处理。

六、讲究方法和技巧

组织教学及处置问题的方法和技巧，既反映教师的水平和能力，也直接影响教学讨论的实际效果。教师在案例教学实践中，应采用多种方法和技巧来丰富教学手段，使课堂上始终保持一种相对轻松的教学氛围。具体方法和技巧如下。

（一）幕后导演

（1）设法使学生摆脱现实角色的影响，尽快进入假定的案例角色，并诱导从多个层面上分析思考问题。学生“入戏”的程度，关系到教学质量，并影响到最终的教学效果。

（2）明确教学关系和教学特点，打消学生对教师的依赖性。要让学生完全自主地开展教学活动，充分发挥学生的主观能动性，避免学生受到来自教师方面的干扰。

（3）既不回避问题，也不直接回答问题，可将学生的疑问交由学生回答，将学生的观点意见交由学生评议。所有问题都交由学生去评判，可以充分挖掘学生的思维分析能力和辨别能力。

（4）学会利用提出问题和启发思路的方法，主导或转移讨论议题；视情况利用课间休息的机会沟通交流，解决个别学生的疑虑问题。

（二）抓大放小

（1）处理好意见分歧。对教学讨论中出现的意见分歧，教师应在学生充分发表意见的基础上，采取先一致后分歧的排除方法逐步化解，当然有时也可采取先议分歧再求一致的方法进行处置。

（2）注意围绕已形成的主流意见，引导学生求大同存小异，防止在琐碎细节上纠缠不休，浪费太多的时间。教师应合理安排时间，务必保证课堂时间的有效利用。

（3）对全班讨论中出现的一些意义不大的细节争议，应适时结束讨论或及时转题，如果争议仍在持续，可以采取暂时休会的方式来进行冷处理。

（三）顺势而为

（1）在组织教学讨论过程中既要会“撒网”（提出问题），也要善于借题发挥和适时“收网”。

（2）不寄希望于一种方式方法就收到良好的主导与调控效果，对学生遇到的难题要讲思路、传方法，不主导分析和包办代替。

（3）从实际效果出发，注意方法和技巧的灵活运用，力求依托讨论规则和学员集体智慧的优势来主导与调控。尤其要注意分析掌握学生的心理活动，善于激励和调动其参与讨论的积极性。

第二节　案例教学主导与调控的方法

虽然主导与调控具有共同的目的和相辅相成的作用，但在案例教学中主导是第一位的，调控是从属和辅助性的，两者在具体的操作方法和手段上也有所区别。

一、主导的方法

（一）观点归纳

就是对学生分析讨论中提出的代表性意见，以提炼主题词（关键字）的形式进行归纳。归纳要学会沙里淘金，并有意识地放弃一些有明显错误或远离主题的观点意见，但不得依个人所好来进行取舍。归纳可采取口头重复、多媒体显示、板书等方式。

（二）扼要点评

就是在分析讨论中教师可采用插话或小结的形式，适度提示参与者注意一些有新意和有价值的观点意见，但不得带有个人的倾向性观点。主要方式有发言中点评、发言后点评、讨论结束时点评。

（三）问题诱导

就是对案例问题或学生提出的观点意见进行发问，有目的地调整学生思路，诱导思考。主要有提问、反问、追问、设疑、引用其他学员观点驳论等方式，有时也可将学生提出的问题交由其他学生回答。

（四）下发补充分料

就是根据案例讨论进展情况，适时并有选择地下发或播放课前搜集准备的相关资料，如文字、图片、音像资料等，以扩大学生对案例问题的全面了解。

（五）引用相关案例提示

就是视情况利用判例等相关资料对案例分析进行提示和诱导，或作为学生分析结果的借鉴参考。利用这一方法要注意以下问题：

（1）要提前收集准备。

（2）收集的资料在内容性质上应与教学案例相近，具有示例和参照意义。

（3）采用思路提示、依据提示等方式进行诱导，一般不要直接告知结论。

二、调控的方法

调控应从实际需要出发，多种方法手段相结合。常用的方法和手段有议题调整、程序调整、时间调整和暂时休会。

（一）设题调整

（1）当讨论中出现更有利于实现教学目标的趋势时，可调整既定议题顺势发展。

（2）当讨论中出现重复问题时（如前一阶段讨论已经涉及，并初步形成共识的问题），可跳跃不议。

（3）当讨论中各方意见相持不下而影响进程时，可暂时搁置不议，或提出其他相关议题，用迂回的方式解决。

（二）程序调整

程序是对讨论问题、次序和进程所做的基本安排，具有预定性和模式化的特点，对组织教学有一定的指导性作用。由于案例教学中不确定因素较多，既定的安排可能出现许多不相适应的地方，因此程序调整应因情而变，并作为调控的一种手段加以运用。

程序调整的范围相对较窄，通常与时间调整同步进行。主要有：视情况对分组和全班讨论的次数、时间进行调整；视情况对讨论问题的先后顺序进行调整；视情况减少个别问题的讨论等。

（三）时间调整

时间是教学安排的要素，既是最难掌握，也是最有利于调控的一种手段。采用时间调整应综合考虑整体的安排，尤其要注意避免出现顾此失彼和虎头蛇尾的现象。

时间调整主要是视情况延长或缩短某阶段既定的教学时间。基本原则是：

（1）对需深化研究的问题，可适当延长时间。

（2）对大家感兴趣且有助于启发思维的问题，可顺势延长时间。

（3）对次要或重复性的问题，可相应减少时间。

（4）对程序调整后宽裕出的时间，可调剂满足主要案例问题的讨论。

（5）在不进行程序调整的情况下，各阶段增加或减少的单位时间，应控制在10分钟左右，一般不宜进行大幅度的时间调整。

（四）暂时休会

暂时休会是一种被动式的调控方法，虽然对缓解和化解冲突有积极作用，但应慎重采用。

做出休会决定前，应对当时讨论情形作出评估，选择好恰当的时机，并进行必要的策略性铺垫，形成自然过渡，不应给人留下无奈之举的感觉。

暂时休会的目的不是休息，而是将矛盾搁置待后处理，给学生更充裕的思考时间。因此，当确需采用这一方法时，教师应当做好相应的后续安排：

（1）提供一些资料名目，以便使学生在查阅中获取启示。主要适合于上、下午教学时间临近结束时采用。

（2）提示一些问题，让学生进行个人分析。主要适合于临近课间休息时采用。

（3）转为分组讨论。适合于讨论的各过程，此时教师应点明分组讨论的主要问题，明确相关事项，并深入了解各组情况。

（4）必要时，组织召集人召开协调会或再次强调讨论规则。主要适合于目标不明、规则不清、无端纠缠等原因引起的矛盾冲突。

第三节　案例教学主导与调控的主要时机

主导与调控是贯穿于案例教学全过程的一项工作，但同样具有阶段性的特点和介入的最佳时机。教师要善于抓住恰当时机和有利条件，才能获取更好的主导与调控效果。

从案例教学的规律和特点看，在组织全班讨论时，应当特别注意把握以下几个重要时机。

一、讨论初期

讨论初期，是指案例讨论开始前大约 10 分钟的一段时间。

讨论初期的情绪调动很重要，对整个讨论进程有直接影响，“万事开头难”“10 分钟决定一堂课”就说明了其中的道理。

这个时候，学生或各小组的思想观点尚未表露，各方没有交锋的对手，参与者的心理活动较为复杂，等待、观望、跃跃欲试等各种心态都存在。此时，教师应尽快进入角色，打开局面，着重做好以下导入工作。

（一）明确事项

扼要介绍说明此次讨论的目的、要求、安排和规则等事项，明确讨论的主要内容，确定讨论的基本方向。

（二）引入正题

可通过播放一段录像资料，口头提出一个与教学案例密切相关的问题或用其他方式启动讨论程序。

（三）营造氛围

设法激发和调动学生的参与积极性，指定或鼓励第一位主动发言者，并利用其营造良好氛围，使讨论渐入佳境，进而扩大讨论范围和提升讨论效果。

二、讨论进入高潮或陷入沉默期

讨论进入高潮和陷入沉默，是两个截然不同的教学情境，犹如一个波峰和一个波谷。高潮可能出现失控，沉默则可能陷入僵局。因此，这两个时期既是最难以控制和启动的过程，也是最需要主导和调控的时期。

（一）高潮期

当讨论进入高潮时，应抓住思想交锋和观点碰撞的时机，有效利用争论中的积极面，转化消极面，重点把握讨论的主题和方向，主动调节讨论的节奏，避免放任自流或纠缠细节而导致进程失控和主题偏离。此时，应当主导与调控并举。

（二）沉默期

讨论陷入沉默是一种冷场现象，原因可能有以下四个方面：

（1）学生对讨论的案例问题兴趣不高，或教师调动情绪不够。

（2）案例问题太深奥，学生无法进入角色。

（3）学生心理等方面的原因，如准备不充分、不够自信等。

（4）观点对峙又找不出解决的办法，或其他情绪化的行为影响。

当讨论陷入沉默期时，教师应区分情况、找准症结，有针对性地主导与调控，并利用短暂停顿的时间着重进行启发诱导和情绪调动。同时，对一些疑难问题应当做出调整或补充说明。此时，主导应占据更重要的位置，并应辅以有效的激励。

三、观点归纳的过程

观点归纳既是主导的一种方法，也是主导的良好时机。此时，主导与调控的作用虽然是潜在的，但教师的作为却应是有意识的。

案例讨论中，教师不轻易否定各种观点意见，是为了营造一个宽松的讨论环境，并使学生能从不同意见中获取一些有益的启发，但这并不意味着各种观点意见都是有价值的。从某种意义上讲，允许各种观点意见的存在也是有条件和时间限制的。

利用观点归纳的过程进行主导与调控，就是为了梳理、甄别和去芜存菁，使各种观点意见能围绕案例主题，由散乱逐渐集中起来，以利于对主要问题的深入讨论。

因此，应当利用这一时间段做好以下工作。

（一）筛选

应着重体现学生的主流思想和有价值的观点，对旁枝末节的问题和没有启发意义的观点可一带而过，对明显偏离主题的意见可隐性删除。

（二）引线

对有价值的观点意见，要有意识地展现其对立性的一面，继续引导思想碰撞或展开辩论，以深化和完善对问题的认识。

（三）调节

在观点归纳和引导学生思想碰撞的同时，可有意识地留下一些悬念或给学生一个认识和思考的空间，以积极主动的方式调整节奏和转移议题，为进一步诱导后续分析做准备。

四、提供补充资料

补充参考资料具有辅助教学的功能。提供补充参考资料本身就是一种主导与调控方式，也是主导与调控的最佳时机之一。

通常情况下，下发或播放补充参考资料多在讨论阶段转换，或各方观点意见处于对峙的时期。

因此，应结合资料内容和当时讨论情况顺势进行主导与调控。

（一）启发诱导

利用补充参考资料说明相关案例细节，提示一些分析思路，深化对案例问题的认识。

（二）化解疑难

利用补充参考资料澄清和说明一些疑虑问题，诱导学生进行分析。同时，对讨论中出现的一些明显偏差进行必要的修正。

（三）承上启下

利用补充参考资料进行小结，做好阶段转换中的衔接工作，并提出下一阶段的讨论任务和要求。

第八章　案例教学法在历史课堂应用的未来展望

历史本身就具有时空性，是已经发生且无法再次发生的事件。历史又往往具有惊人的相似性，因此熟悉历史对于现代人来说具有非常重要的借鉴意义。学生站在自身的角度无法洞悉历史事件的原委，对其发生的具体原因以及后续影响，需要教师进行引导。虽然学生的思维能力有了较大的发展，但是对于一些深奥的历史知识仍缺乏足够的判断力，无法完全掌握。在这样的情况下，历史课程采用案例教学法，将很多学生不甚了解的内容用通俗的案例形式直观地呈现在学生的眼前，使学生能以当事人的视角去分析和理解历史，在讨论中学会历史的思维方式，提出各种见解，最终形成科学的历史观。因此，案例教学法在历史课堂的应用前景是非常广阔的。

第一节　案例教学法在历史课堂应用的现状

近年来，教育工作者们开始探究案例教学在教师准备中的价值。在美国、英国、法国和挪威等西方国家，案例教学被广泛地运用于教师教育中，许多大学还建立了案例教学的网站，举办案例教学的比赛，并开发了许多适用于教师教育的在线教学案例。对案例教学的不断增长的兴趣更是来源于人们对作为与抽象和概括相对立的“叙事”这一思想形式及其价值的日益欣赏。

一、历史教学中教学方法的应用现状

教学方法是为实现既定的教学目标，在教学过程中师生共同活动时所采用的一系列办法和措施。它是教师和学生的双边活动，是课堂上信息交流的主要渠道。以新课改为分水岭，教学方法大致可分为传统型和现代型两类。大体上可以将现行教学方法分为讲授法、讨论法、演示法、谈话法等。各教学法之间

并不完全相互独立，在教学过程中可以根据具体的教学情境有机地综合使用，以保证教学取得良好的效果。

（一）讲授法

讲授法是当下教师使用最多的教学方法，使用范围较为广泛。有些教师又将之称为讲述法或讲演法，它以教师为主导，由教师以口述的形式将知识单向地传授给学生，是一种“点向面”的教学方法。在这种教学方法的使用过程中，教师有组织有选择地将事先准备好的知识向学生传授，而学生在课堂需要做的仅仅是听听记记以尽可能完整地记录下教师所讲知识。讲授法因以教师为教学的唯一主体而不符合新课改理念常被人们抨击，但其自身仍有一些优点值得我们借鉴。其主要优点有：

（1）简单方便。只要教师在授课前有充分的准备，课堂教学中就可以随时加以运用。它通常适合大多数学科，且对教学环境的要求不高。

（2）经济省时。讲授法适用的范围极广，对学生人数无硬性要求，它能在极短的时间里为极多的人提供完整的知识体系。

（3）适合较为深奥的理论知识的传授。对于我国的基础教育而言，在应试教育的压力下，国内学生的逻辑思维能力普遍上并不完善，知识储备也十分有限，一些理论性较强的内容，学生通过自学或讨论很难掌握。此时教师就可以从不同的角度由浅入深地对基本理论和概念进行阐释，帮助学生理解。

当然，讲授教学法也有一定的局限性，主要表现在：

容易使学生养成惰性，过分依赖教师和书本。教师讲，学生听，难以引发学生对所学知识做进一步的思考，不利于发展学生深层次能力和创造性思维。由于教师一直处于主导地位，学生参与课堂的机会较少，课堂学习的氛围单调乏味，学生自然对所学内容缺乏兴趣，难以激发自主学习的兴趣。

此外，讲授法自然地假设了众多学生对基础知识和技能的掌握水平相当，教师进行的是标准化教学，无法对学生的学习程度和知识掌握水平进行分析，忽略了学生的个体差异，难以做到因材施教。讲授法需要学生长时间对教师所讲内容保持精力，对一部分学科知识匮乏、注意力不集中的学生较困难。

（二）讨论法

讨论法是在教师的组织和引导下，学生通过讨论达到预期教学目标的一种教学方法。在讨论过程中，学生在某种程度上成为教学的主人，对一些问题的认识和探讨也更加深入，能提出不同的看法和见解。教师利用精心设计的有深度的问题，引导学生在相互合作中探究并掌握知识。讨论法营造的是一种相对宽松的课堂氛围，教师不再满堂灌，学生成为独立的个体，学生的求知欲得以激发。讨论法能得以实施，应包含明确的讨论目标、合适的讨论内容、合理的分组、不同的讨论形式及总结等内容。在讨论的过程中，教师应考虑学生的认知能力、表达能力以及与他人沟通交流等能力的高低，给予恰当的引导保证讨论顺利进行。同时，教师还应注意把握讨论的情境，注意控制讨论时间，不宜过长或过短，以免讨论流于形式。

一般认为讨论法的优点主要有：

（1）利于学生将课堂知识内化。在讨论过程中，学生通过自身的思考和别人的交流、辩论，将书本知识转变为经过自己探索得来的知识，这比教师单纯的讲授更容易牢固掌握。

（2）增进学生的高层次能力。讨论在生生之间、师生之间进行，小组内相互合作、小组外相互辩驳，利于学生智慧火花的碰撞，促进知识的掌握。在讨论中，学生能逐渐学会聆听他人观点并在分析他人观点的基础上做出回应，且能恰当地阐述自己的观点，锻炼学生的口头表达能力、人际沟通能力以及与他人合作的能力等，有利于学生养成尊重他人观点的开放胸襟。

其缺点主要为：

（1）分组的困境。现阶段中小学教学是在特定的教学环境中进行，教师和学生在较小的教学空间里实施教学活动。教室的摆设和学生的座位比较固定，难以实现自愿分组，不利于小组内的合作。

（2）教学时间有限。教学的单位时间是课时，要在45分钟内完成教学的种种任务已使教学有些仓促，讨论花费的时间要更多，所以大多教师认为在课堂上使用讨论教学法是很“奢侈”的。即便有经验的教师也不能保证讨论的有效性，因为这需要教师具备多方面的教学能力和管理技能，同时也需要学生积极承担起相应的责任。

（三）演示法

演示法是一种通过教师对某一技能或操作程序的示范，配合适当的讲述或多媒体等手段展示，促使学生掌握某一技能、操作程序或深化对某一问题认识的教学方法。演示法古以有之，人类祖先就是通过演示将自身的生产生活经验传递给下一代。在今天，演示法多运用在物理、化学、生物、计算机等理工学科，在其他学科也逐渐得到使用。

同样是给学生传授间接知识，演示法能促使学生运用多种感官进行学习，在教师演示的过程中，学生按照教师的方法步骤可很快掌握新知识和技能，缩短理论与实践的距离。但是，它却是很费时费力的。在实施演示法之前，教师需要做大量的准备工作。在演示过程中，需要学生将多种知识融合，知识储备跨度大，对于学科底子较为薄弱的学生而言难度较大。演示过程枯燥乏味，容易致使学生注意力分散，导致台上教师讲得津津有味、台下学生听得昏昏欲睡。演示是由教师来完成的，演示的内容多为一些枯燥的公式、程序、技能等，学生作为观察者只是被动地参与课堂教学，不能亲身体验和实践，容易分散注意力。

（四）谈话法

谈话法又称为问答法或问题教学法，是教师根据教学目的需要，把教学内容转换成一系列问题，向学生一一提出，引导他们在已有知识和经验的基础上，通过提问、质疑、讨论，使学生获得知识的教学方法。谈话法是很古老的方法，孔子的问答法和苏格拉底的产婆术都是其早期的鲜明代表。在今天的教学过程中，凡是以问题为核心组织的教学，大都可以纳入谈话法的范畴。它是启发式教学的雏形，能引起学习兴趣、激发学生思维、开拓思路，同时锻炼学生的语言表达能力。但它只适用于从已知到未知，而不适用于从未知到已知，因此不是所有教学活动都可运用谈话法。

谈话法的优点主要有以下几个方面：

（1）谈话法能激发学生的热情，调动其学习积极性。它能照顾到每个学生的特点，更多地关注学生的学习需要。教师提出的问题具有一定智慧挑战，能激发学生去主动探索。

（2）在学习过程中学生能有更多参与机会。教师在提问时，应考虑学生的认知水平，根据学生个性差异，可以用不同的方式来表达同一个问题，问题始终要面向全体学生，在课堂教学中借助问题的探讨，给学生更多沟通交流的机会。

（3）谈话法有助于养成学生的问题意识，培养其探究学习的习惯。以谈话法为主要教学形式的课堂中，学生在一系列的问题中获取新知识，在旧有知识的基础上通过对话、交流、互动，与教师或同学有更多合作的机会。在连续不断的问题教学中，会使学生逐渐形成善于捕捉问题、分析问题和解决问题的思维习惯和学习习惯。

谈话法的结构分为“问题”和“回答”两个部分，其关键在于精心设问，故其实施有一定的难度。谈话的内容、问题的顺序、应得出的结论等，事先都需要周密的安排。由于学生思维习惯、知识储备层次不同且认识水平存在差异，使问题的设计较为困难，难以符合每个学生的实际。某些学生认为困难的问题，另外一些学生却认为极为简单。提问简单、要求过低，无法激发学生的兴趣；问题深奥，学生无法思考，反而挫败了积极性。教师则需要较高的教学技巧，既要条理清楚地讲述相关知识，同时还要对学生课堂表现做出评价，还需要对学生提出的不同观点进行概括，无形中给教师增加了教学任务。

以上四种教学方法可以笼统地称为传统教学法。它们的表现主要有：在传统的教学方式下，教条化过于严重，课堂上的东西过分绝对化，讲究一味地灌输知识，忽略了学生对学习的体验和感悟；在课程的实施上，传统课程仍把老师和课本作为中心，没有体现学生的主体地位，不利于学生的全面发展。在新课改背景下，以教师为主体而忽视学生主观能动性的教学方法已无法实现现代的教育理念，因此积极寻求新的改变是十分必要的。

二、案例教学在历史课堂应用方面存在的问题

在我国，随着案例教学法被引入基础教育领域，相关研究也逐年增多。以高中教学为例，涉及政治、地理、历史、生物、英语、化学、数学、物理、信息技术等多个学科。其中，政治和地理学科的相关研究数量最多，但涉及层面比较单一，主要集中在以下三个方面：从新课程的理念出发研究案例教学在具体教学中的优、劣势；结合各学科特点探讨案例教学实施的原则、相关程序和教学过程中需注意的问题；案例教学过程中教师所起作用的转变以及角色的转化。

一般而言，案例教学在历史课堂应用方面存在以下问题。

（一）方式不规范，认识不清晰

在教学实践活动中，许多历史教师往往错误地认为在教学中举例就是案例教学。其实案例教学与举例教学具有太多的不同之处。案例教学中学生居于主要地位，举例教学则以教师为主；在案例教学活动中，所有的实践都是围绕案例进行的，即案例在案例教学中占据着中心地位，而举例教学中所举的例子在一般教学活动中处于次要地位；案例教学中的案例具有真实性、典型性、完整性和启发性等特点，而举例教学却未必具有这些特点；案例教学主动引导学生通过对案例的分析和讨论做出判断与决策，从而显著提高学生分析问题和解决问题的实践能力，而举例教学更偏向于通过举例子佐证某一观点或理论，使学生对这一观点或理论深信不疑。国内的历史教学，目前还大多停留在举例教学的范畴，采用案例教学的实践活动不够普及，没有深入挖掘案例教学在历史教学中的潜力。

此外，一些人认为案例教学模式需要太多的经费和时间去准备，又很难对案例教学的教学效果进行有效的评估。虽然案例教学对学生的思维分析方式、解决问题能力具有极大的促进作用，明显优于传统的教学方法，但在实际操作中教师很难集中通过对有限的几次历史课的教学效果来证实案例教学的作用。此外，还有相当一部分的历史教师出于案例教学会导致学生对理论知识掌握不充分的担心，在教学过程中仍花费大量时间采用传统的教学方法对学生进行知

识补充，使教师在实施案例教学中仍处于讲授者的位置而显得过于主动，从案例的介绍、问题的提出、分析的展开、结论的得出等都受制于教师。这不但削弱了学生参与案例教学的积极性，还在很大程度上束缚和压抑了学生的主动性。

（二）典型案例缺乏，且处理不当

目前国内的案例教学还处于发展阶段，多数学校还未建成广泛、成熟、有效的案例库，不足以支撑案例教学的需求。教学中使用的案例往往是从一些典型实例中提炼而来，这些案例大多篇幅过长、难度过大，超出了普通学生的接受能力。而教学对象是没有工作经历和缺乏社会经验的学生，因其知识储备不足可能会无从下手，丧失参与的兴趣，因而难以达到案例教学应有的效果[1]。有些教学案例来自网络媒体、报刊、杂志等处，虽说是经过改写的实例，内容也足够新颖，能引起学生的兴趣，但是由于这些实例经过媒体有目的性、有倾向性的改写，对实例的细节进行了不同程度的放大或是回避，使实例的真实性存疑，所涉及的深度很难用正常的理论进行分析。另外，教师对有限的案例处理不当，对案例的加工不能做到细化，也影响了案例教学的效果。加工教学案例需要消耗大量时间和精力，教师如果不愿意在案例的加工上消耗太多的时间和精力，容易导致所选案例涉及面太广，无法凸显历史课的教学重点，增加学生从理论联系实际的难度，降低学生深入思考的积极性。

（三）师资队伍匮乏

目前，案例教学还没有成为教师教育的主要教学方法，也没有纳入到以培养案例教学法教师为教育目标的教师教育课程体系。因此，系统化接受过案例教学法培训的教师数量不多，再加上教师教育领域的案例教学法研究不够充分，也会引起教师在运用案例教学法时缺乏实践依据，也缺乏必要的理论指导。由于评价的困难以及缺乏政策引导和支持，案例法一直被认为适合于智力水平较高的学生[2]。因此，案例教学在我国普及率不高，很大程度上是受制于师资队伍的匮乏。没有好的执行者，无论是多么先进的教学方法也很难广泛开展。

（四）学习方式陈旧

案例教学要求学生自觉学习以及主动参与分析和讨论，发表完整的、有效的观点，这确实对学生的个人素质提出了更高的要求。但一直以来，国内传统的历史教学方法多以讲授法为主，侧重基础知识的灌输，学生主要是通过课堂

---

[1] 孙艳东．管理学运用案例教学模式存在的问题及对策[J]．广州市公安管理干部学院学报，2009，19（3）:63-64.

[2] 李政辉．案例教学法探源[J]．中国大学教学，2009（9）:89-92.

和书本接受，缺少理论与社会实践之间进行联系的训练，只是被动地接受和强行记忆。教师讲什么，学生就听什么、记什么，在学习过程中不质疑、不反驳，随波逐流。再加上部分教师教学水平的不足，无法带动学生积极参与对案例的分析和讨论，很容易导致案例教学的失败。

除了这些问题外，部分研究还涉及使用案例教学法进行中小学教师培训等内容。在为数众多的研究案例教学法与中学学科教学的文章中，针对中学地理与政治两科的研究最多，而针对历史学科的最少，仅有的几篇文章也只是局限于分析案例教学法本身具有的优长在历史课程教学中的发挥，并没有很好地探究如何在具体教学实践中科学合理地进行案例选择、课时安排、教学进度设计等一系列问题。相较于地理、生物等学科，历史学科具有时间跨度大、涉及领域广、评价方式多元化等特点，而以上这些特点决定了要在中学历史课堂上采用案例教学法教学具有很大优势的同时，也决定了案例教学法无法避免的相对局限性。比如，案例教学法可能无法适用于所有科目的讲解，教师在备课过程中需做大量的边缘性准备工作，有些工作甚至与历史教学无关。也正是出于这样的原因，目前中学历史课堂上使用案例教学法进行历史教学的实例还比较少，相关研究也不太深入。

三、案例教学在历史课堂应用问题的解决办法

但是，无论采取何种教学方法，最终都要以能力的培养为本位。历史学科要求培养的是学生的思维能力和人文素养，使学生学会运用唯物史观来指导现实生活。因此，教师应更注重引导学生深入思考，启发他们的思维，而不是简单地讲述案例给出结论。在历史课堂中，教师呈现的案例反映的是真实发生过的事件，是客观的、有可探讨价值的，分析这样的案例需要学生深层次地加工学习，能锻炼学生的思考能力和探究能力。

在案例教学中，教师应围绕教学目标和案例设计相关问题，学生可以单独或合作解决问题，在解决问题的过程中教师的主要作用是引导学生进行逻辑思维，避免学生陷入思维误区。学生需要做的是主动查阅相关资料或借助讨论的方式概括归纳已有的知识，分析案例，思考探究，在获得新知识的同时发展学习能力，学会真正地解决问题。

学生在历史案例教学中获得的解决问题的能力还可以运用到其他学科甚至现实生活中，在能力迁移的过程中慢慢形成敢于积极探索发现的意识，强化自学能力和分析解决问题能力。因此，通过对具体课程的分析和整本教材的重新整合，可以看到案例教学法在历史课教学中应用的可行性和优越性。

第二节　案例教学法在历史课堂应用的必要性

我国课程改革从最初讨论“怎么教”，开始关注教学方法和教学模式；然后又讨论了“谁教”，发现了学生的价值；后来又探究“教什么”，对课程体系进行了重建；再后来探究“谁来教”，重视教师的作用；现在开始思考“教成什么样的人”，也就是核心素养。核心素养的提出，具体回答了“培养什么人”的问题，基于核心素养的教育改革，从关注知识、技能转向了综合素质，从灌输式学习转向了探究式学习。

一、适应课程改革的结果

课程改革不断推进的过程是将课程回归给学生的过程，以学生为本的课堂要求把课堂还给学生，开放式的课程观要求突破教材的限制，现代的学习方式要求学生主动、独立的学习，这些变化都需要教师的教学做出与之相对应的调整。

促进每一个学生的健康成长是深化课程改革的基本要求，也是在为学生的生存和终身发展、创新精神和实践能力打好基础。新一轮的课程改革更加注重学生的能力发展，案例教学在有效培养学生能力以及促进知识转化为能力方面更胜一筹。课程改革发现过去课堂教学中存在重知识、轻能力的问题，案例教学则鼓励学生观察、思考，注重能力的培养。在案例教学中，学生首先要思考案例中的现象可以用哪些知识解释，这在潜移默化中促使学生进一步加工了所学知识。学生在加工这些知识后，还要能就案例本身提出相关的问题，以便增加动手、动脑、动口的机会，也使观察能力、表达能力等一系列素质能力得到了相应的发展。案例教学的最后一步是提出问题的解决方案，这需要学生经过缜密的思考，这一步可以说是能力上的升华，探究能力、分析能力、解决问题能力将在这一步得到更好的发展。

二、改变历史课教学现状的要求

当前的历史课堂普遍存在一种现象：历史概念的讲解、历史现象的分析、事物发展规律的发现等都是由教师“领导”学生完成的。学生在课堂上基本没有主动思考的行为，更多的是机械听教师的讲述，教师在课堂中的领导权很大，学生只需要按照教师的要求做，最后在课本上划几条横线，就可以轻松完成历史课。可以说，这种课堂教学方式是一种被动的知识输送。课堂上，学生的历史观念的形成是根据教师主动引导来完成的。学生只需听从教师的指挥，不需要独立思考，也不需要讨论，更不需要分享探索的成果。这种教学形式下的课堂，虽然系统性比较强，但是学生的主体性相对较弱，教学的启发性也较差，几乎看不到学生对历史的理解和对历史问题的分析。当然这种情况与传统的应试思想有关，也与高中历史教材的编排有关。现行的必修教材以政治史、经济史和文化史三大模块的方式呈现，与通史的呈现方式相比更复杂，不利于学生在头脑中形成精确的时空观。虽然学生在初中以通史的形式学习过历史，但是高中历史对学生的学习要求更高，学生需在准确的时空观下才能更好地把握高难度的知识。高级的历史课内容多、难度大，对教师和学生都是挑战，再加上考试的压力，历史课堂的活力和创造力明显不足。

针对目前历史课教学现状，不少教师选择运用多种教学方法进行教学，希望突破困境，但实际运用起来是换汤不换药。一些教师只是将几种传统的教学方法刻意地混合起来使用，没有调动学生学习的主动性。案例教学是在现代教学理念指导下形成的现代型教学方法。在教学内容上突破了教材的限定；在课程实施上，采用讨论案例的形式；在师生关系上，提倡把主动权留给学生。案例教学法具有很强的调动学生学习主动性的功能，因此案例教学可适应教育界对改变历史课教学现状的要求。

三、师生共同的诉求

教师是教育活动的实践者，教育承载着社会期望，这些期望通过教学转嫁到教师身上，转化为对教师的素质要求，社会的发展需要教师不断地提升自身素养。就教师个人层面讲，依据马斯洛的需要层次理论，不管是最低层次的生存需要，还是最高层次职业生涯的“自我实现”的需要，都需要教师不断提升自身的专业发展。教学相长是教育活动的突出特点，通过教学来完善和促进教师自身的发展是不错的选择。在案例教学中，教师是指导者，为了对学生进行有效的教学指导，教师必须丰富自身的知识储备，完善自身教学技巧，从而快速对学生进行答疑解惑。在案例教学的课堂中，教师的主导作用被弱化，学生的主体作用被放大，这要求教师在上课前需要做更多的预设，并在课堂结束后进行更多的教学反思，在潜移默化中发展了教师的能力。除此之外，案例教学的课堂氛围是轻松的，学生愿意也喜欢参加这样的课程，这对教师来说也是一种鼓励。

对于高中阶段的学生来讲，他们渴望获取更多的知识，求知欲强烈，他们愿意通过自己的努力去发现和探索新知识。高中阶段的学生已经有了一定的抽象逻辑思维，他们喜欢探究，敢于发表自己的看法，渴望有一个展示自己的平台。与传统教学相比，案例教学师生关系更和谐，学生的参与意愿较强。再加上针对案例提出的问题需要学生合作探讨，这两者刚好为学生展示自己提供了足够的机会，学生利用这个机会可以畅所欲言，积极发表自己的观点，消除自身惰性，同时采纳他人的观点，完善自己对问题的思考，在获得知识的同时获得认同感和归属感，学习效果更好。总而言之，案例教学可符合学生对课程学习和自身发展的要求。

四、核心素养的内在要求

历史学科核心素养由时空观念、唯物史观、史料实证、历史解释和家国情怀五部分构成，有其独特的学科性和人文性，且其核心素养具有整体性和复合性。历史学科核心素养的具体落实需要借助案例教学法来实现。

时空观念是历史学科对学生学习历史最基本的要求，它要求学生站在准确的时空框架下去思考历史事件。但历史毕竟是过去发生的事情，跨越的年代越是久远，时空观念的形成就越困难。案例教学通过案例呈现的情境可以有效减少学生对历史的陌生感，案例的选取和设计是教师自身站在准确的时空下并结合教学目标和学生的实际情况而设计的，能尽可能地还原当时的情境，在这种情境下学生更容易和历史、历史人物产生某种共鸣，在不同的时空背景下实现情感交互，并将这种情境下形成的时空观念迁移到以后的历史学习和生活中。如此，在以后的学习中，学生就会从历史的角度去分析问题、解决问题。

唯物史观是方法论，是学生在以后生活中思考问题、解决问题的基本能力。史料实证要求学生搜集史料、鉴别史料，培养“论从史出”的能力。历史解释是指以史料为依据，对历史事物进行理性分析和客观评判的态度、能力与方法。

史料实证和历史解释是学生学习历史的关键能力，这两种能力的运用以唯物史观为理论基础。唯物史观、史料实证和历史解释的落实需要理论与实践相结合。在传统的课堂中，教师主导的“教”关闭了理论落实的“通道”，案例教学打破了教师的垄断地位，倡导使学生主动学习，围绕案例自由讨论，“通道”由此被重新打开。在案例教学的课堂中，掌握知识并不是学习的最终目标，最终目标是形成历史思维，发展学习的能力。而历史思维的形成和能力的培养需要学生接触史料，需要构建“历史故事”，案例就是这两者的结合体，好的案例可以帮助学生做有意义的历史思考，在体验历史、理解历史中形成历史思维，学会用历史的眼光看待现实生活中的问题。

家国情怀是学习和探索历史应具有的人文追求，体现了对国家富强、人民幸福的情感，以及对国家的高度认同感、归属感、责任感和使命感。家国情怀是情感态度价值观的进一步升华，是立德树人在历史学科的具体体现。历史学科作为一门人文学科，要在历史中陶冶学生的心灵，培养他们的人文精神就离不开对历史切身的感悟和感受。案例教学能帮助学生打开历史与现实之间的大门，通过这扇大门，学生看到的不再是充满距离和陌生的历史，而是在案例情境中深刻地感受历史，体会历史人物的情感，沿着历史发展的脉络，辨析历史发展的规律，实现思想、观念、情感和态度上对历史的认同。

历史教学目标是否具体和详细，是否和历史学科核心素养的目标联系在一起是关系到历史学科核心素养目标能否达成的关键。可以通过历史教材中具体教学目标的制定，逐步实现历史学科核心素养的目标。在历史教学中制定教学目标不是泛泛而谈，也绝非无的放矢，而是考虑如何利用教学目标落实历史学科核心素养的目标。通过对课程标准的解读，结合历史学科核心素养培养的目标及对教材的详细分析，制定出相应的教学目标，最后根据课程需要编写符合教学目标的合适案例。

第三节　案例教学法在历史课堂应用的前景

“案例”在中国早已有之，如《庄子·秋水》中庄子与惠子“子非鱼，安知鱼之乐”就是对真实案例所做的讨论。又如,《论语·先进》孔子与子路、曾皙、冉有、公西华关于“不吾知也！如或知尔，则何以哉”的讨论，是孔子宣扬仁礼治国的真实案例。而案例教学法就更不陌生了，孔子主张要因材施教，基本方法是“不愤不启，不悱不发”，注重启发诱导，以充分调动学生的学习主动性和求知欲，要求学习与思考相结合，做到学以致用。《学记》反对死记硬背，主张启发式教学，“君子之教，喻也”“道而弗牵，强而弗抑，开而弗达”，主张开导学生，但不要牵着学生走；对学生提出比较高的要求，但不要使学生灰心；指出解决问题的途径，但不提供现成的答案。中国古代的这些教学原则和方法已经达到了很高的认识水平，可以说是案例教学法的雏形。

自 2006 年以来，新课程改革在全国范围内取得了实质性的进展，素质教育的理念被认同，重视学生创新精神和能力培养的教学方法正在逐渐形成，学校教学的方方面面都在发生着变化，这对工作在一线的广大教育工作者提出了挑战。作为新生事物，高中历史课程改革还不完善，仍有大部分教师教育理念滞后。以对待历史教科书的态度为例，在某些教师那里，教材依然是教学的全部依据，机械地“教教材”，简单地“照本宣科”，没有进行适当的扩充延伸，学生学到的只是历史的片段，无法形成一个整体的历史观。在实际的教学过程中，有些经验型教师已经形成固定的教学风格，将教材内容完全熟练记忆，在没有教材的情况下照样能完成教学。这是其优点也是缺点，因为形成了固定的模式思维，教学就难以创新，新课程改革的任务也就难以完成。

较之与传统教学法，就教学目的而言，传统教学法的目的在于传授知识，注重使学生掌握理论知识，侧重点在于“学”，而案例教学法目的在于培养学生高层次能力，重点在于“用”；就教学材料而言，传统教学法使用的是教科书以及教学参考书等，而案例教学法使用的不仅有教科书还有其他文字、声像或真人示范等案例材料；就教学过程而言，传统教学法主要采用的是以教师单一讲授为主，而案例教学法使学生成为了课堂的主角，参与教学的全过程。

当下教学方法依然是以传统教学为主，有一定的改变但力度不够，高考仍然是一切教学活动评价标准和终极目标。这使教学方法的改革举步维艰，不为人熟知的案例教学法要在历史学科得以推广更是长路漫漫。进入 21 世纪 20 年代后，案例和案例教学法能否成为教师教育中的标准教学法，目前答案还不清楚，因为对其基础性研究尚不够系统和深入。案例在使用中的不同效果应有更加深刻的理解。对案例的不同使用情况的理解，要求人们对教学目标具有清晰的表达。

对于案例教学法的呼唤，远远超出了教师教育中对案例和案例教学法实证研究的程度和质量[1]。在历史教学活动中，为了更好地利用案例教学法获取知识，教师应对案例的具体使用情况做出更加充分的评价，这能使教师对案例教学过程中产生的不同效果产生更加深刻的理解。教师要明确案例教学所要实现的教学目标，不仅是在探究案例教学对课堂的影响，而且是对师生的精神情感带来的影响。这种影响在未来的教育教学中会是一种长远的趋势，会逐渐改变人们对教学活动的传统认知。

“以人为本”的教育理念使得新课程改革势不可挡。《普通高中历史课程标准（实验）》对历史课程属性的界定是：“普通高中历史课程，是用历史唯物主义观点阐释人类历史发展进程和规律，进一步培养和提高学生的历史意识、文化素质和人文素养，促进学生全面发展的一门基础课程。”“普通高中历史课程

---

[1] 凯瑟林 K. 墨西思，许立新，张广武 . 案例、案例教学法与教师专业发展 [J]. 世界教育信息，2004（Z1）:77-78.

从不同的角度揭示人类历史发展的基本过程，通过重大历史事件、人物、现象展现人类发展进程中丰富的历史文化遗产。通过高中历史课程的学习，使学生了解人类社会发展的基本脉络，总结历史经验教训，继承优秀的文化遗产，弘扬民族精神；学会用马克思主义科学的历史观分析问题、解决问题；学习从历史的角度去了解和思考人与人、人与社会、人与自然的关系，进而关注中华民族以及全人类的历史命运。通过高中历史课程的学习，培养学生健全的人格，促进个性的健康发展。”这一切也正是案例教学法所努力和坚持的。

案例教学法充分展示了学生的主体地位，使学生在讨论中学会分析问题、解决问题。这种学习方式使学生主动学习知识，充分调动了学生的学习积极性。对于历史课程而言，学生在案例教学中从内心深处认可了历史，会发现原本晦涩难懂的历史知识变得丰满起来，变得有血有肉。这样一来，学生将历史知识与自身发展串联在一起，真正走进历史、了解历史，不仅提升了学习热情，而且对历史知识有了更加深刻的认识。

历史学科的特殊性决定了这门学科的学习与其他学科的不同。历史课程的有效完成，需要学生具有良好的素质基础，如强烈的时间观念、丰富的空间思维。且学生能从每一次重大历史事件的背后故事发现整个事件的缘由，并能跳出历史的局限性，通过对古人观念的转变，科学分析出各个事件之间的联系，深刻挖掘历史前进的根源。案例教学有助于学生从“会学”历史到“学会”历史的转变，促进学生历史思维的阶段性养成，从而实现对整个历史知识脉络的完整掌握。

随着新课程标准的推广和新教材的使用，课堂教学方式发生了根本性变化，教学观念在不断更新，历史教师亟待形成能适应新课程改革的教学新方法。《基础教育课程改革纲要（试行）》指出：“改变课程实施过于强调接受学习、死记硬背、机械训练的现状，倡导学生主动参与、乐于探究、勤于动手，培养学生搜集和处理信息的能力、获取新知识的能力、分析和解决问题的能力以及交流与合作的能力。”案例教学法在历史教学中突破了传统的以教师讲授为主的教学模式，将学生带入案例教学的教学情境当中，将辩证唯物主义和历史唯物主义理论与历史教育教学实践有机结合起来，进而提升了历史教育教学效果。课本理论与案例的结合，不仅使学生见其行、明其理，还能知其所以然，从而使学生更加准确地理解知识，有助于学生对辩证唯物主义和历史唯物主义理论学习的进一步深化。

参考文献

[1] 孙军业 . 案例教学 [M]. 天津：天津教育出版社，2004.

[2] 李德林 . 案例教学 [M]. 青岛：青岛出版社，2006.

[3] 杜萍 . 中小学教学与管理案例分析 [M]. 北京：教育科学出版社，2001.

[4] 吴于廑，齐世荣 . 世界史 现代史编 上 [M]. 北京：高等教育出版社，2011.

[5] 郑金洲 . 案例教学指南 [M]. 上海：华东师范大学出版社，2000.

[6] 朱汉国 . 普通高中课程标准实验教科书 历史必修 第 2 册 [M]. 北京：人民出版社，2011.

[7] 刘绪贻，李存训 . 美国通史 第 5 卷 富兰克林·D·罗斯福时代 1929-1945[M]. 北京：人民出版社，2008.

[8] 熊川武 . 反思性教学 [M]. 上海：华东师范大学出版社，1999.

[9] 黄志成，程晋宽 . 教育管理论 第 2 版 [M]. 上海：上海教育出版社，2001.

[10] 小威廉 · E · 多尔 . 后现代课程观 [M]. 北京：教育科学出版社，2015.

[11] 彼得 · 圣吉 . 第五项修炼 学习型组织的艺术与实务 [M]. 郭进隆，译 . 上海：上海三联书店，1997.

[12] 西奥多 · J · 科瓦尔斯基 . 教育管理案例研究 [M]. 北京：中国人民大学出版社，2013.

[13] Katherine K. Merseth. 教学的窗口 中学数学教学案例集 [M]. 鲍建生，译 . 上海：上海教育出版社，2001.

[14] 阿米蒂 · 什莱斯 . 新政 VS 大萧条：被遗忘的人和事 [M]. 北京：中信出版社，2010.

[15] 洛克滕堡 . 罗斯福与新政 1932—1940[M]. 朱鸿恩，刘绪贻，译 . 北京：商务印书馆，1993.

[16] 威廉 · 曼彻斯特 . 光荣与梦想 1932—1972 年美国叙事史 [M]. 北京：中信出版社，2015.

[17] 杨莉萍，GERGEN K J. 社会建构论心理学及其发展：对话科尼斯・格根 [J]. 教育研究与实验，2012（4）：77–83.
[18] 联合国教科文组织 学会生存——教育世界的今天和明天 [M]. 北京：教育科学出版社，1996.
[19] 肯尼斯・格根 . 语境中的社会建构 [M]. 郭慧玲，张颖，罗涛，译 . 北京：中国人民大学出版社，2011.
[20] 肯尼斯・格根 . 社会构建的邀请 [M]. 许婧，译 . 北京：北京大学出版社，2011.
[21] 戴维・伯姆，李・尼科 . 论对话 [M]. 王松涛，译 . 北京：教育科学出版社，2004.
[22] 张德顺 . 中学历史教学设计与案例分析 [M]. 苏州：苏州大学出版社，2017.
[23] 梁周敏，章立民，杨宝成 . 案例编写与案例教学 [M]. 郑州：河南人民出版社，2007.
[24] 张奎明 . 美国教师教育中案例方法的应用与研究 [J]. 高等师范教育研究，1997（2）：49–53，82.
[25] 王影 . 浅谈案例教学法及常见问题与对策 [J]. 科技资讯，2007（8）：151.
[26] 王晨光 . 案例教学常见问题与对策 [J]. 地理教学，2015（7）：53–54，52.
[27] 张新平，冯晓敏 . 重思案例教学的知识观、师生观与教学观 [J]. 高等教育研究，2015，36（11）：64–68.
[28] 李政辉 . 案例教学法探源 [J]. 中国大学教学，2009（9）：89–92.
[29] 杨莉萍，GERGEN K J. 社会建构论心理学及其发展：对话科尼斯・格根 [J]. 教育研究与实验，2012（4）：77–83.
[30] 王少非 . 案例法的历史及其对教学案例开发的启示 [J]. 教育发展研究，2000（10）：42–45.
[31] 孙艳东 . 管理学运用案例教学模式存在的问题及对策 [J]. 广州市公安管理干部学院学报，2009，19（3）：63–64.
[32] 凯瑟林 K. 墨西思，许立新，张广武 . 案例、案例教学法与教师专业发展 [J]. 世界教育信息，2004（Z1）:77–78.
[33] 王加 . 基于案例教学法的高中历史教学设计研究 [D]. 长沙：湖南师范大学，2019.
[34] 赵博 . 案例教学法在高中历史课堂中的应用与思考 [D]. 武汉：华中师范大学，2019.

[35] 赖建芳 . 案例教学法及其在高中历史教学中的应用 [D]. 福州：福建师范大学，2016.

[36] 李晓燕 . 案例教学法在高中历史选修课教学中的应用 [D]. 长春: 东北师范大学，2012.

[37] 杨晓慧 . 台州地区高中学生对物理学习态度的调查研究 [D]. 上海：华东师范大学，2007.

[38] 张芳 . 中学历史教学中案例教学方法研究 [D]. 开封：河南大学，2012.

[39] GERGEN K J. Relational Being：Beyond Self and Community[M]. New York：Oxford University Press， Inc. ，2009.

[40] Sudzina，Mary. Case Study Applications for Teacher Education[M]. Upper Saddle River: Prentice Hall，1998.

[41] Andre Dubus. Dancing after Hours[M]. New York： Vitage Books，1997.

[42] William F，Pinar. Understanding Curriculum： An Introduction to the Study of Historical and Contemporary Curriculum Discourses[M].New York：Peter Lang Publishing，1995.

[43] Nancy Isaacson，Jerry Hamburg. Can Schools Become Learning Organizations?[J]. Lang Publishing，1992，50（3）：42–44.